まるわかりシリーズ

2021年版

まるわかり
給与計算の
手続きと基本

これならできる！ 計算業務 "ここ" がツボ

特定社会保険労務士

竹内早苗 著

労務行政

はじめに（2021年版）

「君にとっては500人中1人の小さな誤りかもしれないけれど、本人にとっては大きな誤りなんだよ」

　私が初めて給与計算業務に携わった際、当時の上司から掛けられた言葉です。

　給与計算は、上長から指示された数字を基に計算を行い、差し引き支給額を支払い処理するだけの「経理事務」という思い込みはありませんでしょうか？給与計算ソフトの発達もあり、「給与計算は流れ作業のひとつ」と勘違いされている方も多いでしょう。しかし、給与計算は、労働基準法・所得税法・健康保険法などを基盤とする**法律行為**です。また、従業員の意欲を下げないよう、「正確な給与」という最低条件を整えることにより、「組織の基礎」を支える石垣の役目も果たしているのです。

　とはいえ、給与計算は毎月がイレギュラーの連続です。準備を整え、細心の注意を払っていたとしても、次から次へと疑問が湧いてくることでしょう。

　・保険料の改定はどの月から適用するの？
　・給与と賞与とでは所得税の計算がどう違うの？
　・時間外労働と休日労働はどこが違うの？
　・働き方改革に対応した残業の計算方法は？
　・今年の年末調整は、去年とどこが違うの？

　本書は、給与計算業務における事前準備を徹底することで、できるだけ業務をスムーズに進められるようになることをねらいとしています。

　皆様にとって、本書がお役に立つことができれば、うれしい限りです。

　末筆ながら、発行にあたって全面的にサポートいただいた編集部の川津元洋氏に御礼を申し上げます。

2021年1月

竹内早苗

※本書は、2020年12月20日現在の法令・様式に基づき解説しています。

【目　次】

本書の見方・使い方 ……………………………………………… 14

第1章　給与計算をはじめる前に ……………………… 17

1 会社の賃金の仕組みを確認しよう …………………… 18

[1] 賃金体系を確認する ……………………………………… 19
(1)基本給　19

(2)役職手当　19

(3)通勤手当　20

(4)割増賃金　21

(5)不就労控除　25

(6)賞与　28

(7)平均所定労働時間数　29

- 昼食（食事）手当を毎月支給していますが、割増賃金の基礎となるのでしょうか？　24
- 通勤手当も不就労控除をしてよいのでしょうか？　28
- 計算期間途中の入社・退職や休職の場合の月次給与計算は、欠勤と同様でよいのでしょうか？　28

[2] 控除項目を確認する ……………………………………… 29
(1)所得税　30

(2)住民税　30

(3)健康保険（介護保険を含む）、厚生年金保険、雇用保険の保険料の被保険者負担分　31

(4)従業員代表との書面による協定により賃金から控除することとしたもの　31

[3] 支払い方法を確認する …………………………………… 33
(1)月次給与　33

(2)賞与　34

- 賃金計算システムを用いる場合　34

4

[4] 労働協約・労使協定を確認する ⋯⋯⋯⋯⋯⋯⋯⋯⋯ 34

[5] 法令に反していないか確認する ⋯⋯⋯⋯⋯⋯⋯⋯⋯⋯ 36

⑴基本原則　36

⑵賃金支払いの5原則 "日本円で・本人に・全額を・月1回以上・
　同じ日に"　37

⑶最低賃金　39

　• 労使協定に定める金額であれば、控除する金額に上限はないの
　　でしょうか？　38

2 従業員の情報を確認しよう ⋯⋯⋯⋯⋯⋯⋯⋯⋯⋯⋯⋯⋯ 41

　• 「乙欄」を用いる場合の留意点とは？　41

3 所得税について確認しよう ⋯⋯⋯⋯⋯⋯⋯⋯⋯⋯⋯⋯⋯ 51

[1] 所得税の仕組みについて ⋯⋯⋯⋯⋯⋯⋯⋯⋯⋯⋯⋯⋯ 51

[2] 所得税の計算方法 ⋯⋯⋯⋯⋯⋯⋯⋯⋯⋯⋯⋯⋯⋯⋯⋯ 54

[3] 配偶者控除、扶養控除、障害者控除等の所得控除について ⋯ 57

⑴配偶者控除　57

⑵配偶者特別控除　57

⑶扶養控除　58

⑷障害者控除　60

⑸寡婦控除、ひとり親控除　61

⑹勤労学生控除　63

　• 「年間の合計所得金額」とは？　58

[4] 月次給与における所得税の計算手順 ⋯⋯⋯⋯⋯⋯⋯⋯ 63

[5] 賞与における所得税の計算手順 ⋯⋯⋯⋯⋯⋯⋯⋯⋯⋯ 66

　• 今年（令和3年）16歳になるのは平成18年1月1日生まれま
　　での人であって、平成17年12月31日生まれまでではないの
　　はなぜでしょうか？　67

4 社会保険について確認しよう ⋯⋯⋯⋯⋯⋯⋯⋯⋯⋯⋯⋯ 68

[1] 社会保険とは ⋯⋯⋯⋯⋯⋯⋯⋯⋯⋯⋯⋯⋯⋯⋯⋯⋯⋯ 68

⑴健康保険　68

⑵厚生年金保険　69

⑶健康保険・厚生年金保険の適用除外　69

⑷雇用保険　70

⑸労災保険　71

　・健康保険・厚生年金保険には必ず加入しなければならないの
　　でしょうか？　68

[2] 健康保険・厚生年金保険に関する手続き ················ **71**

⑴被保険者となる場合　71

⑵被保険者から外れる場合　72

⑶被扶養者がいる場合　72

⑷第３号被保険者がいる場合　72

⑸算定基礎届を提出する場合　73

⑹月額変更届を提出する場合　73

⑺賞与支払届を提出する場合　76

⑻産前産後休業・育児休業を開始・終了する場合　76

[3] 雇用保険に関する手続き ································· **78**

⑴被保険者となる場合　78

⑵被保険者から外れる場合　78

⑶被保険者が60歳に到達し賃金が低下した場合　81

⑷被保険者が育児休業を取得した場合　81

⑸その他の手続き　81

[4] 雇用保険・労災保険の保険料に関する手続き ············· **86**

第2章 ▶ 毎月の給与計算のすすめ方　　87

1 「勤怠項目」を計上しよう ·························· **88**

2 「支給項目」を計上しよう ·························· **90**

[1] 固定給 ······································· **90**

　・月給・日給・時給とは？　90

[2] 変動給 ······································· **91**

⑴日給制および時給制の基本給・通勤手当　91

(2)時間外手当・休日手当・深夜手当・不就労控除　92

(3)年次有給休暇中の月次給与　95

- 時間外労働の端数処理は、どのように行えばよいのでしょうか？　94
- 代休と休日の振替には、どのような違いがあるのでしょうか？　95

3 「控除項目」を計上しよう　96

[1] 健康保険・介護保険・厚生年金保険　96

(1)保険料について　96

(2)保険料の算出のしかた　96

(3)入社・退職時の保険料の徴収のしかた　101

(4)特別な場合　102

- 給与明細に記載する健康保険料と介護保険料の求め方とは？　101
- 海外在住の場合の介護保険料の扱いは？　101
- 産前産後休業や育児休業中の社会保険料はどうなるのでしょうか？　101
- 同月得喪の場合で、保険料が還付されることがあるのでしょうか？　103
- 厚生年金基金の掛金はどのように計算するのでしょうか？　103

[2] 雇用保険　104

(1)保険料について　104

(2)入社・退職時の保険料の徴収のしかた　105

[3] 所得税　106

- 扶養親族等の数が、扶養控除等申告書に記載されている人数以上になることがあるのでしょうか？　107
- 所得税は「給与所得の源泉徴収税額表」によって求めなければならないのでしょうか？　109

[4] 住民税　110

[5] その他(親睦会費、組合費、財形貯蓄など)　111

7

4 月次給与を従業員に支払おう …… 113

5 月次給与の支払いの後処理をしよう …… 115

[1] 明細書の交付 …… 115

[2] 賃金台帳の作成 …… 115

[3] 労働時間などの確認 …… 116

[4] 預かった金額の処理 …… 117
(1)健康保険料・厚生年金保険料　117
(2)所得税・住民税　117

[5] 従業員の入社処理を行う …… 118
(1)従業員の情報を確認する　118
(2)社会保険関係の手続きを行う　118
(3)住民税の処理について確認する　118

[6] 従業員の退職処理を行う …… 120
•計算誤りをした場合のよい対処方法はありませんか？　125

6 社会保険料の徴収についてパターン別でみてみよう …… 126

[1] 月次給与における一般的な徴収パターン …… 126
(1)前月末日時点で被保険者である場合　126
(2)前月末日には被保険者でなくなっている場合　126

[2] 入社・退職月の徴収パターン …… 127
(1)入社（資格取得）した場合　127
(2)月末の前日までに退職した場合　127
(3)月末に退職した場合　128

[3] 産前産後休業および育児休業の開始・終了月の徴収パターン …… 130
(1)産前産後休業・育児休業を開始した場合　131
(2)育児休業を終了した場合　131

[4] 保険料額が変更される月の徴収パターン …… 132
(1)月額変更があった場合　132
(2)保険料率の変更があった場合　133

[5] 40歳に到達した場合 …… 134

[6] 65歳に到達した場合 ⋯⋯⋯⋯⋯⋯⋯⋯⋯⋯⋯⋯⋯⋯⋯⋯⋯⋯⋯⋯ 135

7 「残業手当」の計算方法を考え直してみよう 136

[1] 所定外労働時間・法定外労働時間とは ⋯⋯⋯⋯⋯⋯⋯⋯⋯⋯⋯⋯ 136

[2] 割増賃金とは ⋯⋯⋯⋯⋯⋯⋯⋯⋯⋯⋯⋯⋯⋯⋯⋯⋯⋯⋯⋯⋯⋯⋯⋯⋯ 137

[3] ケース別にみる時間外労働時間 ⋯⋯⋯⋯⋯⋯⋯⋯⋯⋯⋯⋯⋯⋯⋯⋯ 137

(1)半日年休を取得した場合　140

(2)週休2日制の場合　141

(3)1週40時間を超過していない場合　142

(4)私用外出と残業が同じ日にある場合、早退と早出残業が同じ日に
ある場合　144

(5)時間外労働が翌労働日の始業時刻にまで及んだ場合　145

(6)時間外労働が翌法定休日にまで及んだ場合　146

(7)遅刻・早退があった場合　146

[4] 代休・休日の振替をした場合 ⋯⋯⋯⋯⋯⋯⋯⋯⋯⋯⋯⋯⋯⋯⋯⋯⋯ 148

(1)休日の振替を行った場合　148

(2)代休を取得した場合　149

[5] 1カ月60時間を超える場合の割増率 ⋯⋯⋯⋯⋯⋯⋯⋯⋯⋯⋯⋯⋯ 150

(1)「60時間超」とは　151

(2)休日労働がない場合　151

(3)土曜日(所定休日)の労働がある場合　151

(4)土曜日・日曜日ともに労働した日がある場合　154

[6] 代替休暇とは ⋯⋯⋯⋯⋯⋯⋯⋯⋯⋯⋯⋯⋯⋯⋯⋯⋯⋯⋯⋯⋯⋯⋯⋯⋯ 158

[7] 働き方改革関連法に伴う「時間外労働の上限規制」への対応 ⋯⋯ 159

・「所定外休日(＝法定休日ではない)」の労働を、上限規制の
集計において「休日」扱いとすることは問題ありませんか？　163

第3章 賞与計算のすすめ方 167

1 賞与かどうかを確認しよう 168

9

- 臨時的に賞与を年に4回以上支払った場合は、健康保険・厚生年金保険の取り扱いはどうなるのでしょうか？　169
- 大入り袋も賞与に該当するのですか？　169

② 支給項目を計上しよう … 170
- 賞与金額の根拠を従業員に説明する義務はありますか？　170

③ 控除項目を計上しよう … 171

[1] 健康保険（介護保険）・厚生年金保険 … 171
- 保険料率の変更があった場合の留意点とは？　173

[2] 雇用保険 … 173

[3] 所得税 … 174
- 同月内に2回以上の賞与がある場合、保険料はどのように算定するのでしょうか？　177

[4] その他（親睦会費、組合費、財形貯蓄など） … 178
- 退職金は賞与と同じように社会保険料などを控除して支払うのでしょうか。また、解雇予告手当も賞与となりますか？　179

④ 賞与を従業員に支払おう … 181

⑤ 社会保険料の徴収についてパターン別でみてみよう … 182

[1] 健康保険・介護保険・厚生年金保険料の徴収の有無 … 182
(1)資格取得月　182
(2)資格喪失月　182
(3)同月内に資格喪失・資格取得のある場合（その1）　183
(4)同月内に資格喪失・資格取得のある場合（その2）　183
(5)産前産後休業・育児休業の開始月　184
(6)育児休業の終了月　184
(7)育児休業の開始と終了が1カ月以内の場合　185

[2] 介護保険料の徴収の有無 … 185
(1)資格取得月・資格喪失月　185

(2)40歳到達月　186

(3)65歳到達月　187

(4)40歳到達月に資格取得　188

(5)65歳到達月に資格取得　188

(6)40歳到達月に資格喪失　188

(7)65歳到達月に資格喪失　189

(8)同月内に資格喪失・資格取得のある場合（その１）　189

(9)同月内に資格喪失・資格取得のある場合（その２）　189

第4章　年末調整のすすめ方　191

▶**年末調整のチェックリスト**　192

1 対象者・時期を確認しよう　193

・「月末締め翌月10日払い」における年末調整の対象となる月次
給与・賞与とは？　194

・他の所得があり、年末調整を希望しない従業員の年末調整は不
要なのでしょうか？　194

2 必要書類を準備しよう　196

(1)給与所得者の扶養控除等（異動）申告書　196

(2)給与所得者の保険料控除申告書　201

(3)給与所得者の基礎控除申告書兼給与所得者の配偶者控除等申告
書兼所得金額調整控除申告書　205

(4)住宅借入金等特別控除申告書　209

・一般の生命保険料・介護医療保険料・個人年金保険料の違い
はどこでわかりますか？　201

・保険料控除は配偶者が契約者となっていてもかまいませんか？　204

・生命保険料控除証明書に「剰余金」の記載がある場合、どのよ
うに計算するのでしょうか？　205

3 月次給与と賞与を源泉徴収簿に書き写そう　213

4 年末調整の計算を行おう　215

11

[1] ステップ①　給与・賞与収入金額を求める ·········· **215**

[2] ステップ②　給与所得金額を求める ····················· **216**
- 年末調整を行わない場合、源泉徴収簿の作成は不要でしょうか？　217

[3] ステップ③　課税所得金額を求める ····················· **218**

[4] ステップ④　算出所得税額を求める ····················· **222**

[5] ステップ⑤　年調所得税額を求める ····················· **223**

[6] ステップ⑥　年調年税額を求める ························· **223**

5 源泉徴収票を作成しよう ······································· **225**
- 年末調整が終わった後に、給与の追加払いや賞与の支払いがあった場合はどうすればよいですか？　230
- 年末調整後に扶養親族等の数や所得の変更などで「所得控除」に変更がある場合はどうすればよいですか？　230
- 年末調整を行った場合、従業員は確定申告が不要なのでしょうか？　230

6 必要書類を役所へ提出しよう ······························· **231**

[1] 税務署に提出する書類 ··· **231**
　⑴給与所得の源泉徴収票　231
　⑵退職所得の源泉徴収票　232
　⑶報酬、料金、契約金及び賞金の支払調書　233
　⑷不動産の使用料等の支払調書　233
　⑸不動産等の譲受けの対価の支払調書　234
　⑹不動産等の売買又は貸付けのあっせん手数料の支払調書　234
　⑺法定調書合計表　234

[2] 市区町村に提出する書類 ····································· **235**
- 給与支払報告書の提出に当たっての留意点はありますか？　235

参考資料 **241**

[1] 給与所得の源泉徴収税額表（月額表）242

[2] 賞与に対する源泉徴収税額の算出率の表 250

[3] 源泉徴収のための退職所得控除額の表 252

[4] 課税退職所得金額の算式の表 253

[5] 退職所得の源泉徴収税額の速算表 253

[6] 月額表の甲欄を適用する給与等に対する源泉徴収税額の電算機
計算の特例 254

[7] 給与所得の源泉徴収税額表の使用区分 255

[8] 扶養親族等の数の求め方 256

[9] 令和2年分の年末調整等のための給与所得控除後の給与等の金
額の表 258

[10] 令和2年分の扶養控除額および障害者等の控除額の合計額の
早見表 267

[11] 令和2年分の年末調整のための算出所得税額の速算表 267

[12] 令和2年分の基礎控除額の表 268

[13] 令和2年分の配偶者控除額および配偶者特別控除額の一覧表
268

[14] 復興特別所得税の計算式 268

［海外勤務者の給与計算について］

　海外の支店などで勤務し、生活の拠点が日本国内にない場合（短期出張
は除外されます）の給与計算は、「所得税」および「介護保険」について本
書の記載と異なる方法を採ることとなります。

　所得税は、居住形態、給与の内容（国内所得・国外所得）、身分（従業員・
取締役）、租税条約の内容などで計算方法が異なることから、事前に税務署
などに確認の上、計算を進めてください。

　介護保険については、対象外となる場合があります（101ページを参照）。

　なお、所得税および介護保険以外の項目は、国内勤務の方と異なる点は
ありません。

■本書の見方・使い方

本書では、原則として、以下の賃金台帳を基に事例計算を進めています。すべての月の計算を解説することはできませんので、注意点を例示しておきます。

> これらの手当は、支払日が他の手当と異なるため、離職証明書を作成する場合は注意（80ページ参照）

> 賃金規程、雇用契約書、従業員カードなどを基に計算

> 年度変わりに平均所定労働時間を書き換える（令和2年度）161.33時間→（令和3年度）160.66時間

> 新年度の保険料を確認（協会けんぽの令和3年度については未定）

【月次給与】

賃金計算期間	令3.1.1-31	令3.2.1-28	令3.3.1-31	令3.4.1-30	令3.5.1-31	令3.6.1-30	令3.7.1-31
労働日数	0	18	18	23	21	18	22
欠勤日数	0	0	0	0	0	0	1
時間外労働	0:00	13:00	15:00	12:00	13:30	10:00	20:00
休日勤務	0:00	0:00	0:00	0:00	0:00	0:00	8:00
深夜勤務	0:00	3:00	0:00	0:00	0:00	1:30	1:30
不就労	0:00	0:00	0:00	0:00	0:00	0:00	1:30
基本給	300,000	300,000	300,000	300,000	300,000	300,000	300,000
役職手当	10,000	10,000	10,000	10,000	10,000	10,000	10,000
時間外手当	0	31,225	36,029	28,823	32,561	24,119	48,239
休日手当	0	0	0	0	0	0	20,839
深夜手当	0	1,441	0	0	0	724	724
不就労控除	0	0	0	0	0	0	−18,333
通勤手当（非）	8,500	8,500	8,500	8,500	8,500	8,500	8,500
総支給額	318,500	351,166	354,529	347,323	351,061	343,343	369,969
健康保険	0	16,779	19,822	19,822	19,822	19,822	19,822
（うち介護保険）			(3,043)	(3,043)	(3,043)	(3,043)	(3,043)
厚生年金保険	0	31,110	31,110	31,110	31,110	31,110	31,110
雇用保険	955	1,053	1,064	1,042	1,053	1,030	1,110
社会保険料合計	955	48,942	51,996	51,974	51,985	51,962	52,042
課税対象額	309,045	293,724	294,033	286,849	290,576	282,881	309,427
所得税	7,110	6,520	6,520	6,210	6,420	6,100	7,110
住民税	4,000	4,000	4,000	4,000	4,000	7,600	7,000
財形貯蓄	5,000	5,000	5,000	5,000	5,000	5,000	5,000
総控除額	17,065	64,462	67,516	67,184	67,405	70,662	71,152
年末調整	0	0	0	0	0	0	0
差引支給額	301,435	286,704	287,013	280,139	283,656	272,681	298,817

【賞与】

支払日				令3.4.10			
賞与				100,000			
不就労控除				0			
総支給額				100,000			
健康保険				5,830			
（うち介護保険）				(895)			
厚生年金保険				9,150			
雇用保険				300			
社会保険料合計				15,280			
課税対象額				84,720			
所得税				5,189			
財形貯蓄				0			
総控除額				20,469			
差引支給額				79,531			

> 令和3年1月1日の資格取得（図表1-13参照）につき、令和3年2月給与より徴収開始

> 令和3年2月28日に40歳に到達につき徴収開始

> 新年度の住民税の徴収開始

14

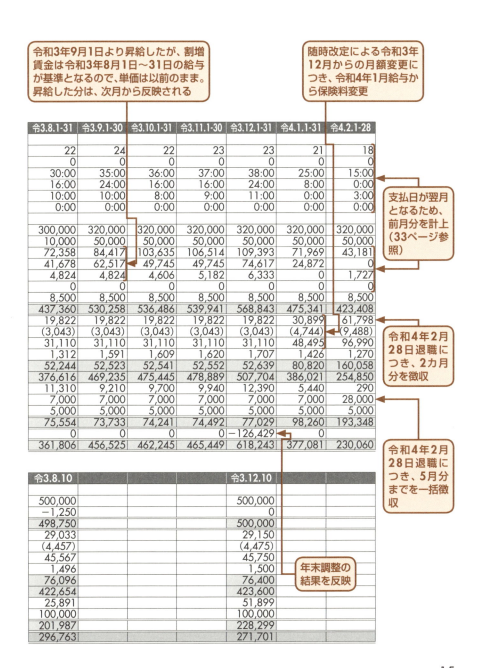

月次給与項目および賞与項目は、次の形式を基準にしています。各項目の詳細は、表内に示すページをご参照ください。

【月次給与項目】

勤怠項目

出勤日数	欠勤日数	時間外労働	休日勤務	深夜勤務	不就労	総労働時間
89(ページ)	89	89	89	89	89	89

支給項目

基本給	役職手当	時間外手当	休日手当	深夜手当	不就労控除	通勤手当	総支給額
19、46、90	19、46、90	21、92	21、92	21、92	25、92	20、48、90、91	92

控除項目

健康保険	うち介護保険	厚生年金	雇用保険	社会保険料合計	課税対象額	所得税	住民税
31、96、126	31、96、126	31、96、126	31、104			30、106	30、110

財形貯蓄	総控除額
35、111	111

集計

差引支給額	年末調整
113	193

【賞与項目】

支給項目

賞与	不就労控除			総支給額
170	170			170

控除項目

健康保険	うち介護保険	厚生年金	雇用保険	社会保険料合計	課税対象額	所得税	財形貯蓄
171、182	171、182	171、182	173			174	178

総控除額
178

集計

差引支給額
181

第 1 章

給与計算を
はじめる前に

　給与や賞与とは何でしょう。

　民法では「報酬」、労働基準法では「労働の対償」と
しています。つまるところ、使用者に労働力を提供した
ことによる「対価」であり、対価であるならばその算出
方法が定められていなければなりません。

　また、対価を支払う使用者が強い立場になってしま
うことが多いことから、労働基準法をはじめとするさ
まざまな法の規制がかけられています。

　まずは、給与の算出方法を確認し、法令違反がない
かどうかを確認することから給与計算は始まります。

第1章 給与計算をはじめる前に

1 会社の賃金の仕組みを確認しよう

　ここでは、準備段階として、あなたの会社の賃金の仕組みを把握していきましょう。

　まずは、賃金形態の確認が必要です。月次給与だけでも、大きく分けて**完全月給、日給月給、日給、時間給**の4形態があります。

　次に、賃金の締め切り日と支払日を確認しなければなりません。最近は、「月末締め切り当月25日払い」の会社が増えてきていますが、時給者の基本給は「月末締め切り翌月25日払い」にならざるを得ません。また、通勤手当を定期券代購入のために前払いしたいという会社では、「月末締め切り前月25日払い」となります。給与形態は同じでも、賃金の締め切り日が手当ごとに異なる場合があるのです。

　そのうえで、賃金の支払い方法も確認します。以下、賃金規程などを参考に、具体的な内容について確認していきましょう。

図表1-1 賃金の構成

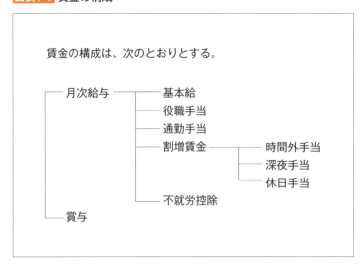

18

[1] 賃金体系を確認する

　まずは、賃金規程から会社全体の賃金体系を確認しましょう。

　通常、賃金は、**図表1-1**のように、**月次給与**と**賞与**に区分されます。

　この項目が、月次給与明細や賞与明細の**支給項目**に記載されることになります。基本的には、ここに記載されていない賃金項目は存在しませんし、定められた項目を理由もなく削除することは許されません。

(1) 基本給

　（基本給）

　第○条　基本給は、本人の職務内容、経験、技能、勤務成績、年齢等を考慮して
　　各人ごとに決定する。

　基本給の決定基準などは具体的に明記せず、決定要素の大枠だけを記載するほうがよいでしょう。会社によっては、「基本給表（俸給表）」が存在することもあります。作成の義務がないため開示要求に応える必要もありませんが、できる限り賃金規程に明記するようにしましょう。

(2) 役職手当

　（役職手当）

　第○条　役職手当は、次の職位にある者に対して支給する。

　　① 部　　長　　月額○○○円

　　② 副部長　　月額○○○円

　　③ 課　　長　　月額○○○円

　会社内における役職と役職手当の関係が明確になっている場合は、表などを用いて役職手当の内容について明記します。

　このほかにも諸手当項目がある場合は、賃金規程へ明記します。

19

(3) 通勤手当

（通勤手当）
第○条　通勤手当は、自宅の最寄り駅または停留所から会社の最寄り駅までの最短経路による1カ月の定期券相当額を支給するものである。ただし、所得税法上の非課税限度額を上限とする。
2　通勤手当については、当月○○日における定期券代を算定基準とする。

　通勤手当を支給する場合、支給形態（日割、定期券代など）を定めておきましょう。在宅勤務を行っている会社では、定期券代相当分の支払い方から実費支給に切り替えるところもあるようです。

　通勤手当は、必ず支払うものではありません。しかし、ほとんどの会社が支払いを行っており、日割や、1カ月分・3カ月分・6カ月分の定期券代によるなど、その方法はさまざまです。

　また、支払金額の上限を設定することも可能です。これらについては賃金規程や雇用契約書で定めておき、その規定に従って支払います（非課税限度額を上限としている会社が多いようです）。

　ところで、通勤手当には所得税（51ページ参照）が課されないのでしょうか。

　一般交通機関を利用している場合には交通費が非課税となることが多いため、通勤手当は全額非課税であると勘違いしがちですが、次のとおり課税される場合があります。

① 電車やバスなどの公共交通機関だけを利用して通勤している場合

　非課税となる限度額は、通勤手当や通勤定期券などの金額のうち、1カ月当たり15万円までです。この場合、新幹線鉄道を利用した運賃等は含まれますが、グリーン車の料金などは除かれるので注意します。

② マイカーなどを利用して通勤している場合

　片道の通勤距離（通勤経路に沿った長さ）に応じ、**図表1-2**に掲げる額が非課税となる1カ月当たりの限度額です。

③ 電車やバスなどのほかにマイカーなども使って通勤している場合

　この限度額は、上記①と②の合計額（1カ月当たり15万円が限度）です。

図表1-2 マイカーなどを利用して通勤している場合の1カ月当たりの非課税限度額

片道の通勤距離	1カ月当たりの非課税限度額
2キロメートル未満	（全額課税）
2キロメートル以上10キロメートル未満	4,200円
10キロメートル以上15キロメートル未満	7,100円
15キロメートル以上25キロメートル未満	12,900円
25キロメートル以上35キロメートル未満	18,700円
35キロメートル以上45キロメートル未満	24,400円
45キロメートル以上55キロメートル未満	28,000円
55キロメートル以上	31,600円

（4）割増賃金

（割増賃金）

第○条 割増賃金は、次の算式により計算して支給する（円未満四捨五入）。

① 時間外手当

（基本給＋役職手当）÷1カ月平均所定労働時間数×125％×時間外労働時間数

② 休日手当

（基本給＋役職手当）÷1カ月平均所定労働時間数×135％×休日労働時間数

③ 深夜手当

（基本給＋役職手当）÷1カ月平均所定労働時間数×25％×深夜労働時間数

　割増賃金の割増率は、法令によって次のとおりに定められています。

① 法定休日における労働時間：35％以上

② 上記①を除き、1日につき8時間を超過した労働時間：25％以上

③ 上記①②を除き、1週40時間を超過した労働時間：25％以上

④ 22時〜翌5時における労働時間：25％以上

　これらの割増率に対して、労働した時間分の対価がそもそも必要なことから、①〜③については「100％」の加算が必要となります。そのため、規程例では時間外手当が「125％」、休日手当が「135％」となっていることに注目してください。深夜部分（④）については、①〜③と重複して支給されるため、「100％」の加算をさらにする必要はありません。このとき、「休日＋深夜」であれば

「135%＋25%＝160%」と割増賃金が高額になります。

　こうして時間外手当・休日手当などに相当する割増賃金を計算する際、その基礎として「通常の労働時間または通常の労働日の賃金」すべてを算入します。賃金規程や労働契約で取り決めを行ったとしても、これらの賃金を割増賃金の基礎から除外することはできません。

　ただし、次の①～⑤に掲げる手当は、割増賃金の基礎から除くことができます。

① 家族手当

　　「扶養家族の数」などを基礎として算出された手当をいいます。

　　名称が「物価手当」や「生活手当」などであっても、算出方法が同様であれば、家族手当として割増賃金の基礎から除外することも可能です。したがって、家族手当という名称であっても、扶養家族数に関係なく一律に支給される手当や扶養家族が０人である従業員にも支払われるような手当は、ここでいう家族手当には該当せず、割増賃金の基礎に算入しなければなりません。

② 通勤手当

　　「労働者の通勤距離や通勤に要する費用」に応じて決定される手当をいいます。したがって、通勤にかかる費用や距離が基準となっていない場合には、割増賃金の基礎に算入する必要があります（図表1-3）。

③ 別居手当、子女教育手当

　　単身赴任などの業務命令によって家族と別居しているような場合に支払われる「別居手当」や、扶養親族である子の人数により支払われる「教育手当」

図表1-3 割増賃金の基礎に算入するもの・しないもの（通勤手当の例）

割増賃金の基礎に 算入しない通勤手当の例	・定期券代相当額 ・通勤に要する距離×一定率 ※上限を設定することはかまわないが、設定することによって金額 　が一律であるような通勤手当は割増賃金の基礎となる
割増賃金の基礎に 算入する通勤手当の例	・一律5,000円
混在する例	・一律5,000円＋通勤距離×単価（この場合には、5,000円は割増賃 　金の基礎に算入し、それ以外は除外する）

をいいます。このような手当は「労働とは直接関係がない個人的な事情」によるものとして、割増賃金の基礎から除外されます。

④ 住宅手当

「住宅に要する費用」に応じて決定される手当をいいます。ただし、住宅の形態ごとに一律・定額に支給されているものや、住宅以外の要素に応じて定率または定額で支給されているもの、全員に一律・定額で支給されているようなものは、割増賃金の基礎に算入しなければなりません。自社の賃金規程が次のような定めになっているのであれば「住宅以外の要素に応じて」支給される住宅手当であるため、割増賃金の基礎に加える必要が生じます。

（住宅手当）

第○条　住宅手当は、次により支給する。

① 単身者の場合　10,000円

② 世帯主の場合　20,000円

したがって、割増賃金の基礎から除外できるようにするためには、

（住宅手当）

第○条　住宅手当は、次により支給する。

① 賃貸住宅居住者　家賃×○%

② 持家居住者　ローン月額×○%

あるいは、

（住宅手当）

第○条　住宅手当は、次により支給する。

① 賃貸住宅居住者

家賃月額5万円超～8万円のとき　1万円

家賃月額8万円超～10万円のとき　2万円

家賃月額10万円超のとき　3万円

〈以下略〉

23

のような定めにすることが必要です。つまり、住宅に要する費用のみが支給の条件となるようにします。

⑤ 臨時に支払われた賃金、1カ月を超える期間ごとに支払われる賃金

「臨時に支払われた賃金」には引越手当などの臨時手当が、「1カ月を超える期間ごとに支払われる賃金」には賞与などが該当します。

この二つは、「通常の労働時間または通常の労働日の賃金」とは異なる賃金として、割増賃金の基礎から除外されています。

しかし、1カ月を超える期間ごとに支払われる場合であっても、年俸制における賞与（1カ月を超える期間ごとに支払われる賃金）については、支給額があらかじめ確定していないことが必要です。そのため、年俸制において毎月払い部分と賞与部分を合計してあらかじめ年俸額が確定しているような場合には、「1カ月を超える期間ごとに支払われる賃金」にこの賞与は該当せず、割増賃金の基礎に算入しなければなりません。このとき、賞与部分を含めて確定したこの年俸額を算定基礎とした割増賃金を支払う必要があります。

では、これらの名称で呼ばれる手当であれば、すべて割増賃金の基礎から除外することができるのかというと、そうではありません。これらの手当は「労働とは直接関係がない個人的な事情」を基準として支給される賃金であるために、割増賃金の基礎から除外することが可能なのであって、その名称ではなく、実質によって判断する必要があると、厚生労働省の通達でも示されています。

もちろん、「割増賃金の基礎に算入すること」が禁じられているわけではありませんので、その基礎に算入すること自体は問題ありません。

昼食（食事）手当を毎月支給していますが、割増賃金の基礎となるのでしょうか？

就業時における昼食代を補う面などから、昼食手当を出勤日数分支給している会社が多いようです。

この手当は家族手当や別居手当とは趣旨が違いますし、臨時に支払われる賃金でもありませんので、昼食手当は割増賃金の基礎に入ります。

(5) 不就労控除

> **（不就労控除）**
> **第○条** 遅刻、早退および私用外出の時間については、1時間当たりの給与額
> に遅刻、早退および私用外出の合計時間数を乗じた次の式で求める額を差し
> 引くものとする。
> 　（基本給＋役職手当）÷1カ月平均所定労働時間数×不就労控除時間数
> **2** 欠勤については、次の式で求めた額を差し引くものとする。
> 　（基本給＋役職手当）÷1カ月の平均所定労働日数×欠勤日数
> **3** 計算期間の中途で採用され、または退職した場合の月次給与は、当該計算
> 期間の所定労働日数を基準に日割計算して支払う。

　不就労控除を行う場合、または、計算期間途中に入退社した従業員に対して
日割支給（日割控除）を行う場合に備えて、計算方法を就業規則等に明記して
おきます。この規定がないと、従業員が常に有利になるような計算方法を採用
せざるを得ません。無用なトラブルを避けるためにも、できるだけ明確に定め
ておきましょう。

　ところで、不就労控除の項目は、なぜ必要なのでしょうか。賃金は労働の対
価ですので、不就労（＝労働が提供できない）の場合は、対価（＝賃金）を得る
ことはできません。これが、**ノーワーク・ノーペイ**の原則です。ただ、月次給与
は基本給など定額の項目が多く、定額部分の金額を変更することは実務上煩雑
です。そのため、月次給与を減算する項目が必要となるわけです。

　上の賃金規程例では、「（基本給＋役職手当）÷1カ月平均所定労働時間数×
不就労控除時間数」として、不就労控除の額を計算しています。1時間当たり
の給与額を算出して不就労の時間を乗じるものですが、唯一の方法というわけ
ではありません。休んだ時間分の給与を差し引いたり（**控除方式**）、出勤した日
数分の給与を支給する（**支給方式**）など、いろいろな方法が考えられます。

　図表1-4のように、「当該月所定労働日数」「年平均月所定労働日数」「当該月暦
日数」のいずれかを分母として「控除方式」をとるか「支給方式」で計算するか、
どの方法を適用してもかまいません。労働基準法に明確な規定がないため、欠
勤控除の方法だけでも、次のようにさまざまな方式をとることができます。

図表1-4 欠勤控除の方法

方式／分母	控除方式	支給方式
(i)当該月所定労働日数 (ii)年平均月所定労働日数 (iii)当該月暦日数	対象額÷左記の分母 ×「欠勤扱いの日数」を 「控除」する	対象額÷左記の分母 ×「出勤扱いの日数」を 「支給」する

① １日当たりの金額を算出する場合の分母をどれにするのか？

　(i)「当該月所定労働日数」：不就労があった月の所定労働日数

　(ii)「年平均月所定労働日数」：１年間の所定労働日数を12で除した日数

　(iii)「当該月暦日数」：不就労があった月の暦日数

② １時間当たりの金額を算出する場合の分母をどれにするのか？

　(i)「当該月所定労働時間数」：不就労があった月の所定労働時間数

　(ii)「年平均月所定労働時間数」：１年間の所定労働時間を12で除した時間数

③ 不就労の時間分を控除するのか、就労した時間分を支給するのか？

　(i)「控除方式」：遅刻や欠勤などで不就労となった時間相当額を控除

　(ii)「支給方式」：実際に就労した時間相当額を支給

　たとえば、令和３年４月１日〜翌年３月31日において、土・日・祝日と12月29日〜１月４日を休日とし、年間の所定労働日数を241日、年平均月所定労働日数を20.08日とする会社があるとします（93ページ参照）。

【例１】令和3年5月25日を欠勤した場合

　令和３年５月の所定労働日数は18日、暦日数は31日

方式／分母	ⓐ控除方式	ⓑ支給方式
(i)当該月所定労働日数	310,000円÷18日×1日 ＝17,222.22円を控除	310,000円÷18日×17日 ＝292,777.77円を支給
(ii)年平均月所定労働日数	310,000円÷20.08日×1日 ＝15,438.24円を控除	310,000円÷20.08日×17日 ＝262,450.19円を支給
(iii)当該月暦日数	310,000円÷31日×1日 ＝10,000円を控除	310,000円÷31日×30日 ＝300,000円を支給

【例2】令和3年5月1日～25日を欠勤した場合

令和3年5月の所定労働日数は18日、暦日数は31日

方式 分母	ⓐ控除方式	ⓑ支給方式
(i)当該月所定労働日数	310,000円÷18日×14日 ＝241,111.11円を控除	310,000円÷18日×4日 ＝68,888.88円を支給
(ii)年平均月所定労働日数	310,000円÷20.08日×14日 ＝216,135.45円を控除	310,000円÷20.08日×4日 ＝61,752.98円を支給
(iii)当該月暦日数	310,000円÷31日×25日 ＝250,000円を控除	310,000円÷31日×6日 ＝60,000円を支給

このとき、基本給が31万円であるとした場合に**図表1-4**の方法をとると、どのような結果となるかを計算したのが**【例1】【例2】**です。なお、計算過程において、小数第3位以下は切り捨てとします（29ページ参照）。

こうしてみると、欠勤控除は「年平均月所定労働日数＋控除」の方式を適用し、月次給与が0円となる場合に限り「年平均月所定労働日数＋支給」の方式をとるほうが、労働者の納得を得やすいでしょう。ただし、これ以外のケースでは「控除方式」「支給方式」のいずれかで固定したほうが、混乱を招きません。

暦日数方式を適用しているところは少ないと思いますが、デメリットと計算のしやすさを考慮のうえ、会社にとって最適の方法を採用し、あらかじめ就業規則などに定めておきましょう（図表1-5）。

図表1-5 各方式のメリットとデメリット

	メリット	デメリット
(i)当該月所定労働日数	各月の要出勤日が基準なので、計算式の説明がしやすい	毎月、分母が変わるため、システム設定が煩雑になる
(ii)年平均月所定労働日数	分母が1年間変わらないので、計算式が簡単である	控除方式の場合、月に1日だけ出勤があったようなときに、月次給与が0になる場合あり
(iii)当該月暦日数	各月の暦日数が基準なので、計算式の説明がしやすい	月の大半を欠勤しても、土・日・祝日の給与が支給されてしまう

第1章 給与計算をはじめる前に

通勤手当も不就労控除をしてよいのでしょうか？

　就業規則等に定めがあれば、通勤手当についても月次給与の支払時に不就労控除をしてもかまいません。

　月次給与と同様の方式で行うことが考えられますが、一つ問題となるのが、通勤定期券の購入のために支出してしまった金額を控除してよいかという点です。通勤手当は「定期券代」相当額で支給していることが多いため、思い当たる会社もあるでしょう。もちろん、ノーワーク・ノーペイの原則がありますから、控除することについて、法律上の問題点はありませんが、この取り扱いをどのようにするかはあらかじめ決めておく必要があります。

　また、欠勤と休職の場合で方式を変更するのかどうかも決めておきましょう。欠勤は控除方式、休職は日割支給方式とすれば、従業員からの納得を得やすいのではないでしょうか。

計算期間途中の入社・退職や休職の場合の月次給与計算は、欠勤と同様でよいのでしょうか？

　病気による休職のほか、産前産後休業、介護休業などの休業があります。

　入社・退職・休職と欠勤との異なる点は、事前に就労が免除される期間が確定していることです。

　賃金の不就労控除の方法は、欠勤と同形式を使用してもかまいません。しかし、入社・退職・休職は、事前に就労免除期間を把握できていることから、「年平均月所定労働日数÷支給」方式を採用することをお勧めします。

　システム操作上の注意点ですが、支給方式を適用する場合に、日割相当額を基本給欄に直接入力することはやめましょう。翌月の月次給与計算時に元の満額相当額に戻すことを失念しがちですので、差引金額を調整欄に入れるほうが望ましいです。

（6）賞与

（賞与）

第○条　賞与は、原則として毎年○月○日および○月○日に在籍する従業員に対し、業績等を勘案して○月および○月に支給する。ただし、業績の著しい低下その他やむを得ない事由がある場合には、支給時期を延期し、または支給しないことがある。

2　賞与の額は、業績および従業員の勤務成績等を考慮して、各人ごとに決定する。

予定している賞与がある場合は、就業規則等に明記しましょう。

ただし、ここで明確に「○カ月分を支給する」などとしてしまうと、業績が芳しくなくても、必ず支給しなければなりません。したがって、金額については「各人ごとに決定する」とし、支給の有無については「支給時期を延期し、または支給しないことがある」のように記しておくほうがよいでしょう。

(7) 平均所定労働時間数

（平均所定労働時間数）

第○条　会社における1カ月平均所定労働時間数は、次の算式により計算する。なお、年間は4月1日から翌年3月31日とし、うるう年は365日を366日と読み替える。

　　（365−年間所定休日日数）×1日の所定労働時間数÷12〔小数第3位以下切り捨て〕

割増賃金や勤怠控除の計算を行うためには、1年の区切りや平均の算出方法の定めが必要です。その場合、年間の範囲（1〜12月、4〜3月など）、端数処理方法（小数第何位を切り捨てか、四捨五入か）について、事業主が決定することができます。決算時期や月次給与計算締め切り日などを考慮して決定しましょう。

【例】（365−124〔年間所定休日日数〕）×1日の所定労働時間数（8時間）
　　　÷12カ月＝160.66〔小数第3位以下切り捨て〕時間

[2] 控除項目を確認する

次に、賃金から控除される内容を確認しましょう。

（賃金の支払いと控除）

第○条　賃金は、従業員に対し、通貨で直接その全額を支払う。ただし、次に掲げるものは、賃金から控除するものとする。

① 所得税

② 住民税

③ 健康保険（介護保険を含む）、厚生年金保険、雇用保険の保険料の被保険者
　負担分

④ 従業員代表との書面による協定により賃金から控除することとしたもの

本来、賃金は、総支給額の全額（38ページ）を労働者に支払うことになっています。しかし、実際には、法律や労使協定などによって、さまざまな金額を控除することから、それらについて規定しておく必要があります。

（1）所得税

所得税は、1月1日から12月31日までの賃金に対して課せられるものですが、年末にまとめて賦課されるわけではありません。事業主は賃金を支払うつど、支払金額に応じた所得税を控除することが義務付けられています。

これを源泉所得税といい、控除した所得税は、支払月の翌月10日までに事業主が納税手続きを行います。

（2）住民税

住民税は、都道府県民税と市区町村民税を合わせた税額で、1月1日から12月31日までの所得に対して課せられますが、所得税と異なり、この期間の所得に応じて翌年から賦課されます。つまり、令和3年度の住民税は、令和2年1月1日から令和2年12月31日までの所得を基準として、賦課されるわけです。

令和2年1月1日から令和2年12月31日までの所得

　→令和3年度の住民税が決まる

　→令和3年6月から令和4年5月までの月次給与にて徴収する（特別徴収）

住民税の納税方法には、**特別徴収**と**普通徴収**の2種類があります（図表1-6）。

① **特別徴収**：6月～翌年5月の毎月、事業主が従業員の月次給与から控除し、納税する

② **普通徴収**：会社を通さず、従業員が個々に居住する市区町村に納税する

賃金に関する住民税の納付方法は、「特別徴収」が原則です。したがって、住民税を月次給与から控除する必要があるわけです。差し引いた住民税は、支払

図表1-6 住民税の普通徴収と特別徴収

	対象者	内　容	納期限
特別徴収	給与所得者	給与支払者（会社等）が特別徴収義務者となり、給与の支給時に住民税を差し引いた後、特別徴収義務者単位で住民税をまとめて納入する方法	毎年6月から翌年5月までの12回 （5月中旬に住民税額が決定され、特別徴収義務者（会社等）宛に納税通知がされる）
普通徴収	個人事業主、年金受給者など	対象者が納税義務者となり、役所から送付された納税通知書により住民税を納入する方法	毎年6月、8月、10月、翌年1月の年4回 （6月上旬に住民税額が決定され、納税通知がされる）

月の翌月10日までに事業主が納税手続きを行います。

（3）健康保険（介護保険を含む）、厚生年金保険、雇用保険の保険料の被保険者負担分

　被保険者（保険の加入者）となっている場合、従業員は保険料を負担する義務があり、この保険料は賃金から控除されることが一般的です。もちろん保険料を控除せずに、従業員が事業主へ納付することも可能ですが、手間を考えればあまり現実的ではないでしょう。

（4）従業員代表との書面による協定により賃金から控除することとしたもの

　（1）～（3）の項目については、労働基準法により、賃金から控除することが認められていますが、その他の金額を控除する場合には「労使協定（労働協約でも可）の締結」が必要です。

　これは、労働基準法において賃金の中間搾取が禁じられており、賃金の全額を従業員に支払うことが原則となっているためです。この原則を除外するためには、事業主の判断だけでは不可能で、労働者との合意、つまり協定が必要となります（労使協定例については、**図表1-10**（36ページ）で取り上げます）。

　以上で賃金の項目がわかりました。ここで、**月次給与明細**（**図表1-7**）および**賞与明細**（**図表1-8**）のフォーマットをみておきましょう。

第1章　給与計算をはじめる前に

31

図表1-7 月次給与明細

勤怠項目

出勤日数	欠勤日数	時間外労働	休日勤務	深夜勤務	不就労	総労働時間

支給項目

基本給	役職手当	時間外手当	休日手当	深夜手当	不就労控除	通勤手当	総支給額

控除項目

健康保険	うち介護保険	厚生年金	雇用保険	社会保険料合計	課税対象額	所得税	住民税
	( )						

財形貯蓄	総控除額

集計

差引支給額	年末調整

図表1-8 賞与明細

支給項目

賞与					総支給額

控除項目

健康保険	うち介護保険	厚生年金	雇用保険	社会保険料合計	課税対象額	所得税	財形貯蓄
	( )						

総控除額

集計

差引支給額

[3] 支払い方法を確認する

次に、月次給与および賞与の支払い方法を確認しましょう。

（月次給与の計算期間および支払日）

第○条　月次給与は、毎月末日に締め切り、当月○日に支払う。ただし、割増賃金の支払い、不就労控除は翌月○日に行う。また、支払日が休日に当たるときは、その前日に繰り上げて支払う。

（賞与）

第○条　賞与は、原則として毎年○月○日および○月○日に在籍する従業員に対し、業績等を勘案して○月および○月に支給する。ただし、業績の著しい低下その他やむを得ない事由がある場合には、支給時期を延期し、または支給しないことがある。

2　賞与の額は、業績および従業員の勤務成績等を考慮して、各人ごとに決定する。

（1）月次給与

月次給与の締め切り日と支払日は、必ず定めなければなりません。手当ごとに締め切り日が異なる場合には、それぞれについて規定する必要があります。

計算の過程で無理が出てしまう期間設定は、月次給与計算の誤りを引き起こしかねず、調整処理のためにかえって多くの時間を要することになりかねません。締め切り日と支払日が近接しているに越したことはありませんが、無理のない期間設定を心がけましょう。

このとき、できるだけ「基本給：当月末締め当月25日払い、時間外手当：当月末締め翌月25日払い」のように、**「締め切り日および支払日」は統一**しておきましょう。このようにして統一する会社が多いのは、締め切り日ごとの月次給与額の計算を行う際に、わかりやすくするためです。

たとえば退職時に雇用保険被保険者離職証明書（80ページの**図表1-33**）を作成する場合を考えてみましょう。離職証明書には、締め切り日ごとの月次給与額を記入しなければなりませんが、もし基本給は月末締め、時間外手当は翌月15日締めということになると、締め日を統一した金額の按分をいったん行った

33

> **賃金計算システムを用いる場合**
>
> 給与計算ソフトのような賃金計算システムを使うとき、会社全体の月次給与締め切り日、手当ごとの給与締め切り日、個人ごとの締め切り日などについて、いろいろと設定することができます。
>
> このとき、会社全体の締め切り日を設定したうえで、個々の設定をしていくことをお勧めします。

うえで日額をそれぞれ算出してから合計額を算出しなければならないために、とても煩雑です。給与の支払い以外のことに目を向けたとき、「締め切り日および支払日」を統一する意味がおわかりいただけると思います。

(2) 賞与

賞与については、**在籍要件**と**支給日要件**を確認しましょう。

在籍要件とは、対象者が支給対象期間に在籍していれば、期間按分された賞与額が確定するもので、支給日要件とは、賞与支給日の在籍の有無によって支給の有無が確定するものです。

図表1-9の④のように、在籍要件、支給日要件ともに設定がされていないと賞与の支給方法が不安定となります。①〜③のように在籍要件ないしは支給日要件が確定していれば、各人の支給の有無に対して事業主の恣意性がなくなるため、賞与に関するトラブルは減るでしょう。

「賞与」そのものは会社の業績に左右されることが多いため、そもそもの支給の有無については事業主が決定してもかまいません。しかし、従業員個々への支払いの有無については、一定の方式にしておくことが肝要です。

[4] 労働協約・労使協定を確認する

それでは次に、労働協約または労使協定に、賃金に関する定めがあるかどうかを確認しましょう。なお、「就業規則は、法令又は当該事業場について適用される労働協約に反してはならない」と労働基準法にあるとおり、労働協約のほうが就業規則より優位に立っていることに注意が必要です。

図表1-9 賞与に関する在籍要件・支給日要件の設定例

① 在籍要件：1月1日〜6月30日、支給日要件：7月10日

1 月 1 日入社、7 月10日在籍	満額賞与
1 月 1 日入社、6 月30日退職	賞与なし
4 月 1 日入社、7 月10日在籍	半額の賞与
7 月 1 日入社、7 月10日在籍	賞与なし

② 在籍要件：1月1日〜6月30日、支給日要件：なし

1 月 1 日入社、7 月10日在籍	満額賞与
1 月 1 日入社、6 月30日退職	満額賞与
4 月 1 日入社、7 月10日在籍	半額の賞与
7 月 1 日入社、7 月10日在籍	賞与なし

③ 在籍要件：なし、支給日要件：7月10日

1 月 1 日入社、7 月10日在籍	賞与あり
1 月 1 日入社、6 月30日退職	賞与なし
4 月 1 日入社、7 月10日在籍	賞与あり
7 月 1 日入社、7 月10日在籍	賞与あり

④ 在籍要件：なし、支給日要件：なし

1 月 1 日入社、7 月10日在籍	不明
1 月 1 日入社、6 月30日退職	不明
4 月 1 日入社、7 月10日在籍	不明
7 月 1 日入社、7 月10日在籍	不明

第1章　給与計算をはじめる前に

　賃金から「社員会積立金」や「財形貯蓄金」などを控除する場合、労働協約または労使協定の締結が必要となりますので、賃金控除に関する規定があるかどうかを確認しましょう。この定めがない場合には、労働基準法における「**賃金の全額払い**」の原則に反することになりますので注意が必要です。

　図表1-10に、その労使協定例（**賃金控除協定書**）を掲げておきます。

図表1-10 賃金控除協定書

賃金控除協定書

株式会社○○○（以下「甲」という）と従業員代表＿＿＿＿＿＿＿＿＿＿＿＿（以下「乙」という）は、労働基準法第24条第1項ただし書きに基づき、賃金から控除することのできるものを、次のとおり協定する。

第1条 甲は賃金支払いに際し、賃金から以下に定めるものを控除することができるものとする。なお、控除することができる賃金とは月次給与および賞与とするが、必要ある場合は退職金からも控除できるものとする。
- (1) 仮払金
- (2) 財形貯蓄積立金
- (3) 食費および社宅費
- (4) 物品の購入代金
- (5) 生命保険・損害保険における保険料

第2条 この協定は令和○年○月○日より有効とし、甲乙のいずれかが、90日前に破棄を通告するか、または新たな協定が効力を発するまで有効とする。

---

[5] 法令に反していないか確認する

労働基準法の第1条に、次の定めがあります。

労働条件は、労働者が人たるに値する生活を営むための必要を充たすべきものでなければならない。

賃金は労働条件の重要な部分です。たとえ賃金規程や雇用契約書などに記載があっても、「人たるに値する生活」ができないような条件は法律違反となります。賃金計算の担当者が、雇用契約書に記載があるからと鵜呑みにして業務を進めてしまっては困ります。

この「人たるに値する生活」を確保するために労働条件に関する最低基準が定められていますので、以下、確認をしていきましょう。

（1）基本原則

① 均等待遇

国籍、信条または社会的身分を理由として、賃金などの労働条件について

差別的取り扱いをしてはいけません。外国籍労働者の賃金を不当に低く設定することはもちろん、政治的信念などの信条を理由とする不当な取り扱いもできません。

② 男女同一賃金の原則

　労働基準法では、女性の賃金について、男性との差別的取り扱いを禁止しています。また、男女雇用機会均等法（雇用の分野における男女の均等な機会及び待遇の確保等に関する法律）では、配置や昇進、福利厚生、雇用形態の変更、定年や解雇等について性別を理由とする差別的取り扱いを禁止しています。

③ 中間搾取の排除

　労働者派遣事業や職業紹介事業などの例外を除き、業として他人の就業に介入して利益を得てはならないと労働基準法で定められています。賃金が第三者の手にわたることがないよう、支払い方法に注意しましょう。

(2) 賃金支払いの５原則 "日本円で・本人に・全額を・月１回以上・同じ日に"

　労働基準法には、賃金の支払い方法についての定めがあります。これが、**賃金支払いの５原則**です。

① 通貨払い

　労働協約（労使協定は不可）に定めのない限り、商品など、「通貨」以外のもので賃金を支払うことはできません。もちろん、小切手や株券での支払いも同様です。

　現在の日本は「貨幣経済」ですから、貨幣がないと生活をすることができません。賃金がすぐに使用できないもので支払われてしまうと、換金という手間がかかってしまい、とても不便なため、「通貨」で支払うことが義務付けられているわけです。

　なお、通貨とは貨幣および日本銀行券のことであり、外国通貨（ドルやユーロ）で支払うことはできません。外資系企業などでドルやユーロによって金額が決定されることがある場合、為替レートの算定方法を決めたうえで、日本円に換算してから支払うようにしましょう。

> **第○条**　ドルで決定された賞与については、支給月1日付けの中値により日本円に換算して支払うものとする。

② 直接払い

　賃金は労働の対価ですから、労働者に直接支払わなければならず、配偶者や代理人に支払うことはできません。中間搾取の防止の観点からも、賃金の受け取りを第三者に委任することもできません。

　賃金の支払いを口座振り込みで行う際、配偶者の口座への振り込み依頼を受ける場合がありますが、これは直接払いの原則に反しますので、注意しましょう。

　なお、本人が病気などで直接受領できない場合に、妻子などの「使者」に支払うことは差し支えないとされていますが、あまりないケースでしょう。

③ 全額払い

　法令（税金や保険料）および労使協定などに定める金額を控除することは可能ですが、そのほかの金額を賃金から控除することはできません。もちろん、賃金規程に定めのある手当（残業手当など）を月次給与で支払わず、賞与支給時にまとめて支払うことも「全額払い」の原則に反するため、認められません。

　なお、前月に過払いしてしまった賃金を翌月に相殺することはかまいませんが、混乱を防ぐため、事前に労働者に対して説明をしておきましょう。

④ 毎月1回以上の支払い

　2カ月に1回のように、賃金をまとめて支払うことはできません。また、年俸制であっても年1回払いなどは認められません。

労使協定に定める金額であれば、控除する金額に上限はないのでしょうか？

　法律上の上限はありません。ただし、総支給額の4分の3（その額が民事執行法で定める額（33万円）を超えるときはその額）に相当する部分については会社側から一方的に控除することはできず、この場合は、労働者の同意が必要となります。

ただし、売上報奨金や通勤手当など手当の一部を数カ月単位で支払うことは可能です。この場合、賃金規程に締め切り日と支払日を明記しておきましょう。

⑤ 一定期日払い

　　「今月は10日、来月は20日」のように、支払日が変動することは許されません。もちろん、「取引先から入金があったときに」というようなことも「一定期日払いの原則」に反します。ただし、金融機関の休日などによる数日の変動はかまいません。金融機関の休日が賃金支払日に当たる場合、支払う日を前倒しする会社が多いようですが、その休日明けとしても問題ありません。どちらにするかは、賃金規程に定めておきましょう。

(3) 最低賃金

　　事業主が労働者に支払う賃金には最低限度が定められており、1時間当たりの賃金額がこの最低賃金額を下回ることはできません。これには、地域別と産業別の最低賃金があります。

　　「地域別最低賃金」とは、産業や職種にかかわりなく、各都道府県内で働くすべての労働者とその使用者に対して適用されるものです。図表1-11のとおり、各都道府県に一つずつ、全部で47の最低賃金が定められています（「特定（産業別）最低賃金」は、特定の産業について設定されている最低賃金ですが、ここでは割愛します）。

　　最低賃金については、この表だけをみてもわかりにくいので、日給で考えてみましょう。

① 1日8時間労働の場合

　　東京都（最高）：1,013円×8時間＝8,104円

　　秋田県など（最低）：792円×8時間＝6,336円

　　したがって、日給の場合、6000円以下のような設定では、いずれの都道府県においても最低賃金法違反となります。次は、月給で考えてみましょう。

② 1日8時間労働、月21日稼働の場合

　　東京都（最高）：1,013円×8時間×21日＝170,184円

　　秋田県など（最低）：792円×8時間×21日＝133,056円

　　月給の場合、いずれの都道府県においても13万円以下のような設定では最低

図表1-11 地域別最低賃金（令和2年度）

都道府県名	最低賃金時間額	発効年月日	都道府県名	最低賃金時間額	発効年月日
北海道	861円	令和元年10月3日	滋　賀	868円	令和2年10月1日
青　森	793円	2年10月3日	京　都	909円	元年10月1日
岩　手	793円	2年10月3日	大　阪	964円	元年10月1日
宮　城	825円	2年10月1日	兵　庫	900円	2年10月1日
秋　田	792円	2年10月1日	奈　良	838円	2年10月1日
山　形	793円	2年10月3日	和歌山	831円	2年10月1日
福　島	800円	2年10月2日	鳥　取	792円	2年10月2日
茨　城	851円	2年10月1日	島　根	792円	2年10月1日
栃　木	854円	2年10月1日	岡　山	834円	2年10月3日
群　馬	837円	2年10月3日	広　島	871円	元年10月1日
埼　玉	928円	2年10月1日	山　口	829円	元年10月5日
千　葉	925円	2年10月1日	徳　島	796円	2年10月4日
東　京	1,013円	元年10月1日	香　川	820円	2年10月1日
神奈川	1,012円	2年10月1日	愛　媛	793円	2年10月3日
新　潟	831円	2年10月1日	高　知	792円	2年10月3日
富　山	849円	2年10月1日	福　岡	842円	2年10月1日
石　川	833円	2年10月7日	佐　賀	792円	2年10月2日
福　井	830円	2年10月2日	長　崎	793円	2年10月3日
山　梨	838円	2年10月9日	熊　本	793円	2年10月1日
長　野	849円	2年10月1日	大　分	792円	2年10月1日
岐　阜	852円	2年10月1日	宮　崎	793円	2年10月3日
静　岡	885円	元年10月4日	鹿児島	793円	2年10月3日
愛　知	927円	2年10月1日	沖　縄	792円	2年10月3日
三　重	874円	2年10月1日			

賃金法違反となります。こうしてみると、東京都と秋田県などでは月給3万円以上の差があり、地域格差があることもわかります。

　ところで、最低賃金法に違反した場合はどうなるのでしょう。このときは、最低賃金法に定める金額を時給として、月次給与が再決定されることになります。また、事業主には最高50万円の罰金が科されることがありますので、法に反することのないよう会社の最低賃金を再確認しておきましょう。

従業員の情報を確認しよう

　賃金計算を行うためには、個々の従業員の情報が必要となります。まずは、**給与所得者の扶養控除等（異動）申告書**（以下「扶養控除等申告書」という）をそろえることからはじめます（**図表1-12**）。

　扶養控除等申告書とは、以下の内容を把握し、所得税を計算するために用いる書類です。次の４点のいずれかに「有」がある場合は所得税を計算するうえで控除を受けることができ、税額が変わります。

① 源泉控除対象配偶者の有無（A欄）（源泉控除対象配偶者については43ページ参照）
② 控除対象扶養親族の有無（B欄）
③ 本人・同一生計配偶者・扶養親族についての障害者・特別障害者・同居特別障害者の有無（C欄）
④ 本人の特例事項の有無（C欄）

　これらの事項を、最初の賃金支払日までに賃金の支払いを受ける方（従業員）に記入してもらいます（その内容については196ページ以下参照）。

　なお、２カ所以上の会社から賃金の支払いを受けている場合には、１カ所にしか提出できないこととなっています。扶養控除等申告書（**図表1-12**）を提出している側の賃金を**主たる給与**といい、この場合の所得税額は、税額表（242ページ以下）の「**甲欄**」で求めます。提出していない側の賃金は**従たる給与**といい、その所得税額は、税額表の「**乙欄**」で求めます。

「乙欄」を用いる場合の留意点とは？

　源泉徴収票（226ページ）の作成に必要なため、「乙欄」を適用する場合には、氏名、フリガナ、生年月日、住所を必ず確認してください。
　このとき、47ページの「従業員カード」、50ページの「個人番号の提供書」を用いるとよいでしょう。

ポイント！

平成30年分から、配偶者控除および配偶者特別控除の金額の見直しがありました。また、令和２年分から、所得要件も変更となりました。

- **配偶者控除**：配偶者の所得が48万円以下かつ本人の所得が1000万円以下→控除金額は、本人と配偶者の所得によって決定
- **配偶者特別控除**：配偶者の所得が48万円超133万円以下かつ本人の所得が1000万円以下→控除金額は、本人と配偶者の所得によって決定

表にすると、次のようになります。

（　　は配偶者控除、　　は配偶者特別控除）

配偶者の所得（かっこ書きは給与収入だけの場合）		本人の合計所得金額		
		900万円以下（給与収入で1,095万円以下）（※）	900万円超950万円以下（給与収入で1,095万円超1,145万円以下）（※）	950万円超1,000万円以下（給与収入で1,145万円超1,195万円以下）（※）
48万円以下	(1,030,000円以下)	控除額38万円（老人控除対象配偶者の場合48万円）	控除額26万円（老人控除対象配偶者の場合32万円）	控除額13万円（老人控除対象配偶者の場合16万円）
48万円超95万円以下	(1,030,000円超1,500,000円以下)	控除額38万円	控除額26万円	控除額13万円
95万円超100万円以下	(1,500,000円超1,550,000円以下)	控除額36万円	控除額24万円	控除額12万円
100万円超105万円以下	(1,550,000円超1,600,000円以下)	控除額31万円	控除額21万円	控除額11万円
105万円超110万円以下	(1,600,000円超1,667,999円以下)	控除額26万円	控除額18万円	控除額9万円
110万円超115万円以下	(1,667,999円超1,751,999円以下)	控除額21万円	控除額14万円	控除額7万円
115万円超120万円以下	(1,751,999円超1,831,999円以下)	控除額16万円	控除額11万円	控除額6万円
120万円超125万円以下	(1,831,999円超1,903,999円以下)	控除額11万円	控除額8万円	控除額4万円
125万円超130万円以下	(1,903,999円超1,971,999円以下)	控除額6万円	控除額4万円	控除額2万円
130万円超133万円以下	(1,971,999円超2,015,999円以下)	控除額3万円	控除額2万円	控除額1万円
133万円超	(2,015,999円超)	控除額0円	控除額0万円	控除額0万円

※所得金額調整控除の適用がある場合は、（　）内の各金額に15万円を加えてください。

また、配偶者の区分が以下のようになります。

- **同一生計配偶者**：本人の所得は制限なし。配偶者の所得が48万円以下
- **控除対象配偶者**：本人の所得が1000万円以下、配偶者の所得が48万円以下→表の　　部分

- **源泉控除対象配偶者**：本人の所得が900万円以下。配偶者の所得が95万円以下→表の☐部分

つまり、扶養控除等申告書に記入できるのは「源泉控除対象配偶者」のみです。本人の所得も関係しますので、給与計算担当者としては、注意したいところです。

ポイント!

以下のフローチャートなどで、「扶養控除等申告書に記入できる配偶者は、この場合です」と従業員に周知しましょう。

- 「A 源泉控除対象配偶者」欄について

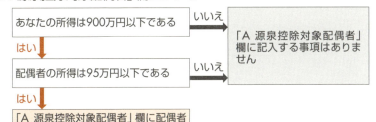

- 「C 障害者」欄について

「どうしてもわからない」といわれたら、以下のように対応しましょう。
- とりあえず、配偶者について、源泉控除対象配偶者欄に記入してもらう
- 配偶者の所得を確認する
- 本人の所得予測の算出方法（前年の源泉徴収簿を参考にするとよいでしょう）を説明し、記入の可否について、本人に判断してもらう

図表1-12 給与所得者の扶養控除等（異動）申告書

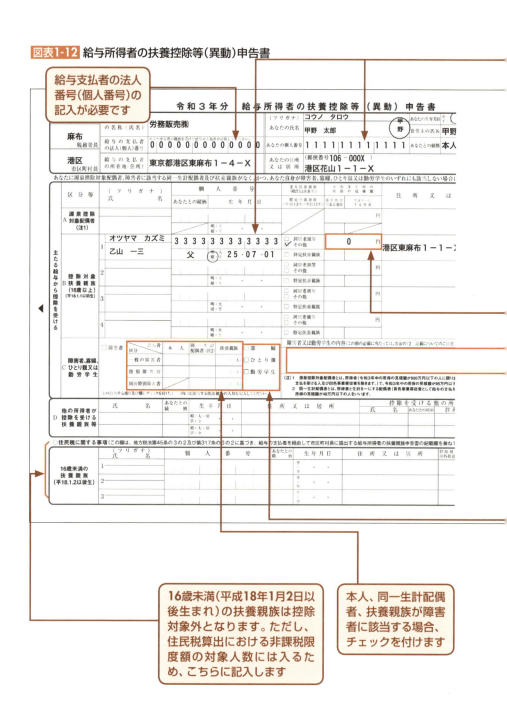

44

個人番号の記入が必要ですが省略も可能です（212ページ参照）

所得は、令和3年中の「収入見込み」を以下の表に当てはめて算出します（収入－必要経費＝所得。58ページ参照）。

第1章 給与計算をはじめる前に

	給与	年金			その他の事業	合計所得金額
		65歳以上	65歳未満かつ130万円未満	65歳未満かつ130万円以上		
収入金額(A)	0	60万			0	
必要経費等(B)	55万	110万	60万	年金金額×25%＋27.5万		
所得金額(A-B)(※)	0	0			0	0

※マイナスの場合は、0円。

「障害者」欄にチェックがある場合（本人・扶養親族などが障害者に該当）、以下の事項を記入してください
・該当者の氏名
・障害者手帳の種類、交付年月日、障害の程度

本人がいずれかに該当する場合（内容は61ページ）にチェックを付けます

45

図表1-13 雇用契約書（労働条件通知書）

雇用契約書

___労務販売株式会社___ （以下「甲」という）と
___甲野　太郎___ （以下「乙」という）とは、下記のとおり雇用契約を締結する。

記

第1条　甲は乙を令和 **3** 年 **1** 月 **1** 日付で甲の従業員として雇用し、乙は甲の定める就業
　　　規則（現行および将来の改定を含む）その他の諸規程を遵守し、誠実にその職務を遂行する。
第2条　甲は乙の従事する当初の職種、勤務場所および賃金を、次のとおり定める。ただし、甲は
　　　就業規則に基づき、乙の勤務地または職務の変更を命ずることがある。
第3条　本契約書に定めのない事項は、就業規則を適用する。

契約期間	期間の定めなし。試用期間は以下のとおり。 令和 **3** 年 **1** 月 **1** 日から 令和 **3** 年 **6** 月 **30** 日まで
就業の場所	___港区東麻布1-4-X___
退職に関する事項	1. 自己都合による退職の手続 　　退職する30日以上前に書面による退職願にて届け出ること。 2. 解雇 　　当社就業規則第 **10** 条（解雇）、第 **20** 条（懲戒解雇）に該当するときは解雇する。〈以下抜粋〉 ① 業務上の指示命令に従わないとき ② 会社の名誉または信用を著しく傷つけたとき ③ 前各号の事由に準ずる事由があり、従業員として不適当と認められたとき
従事すべき業務の内容	経理
就業時間に関する事項	1. 就業時間　始業 **9** 時 **00** 分　　終業 **18** 時 **00** 分 2. 休憩時間　**12** 時 **00** 分 から　**13** 時 **00** 分 3. 所定時間外労働の有無　（有）・無
休日	土・日・祝日・12月29日〜1月4日
賃金（月額）	日給月給制 　　基本給　　　　　　　**300,000**　　　　　円 　　役職 手当　　　　　**10,000**　　　　　円 　通勤交通費　1カ月定期相当額
その他の賃金	1. 賞与　　無・（有） 2. 退職金　無・（有） 3. 昇給　　無・（有）
月次給与支払方法	**末** 日締め切り　当月 **25** 日支払　銀行振込
その他	・社会保険の加入　無・（有）（雇用保険・健康保険・厚生年金保険） ・守秘義務の遵守 　　当社諸規程を遵守し、第三者に業務上知り得た情報を漏洩してはならない。

本契約書は2通作成し、双方が各1通を保管する。
令和 **3** 年 **1** 月 **1** 日
甲　所在地：___港区東麻布1-4-X___　　　　乙　住所：___港区花山1-1-X___
　　会社名：___労務販売㈱___ [労務販売印]　　　氏名：___甲野　太郎___ [甲野印]

次に、**雇用契約書（労働条件通知書）**の確認をします（図表1-13）。ここから、入社時の賃金内容やその後の契約内容の変更などがわかります。

　一般の従業員は賃金規程と雇用契約に齟齬があることは少ないですが、契約社員やアルバイトなどについては、個々に特別な定めをしていることが多いので、注意が必要です。

　また、労働条件通知書だけでは、情報が不十分です。名前のフリガナや性別など、確認しなければならない事項はたくさんありますので、この場合には、**従業員カード**なども活用しましょう（図表1-14）。

図表1-14　従業員カード

【従業員カード】

変更の場合は、変更事項のみを記入してください。変更年月日 ＿＿＿＿＿＿＿＿＿

1. 氏名（フリガナ）　甲野　太郎　（コウノ　タロウ）

2. 住所　〒106-000X　港区花山1-1-X

3. 生年月日　S56.3.1

4. 入社年月日　R03.1.1

5. 性別　男

6. 月次給与の金額 ＿＿＿＿＿＿＿＿＿＿＿＿＿＿＿＿＿＿＿＿＿

> 労働条件通知書（図表1-13）があれば不要です

7. 1カ月当たりの通勤交通費の金額　8,500円

8. 1日当たりの通勤交通費の金額（片道）　190円

> 通勤経路届（図表1-15）があれば不要です

9. 基礎年金番号　1234-567890

10. 雇用保険被保険者番号　8899-001122-3

11. 賃金振込先（金融機関名・支店名・口座種別・口座番号）
　　○○銀行　××支店　普通 9876543

> 振込依頼書（図表2-14）があれば不要です

12. 扶養家族の有無　あり

13. 扶養家族ありの場合、その方の氏名・続柄・生年月日・性別・職業
　　乙山　一三　（オツヤマ　カズミ）父　S25.7.1生　男　職業なし

以上

※個人番号は、別途提示ください。

通勤手当を支給する場合には、**通勤経路届・変更届**も用意しておきます（図表1-15）。

また、辞令の発行などにより、月次給与に変更点がないかどうかも確認しましょう（図表1-16）。

図表1-15 通勤経路届・変更届

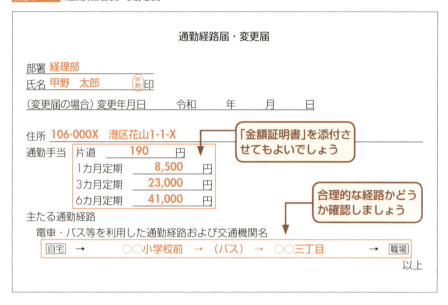

図表1-16 月次給与変更辞令

最後に、マイナンバーの取得をしましょう。

① 個人番号収集のお願い

　マイナンバーの取得に当たっては、**図表1-17**のような「個人番号及び本人確認書類の提供のお願い」を書面で明示すると、混乱が少ないでしょう。書面例は、書類を郵送で返却してもらう方法をとっていますが、対面で直接行うことや外部サーバーを利用した収集も可能です。

② 個人番号の収集書類

　個人番号の収集書類ですが、**図表1-18**のように別紙で取得するとよいでしょう。

③ 本人確認

　個人番号の取得の際には本人確認を行います。本人確認では、

- 正しい番号であることの確認（番号確認。個人番号の提供書記載の個人番号と、確認書類に記載の個人番号を照合）

図表1-17 個人番号・本人確認書類提供のお願い（書面例）

個人番号及び本人確認書類の提供のお願い

　「行政手続における特定の個人を識別するための番号の利用等に関する法律」（番号法）により、行政機関等に提出する源泉徴収票や社会保険関係の書類等に、従業員、控除対象となる配偶者及び控除対象扶養親族等の個人番号（マイナンバー）を記載することが義務づけられるとともに、事業者が個人番号の提供を受ける際には、本人確認を行うことも義務づけられています。

　つきましては、
①個人番号の提供書・扶養控除等申告書に必要事項を記入し
②本人分については確認書類を同封し
③返信用封筒にて会社に提出してください。

　なお、個人番号は、行政機関等に提出する書類に記載することが義務づけられていますので、提供するようにしてください。

　また、今後、個人番号が変更された場合には、速やかに○○に知らせるようにしてください。

【お問い合わせ先】
　　株式会社　○○○○
　　○○○○○部　○○○○○グループ
　　電話番号○○○○○

図表1-18 個人番号の提供書（書面例）

個人番号の提供書

令和　　　年　　　月　　　日

株式会社 _____　宛

1.私の個人番号を提供します。

　氏名 _____

　住所 _____

　個人番号 | | | | | | | | | | | | | 12ケタ

2.以下の①〜③のいずれかの書類のコピーを確認書類として提供します（□に✓をお願い
　します）。
　□　①　個人番号カード
　□　②　通知カード　＋　写真付身元確認書類（パスポート・運転免許証・在留カード・
　　　　　身体障害者手帳）
　□　③　通知カード　＋　健康保険被保険者証　＋　年金手帳

3.控除対象となる配偶者や控除対象扶養親族等については、番号確認および身元確認を
　行ったうえで、別添の扶養控除等申告書に記載しました。

以上

- 番号の正しい持ち主であることの確認（身元確認。個人番号の提供書記載
の「氏名・住所」または「氏名・生年月日」と、確認書類に記載の「氏名・
住所」または「氏名・生年月日」を照合）

が必要です。なお、本人確認書類については**図表1-18**のように書類を限定し
てしまい、例外については個別対応とするほうが、収集の際も混乱がないで
しょう。

④ **本人以外のマイナンバーについて**

　扶養控除等申告書に記載される控除対象となる配偶者や控除対象扶養親
族等の本人確認は、その扶養者である従業員が行うこととなります。

所得税について確認しよう

[1] 所得税の仕組みについて

　所得税とは、原則として個人の1年間（1月1日～12月31日）に得た所得に対して課税される税金をいいます。所得税の計算において、所得は次の10種に分類されています。

① 利子所得　② 配当所得　③ 不動産所得　④ 事業所得　⑤ 給与所得
⑥ 退職所得　⑦ 山林所得　⑧ 譲渡所得　⑨ 一時所得　⑩ 雑所得

　給与計算において取り扱う所得税は、**給与所得**に関するものです。原則として、その会社にて支給する月次給与および賞与が対象となります。

　所得税法においては、受け取った所得に対する税額を計算して、これを自主的に申告・納税するという、いわゆる「申告納税制度」を建前としていますが、給与所得については、「**源泉徴収制度**」を採用しています。この源泉徴収制度は、「給与等の支払者が支払金額から所定の所得税を差し引いて国に納付する」ものです。

　源泉徴収された所得税は、原則として年末調整において1年間の所得に対する本来の税額と精算する仕組みになっています。結果として、給与所得については、源泉徴収だけで所得税の計算がいったん完結することになりますので、源泉所得税の計算は非常に重要な「法律行為」であるといえます。

図表1-19 給与所得における源泉徴収制度

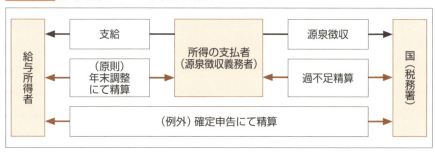

まずはここで、給与計算における所得税の仕組みの理解を深めることにしましょう。なお、所得税の計算方法については、毎年変更があります。思い込みによる間違いを避けるためにも、国税庁のホームページ「タックスアンサー」を利用したり、税務署や税務相談室に確認をしたりして、情報収集に努めましょう。

では、給与所得における所得税の計算手順は、どのようになっているのでしょうか。次のようなステップを踏むことにより、給与計算における所得税額の算出が可能となります。

ステップ① 「給与・賞与収入金額」を求める

　「給与・賞与の総支給額」－「非課税の収入金額」

ステップ② 「給与所得金額」を求める

　「給与・賞与収入金額」－「給与所得控除（216、258ページ）」

ステップ③ 「課税所得金額」を求める

　「給与所得金額」－「所得控除（218、267、268ページ）」

ステップ④ 「算出所得税額」を求める

　「課税所得金額」×「速算表による税率（267ページ）」－「速算表による控除金

図表1-20 給与計算における所得税の計算イメージ

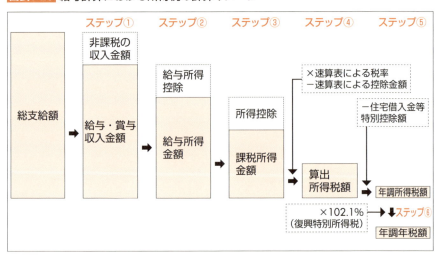

額（267ページ）」

ステップ⑤ 「年調所得税額」を算出する

「算出所得税額」－「住宅借入金等特別控除額（209、223ページ）」

ステップ⑥ 「年調年税額」を決定する

「年調所得税額」×102.1%（223ページ）

　扶養親族等として、たとえば「配偶者、65歳の母、21歳の子、10歳の子（控除対象外（59ページ参照））」がおり、「年間総支給額が720万円」の場合という具体的な数字でみると、図表1-21のようになります。

図表1-21 具体例でみる所得税の計算手順

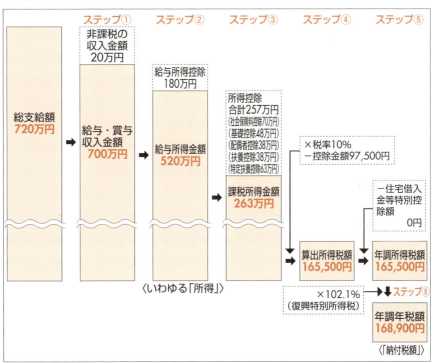

[2] 所得税の計算方法

　所得税は、1年間の課税所得に税率を乗じて算出しますが、「収入」＝「課税所得」ではありません。図表1-21で示したとおり、さまざまな金額を控除していって「課税所得」金額を算出し、税額を計算します。
　ここでは、図表1-21のモデルケースを基に、そのステップを確認していきましょう。

ステップ①　非課税収入を差し引く

　給与・賞与収入金額＝「給与・賞与の総支給額」－「非課税の収入金額」

　図表1-7の月次給与明細や図表1-8の賞与明細における「総支給額」から所得税の対象とならない収入（＝非課税収入）を控除した金額が、給与・賞与収入金額となります。通常は、通勤手当（20ページ参照）や慶弔見舞金などが非課税収入に当たります。

　給与・賞与収入金額：総支給額720万円－非課税収入20万円＝700万円

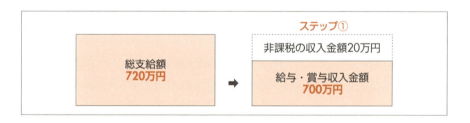

ステップ②　必要経費を差し引く

　給与所得金額＝「給与・賞与収入金額」－「給与所得控除」

　ステップ①で求めた給与・賞与収入金額から給与所得控除額を差し引いた金額が、給与所得金額となります。給与所得控除とは、いわゆる「必要経費」といわれるものですが、その金額は法律で決まっています。

　給与所得金額：給与・賞与収入金額700万円－給与所得控除180万円＝520万円

　なお、この給与所得金額がいわゆる「所得」と呼ばれるものです（199ページで求める「45万円（A－B）」に該当）。

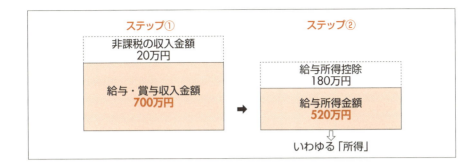

ステップ③　保険料控除分や扶養控除分などを差し引く

　課税所得金額＝「給与所得金額」－「所得控除」

　ステップ②で求めた給与所得金額から所得控除を控除した金額が、課税所得金額となります。所得控除とは、いわゆる個人的な事情を配慮するための控除であり、以下のような控除があります。

(ⅰ) **社会保険料控除**：支払った社会保険料に応じた金額
(ⅱ) **生命保険料控除、地震保険料控除**：支払った生命保険料、地震保険料に基づいて計算した金額
(ⅲ) **配偶者特別控除、配偶者控除、扶養控除、基礎控除、障害者等の控除**：配偶者や親族、本人の状況に応じた金額

　課税所得金額：給与所得金額520万円－（社会保険料控除70万円＋基礎控除
　　48万円＋配偶者控除38万円＋扶養控除38万円＋特定扶養控除63万円）
　　＝263万円

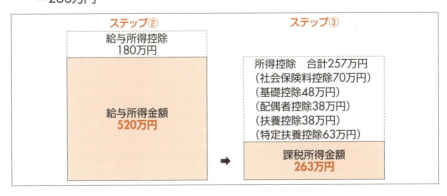

ステップ④　基本的な税額を算出する

算出所得税額=「課税所得金額」×「速算表による税率」-「速算表による控除金額」

ステップ③で求めた課税所得金額に税率を乗じ、速算表（267ページ[11]）による控除金額を控除した金額が算出所得税額となります。

算出所得税額：課税所得金額263万円×税率10%-速算表による控除金額
　　　9万7500円=16万5500円

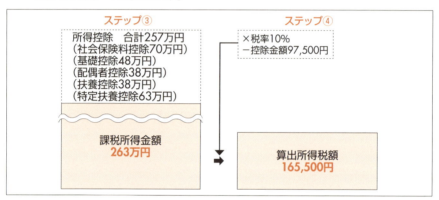

ステップ⑤　年調所得税額を算出する

年調所得税額=「算出所得税額」-「住宅借入金等特別控除額」

住宅借入金等特別控除額がある場合、ステップ④で求めた算出所得税額から当該金額を控除し、その控除後の金額が年調所得税額となります。

年調所得税額：算出所得税額16万5500円-住宅借入金等特別控除額0円
　　　=16万5500円

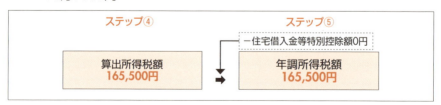

ステップ⑥　年調年税額を決定する

平成25年から令和19年までの期間、ステップ⑤の後にステップ⑥が入ります。ステップ⑤で求めた年調所得税額に復興特別所得税を加算するための102.1%

を乗じて100円未満を切り捨てた金額が、年調年税額となります。

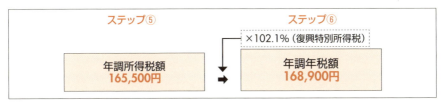

[3] 配偶者控除、扶養控除、障害者控除等の所得控除について

ステップ③でさまざまな所得控除を取り上げましたが、ここでは配偶者控除、扶養控除、障害者控除等の所得控除について、用語解説を交えて説明します。

(1) 配偶者控除

配偶者控除とは、専業主婦（夫）のように「生活を支えられている配偶者」がいる場合に対象となる所得控除です。控除対象配偶者は、その年の12月31日現在で、次の五つの要件すべてに当てはまる人です。

① 民法の規定による配偶者であること（内縁関係の人は該当しません）
② 本人と生計を一にしていること
③ 年間の合計所得金額が48万円以下であること
④ 青色申告者の事業専従者として、その年を通じて一度も給与の支払いを受けていないこと、または白色申告者の事業専従者でないこと
⑤ その年における本人の合計所得金額が1000万円以下であること

(2) 配偶者特別控除

配偶者特別控除とは、専業主婦（夫）のように「生活を支えられている配偶者」がいる場合に対象となる所得控除であり、配偶者に48万円を超える所得があるため配偶者控除の適用が受けられないときであっても、一定の金額の所得控除が受けられるというものです。

配偶者特別控除の対象者となる配偶者は、その年の12月31日現在で、次の要件すべてに当てはまる人となります。

① 民法の規定による配偶者であること（内縁関係の人は該当しません）

② 本人と生計を一にしていること

③ 年間の合計所得金額が、48万円超133万円以下であること

④ 青色申告者の事業専従者としての給与の支払いを受けていないこと、または白色申告者の事業専従者でないこと

⑤ 配偶者が配偶者特別控除を適用していないこと

⑥ その年における本人の合計所得金額が1000万円以下であること

　つまり、配偶者控除との違いにおいては、「配偶者の合計所得金額が48万円超133万円以下であること」が重要となりますので、配偶者の合計所得金額の確認をするよう、注意してください。

(3) 扶養控除

　扶養控除とは、子や親のように「生活を支えられている親族」がいる場合に対象となる所得控除です。

① 扶養親族とは

　扶養親族は、その年の12月31日現在、次の要件すべてに当てはまる人です。

「年間の合計所得金額」とは？

　控除対象配偶者や扶養親族などの条件には「年間の合計所得金額が48万円以下」とありますが、この合計所得金額とは、「収入ごとの金額（A）－収入ごとの必要経費等（B）」の累計金額に該当します。以下に合計所得金額の簡易的な算出方法をまとめてみました（赤文字は、乙山一三さん（44ページ）の場合）。

	給与	年金			その他の事業	合計所得金額
		65歳以上	65歳未満かつ130万円未満	65歳未満かつ130万円以上		
収入金額（A）	0	60万			0	
必要経費等（B）	55万	110万	60万	年金額×25％＋27.5万		
所得金額(A-B)（※）	0	0			0	0

※マイナスの場合は、0円。

　従業員は「所得」の意味がわからず「収入」で判断することが多いので、所得欄に48万円以上の記入があった場合は「所得」で間違いないか、この表で確認しましょう。

ポイント！

　扶養控除の対象者については年齢制限があり、控除対象となる扶養親族は16歳以上となっていることから、**扶養親族**と**控除対象扶養親族**とに、用語が分かれます。注意すべきは、後述する寡婦やひとり親の要件である「扶養親族がいること」は、あくまでも「控除対象扶養親族以外の扶養親族も含まれる」のであり、16歳未満の場合も含まれます。

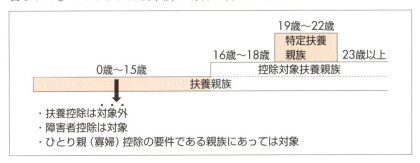

　さらに、特定扶養親族は19歳以上23歳未満の人が対象となり、年齢確認が重要となるので注意しましょう。

【年齢要件】
(ⅰ) 扶養親族：年齢制限なし
(ⅱ) 控除対象扶養親族：扶養親族のうち、その年の12月31日現在の年齢が16歳以上
(ⅲ) 特定扶養親族：控除対象扶養親族のうち、その年の12月31日現在の年齢が19歳以上23歳未満

(ⅰ) 配偶者以外の親族（6親等内の血族および3親等内の姻族をいいます）または都道府県知事から養育を委託された児童（いわゆる里子）や市町村長から養護を委託された老人であること
(ⅱ) 本人と生計を一にしていること
(ⅲ) 年間の合計所得金額が**48万円以下**であること
(ⅳ) 青色申告者の事業専従者として、その年を通じて一度も給与の支払いを受けていないこと、または白色申告者の事業専従者でないこと

② 控除対象扶養親族とは

　扶養控除の対象となる「控除対象扶養親族」は、次の二つの要件のすべてに当てはまる人となります。

（i）その年の12月31日あるいは死亡日において「扶養親族」であること

（ii）その年の12月31日において、16歳以上であること

(4) 障害者控除

　障害者控除とは、**本人や同一生計配偶者、扶養親族**が「障害者」に該当する場合に対象となる所得控除です。なお、控除対象扶養親族だけでなく、すべての扶養親族（＝16歳未満も含む）が対象となることに注意しましょう。

　障害者は、原則として**障害者手帳**を保有する人です。また、一定以上の障害を有する場合には、「特別障害者」となります。詳細は以下のとおりですので、障害者手帳を保有していない場合の参考にしてください。

① 精神上の障害により事理を弁識する能力を欠く常況にある人。この人は、特別障害者になります。

② 児童相談所、知的障害者更生相談所、精神保健福祉センター、精神保健指定医から知的障害者と判定された人。このうち、重度の知的障害者と判定された人は、特別障害者になります。

③ 精神保健及び精神障害者福祉に関する法律の規定により精神障害者保健福祉手帳の交付を受けている人。このうち、障害等級が1級と記載されている人は、特別障害者になります。

④ 身体障害者福祉法の規定により交付を受けた身体障害者手帳に、身体上の障害がある人として記載されている人。このうち、障害の程度が1級または2級と記載されている人は、特別障害者になります。

⑤ 精神または身体に障害のある年齢が満65歳以上の人で、その障害の程度が①②または④に掲げる人に準ずるものとして市町村長等や福祉事務所長の認定を受けている人。このうち、特別障害者に準ずるものとして市町村長、特別区区長や福祉事務所長の認定を受けている人は、特別障害者になります。

⑥ 戦傷病者特別援護法の規定により戦傷病者手帳の交付を受けている人。こ

のうち、障害の程度が恩給法に定める特別項症から第3項症までの人は、特別障害者となります。

⑦ 原子爆弾被爆者に対する援護に関する法律の規定により、厚生労働大臣の認定を受けている人。この人は、特別障害者となります。

⑧ その年の12月31日の現況で引き続き6カ月以上にわたって身体の障害により寝たきりの状態で、複雑な介護を必要とする人。この人は、特別障害者となります。

NEW!

(5) 寡婦控除、ひとり親控除

令和2年度税制改正により、寡婦（寡夫）控除の見直しおよび未婚のひとり親に対する税制上の措置が行われました。寡婦控除は「婚姻を解消した女性」、ひとり親控除は「未婚のひとり親」を対象とする所得控除です。具体的な要件は次のようになります（その年の12月31日現在）。

① 寡婦

以下のいずれかに該当する場合

（i）夫と離婚した後、婚姻をしていない人で、次のイ、ロおよびハのいずれにも該当する場合

イ　扶養親族を有すること

ロ　合計所得金額が500万円以下であること

ハ　事実上婚姻関係と同様の事情にあると認められる人がいないこと（注）

（ii）夫と死別した後、婚姻をしていない人または夫の生死の明らかでない人で、次のイおよびロのいずれにも該当する場合

イ　合計所得金額が500万円以下であること

ロ　事実上婚姻関係と同様の事情にあると認められる人がいないこと（注）

② ひとり親

以下のすべてに該当する場合（婚姻歴の有無や性別を問いません）

（i）現に婚姻をしていないことまたは配偶者の生死の明らかでないこと

（ii）生計を一にする子がいること。この場合の子とは、総所得金額、退職所得金額および山林所得金額の合計額が48万円以下で、他の人の同一生計配偶

61

者や扶養親族になっていない人に限る
(ⅲ)合計所得金額が500万円以下であること
(ⅳ)事実上婚姻関係と同様の事情にあると認められる人がいないこと（注）
(注)「事実上婚姻関係と同様の事情にあると認められる人」とは、次の人をいいます。
- 住民票に世帯主と記載されている人である場合には、その人と同一の世帯に属する人の住民票に世帯主との続柄が世帯主の<u>未届けの夫または未届けの妻</u>である旨その他の世帯主と事実上婚姻関係と同様の事情にあると認められる続柄である旨の記載がされた人
- 住民票に世帯主と記載されている人でない場合には、その人の住民票に世帯主との続柄が世帯主の<u>未届けの夫または未届けの妻</u>である旨その他の世帯主と事実上婚姻関係と同様の事情にあると認められる続柄である旨の記載がされているときのその世帯主

図表1-22 改正前後の控除に係る適用判定のフロー図

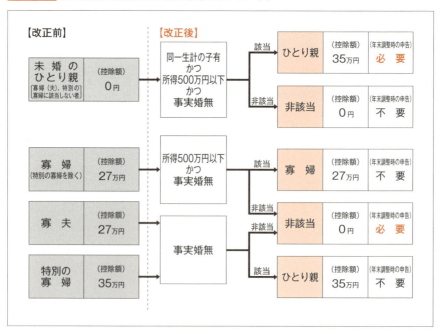

(6) 勤労学生控除

　勤労学生とは、**本人が学生である場合**に対象となる所得控除です。勤労学生は、その年の12月31日現在で給与所得などの勤労による所得があり、次の二つの要件すべてに当てはまる人となります。

① 合計所得金額が75万円以下で、勤労に基づく給与所得以外の所得金額が10万円以下であること

② 次のいずれかの特定の学校の学生、生徒であること

　(ⅰ) 学校教育法に規定する小学校、中学校、高等学校、大学、高等専門学校など

　(ⅱ) 国、地方公共団体、学校法人等により設置された専修学校または各種学校のうち一定の課程を履修させるもの

　(ⅲ) 職業能力開発促進法の規定による認定職業訓練を行う職業訓練法人で一定の課程を履修させるもの

[4] 月次給与における所得税の計算手順

　ここまで述べたように、所得税は1年間の課税所得に基づいて最終確定されますが、それまでは毎月、所得税を計算納付しなければなりません。つまり、「概算払い」のようなものといってよいでしょう。

　ここで、月次給与における所得税の計算手順について確認しておきましょう。次のような流れで税額を計算します（図表1-23）。

ステップ①　給与収入金額を求める

　「給与の総支給額」－「非課税の給与収入（通勤手当など）」

ステップ②　社会保険料控除後の給与金額を求める

　「給与収入金額」－「社会保険料（健康保険・厚生年金保険・雇用保険）」

ステップ③　給与所得者の扶養控除等（異動）申告書から扶養親族等の数を求める

ステップ④　所得税額を求める

　「社会保険料控除後の給与金額（ステップ②）」と「扶養親族等の数（ステップ③）」を「給与所得の源泉徴収税額表（月額表）」（242ページ参照）に当てはめる

図表1-23 月次給与における所得税の計算手順

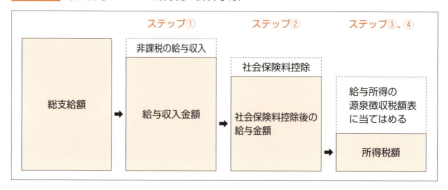

　それではここで、具体的数字におきかえて、みてみましょう。
　扶養親族等として、たとえば「配偶者、65歳の母、21歳の子、10歳の子（控除対象外（59ページ参照））」がいる「月間総支給額が35万円」の場合を考えてみます（図表1-24）。

ステップ①　非課税収入を差し引く

　給与収入金額＝「給与の総支給額」－「非課税の給与収入」
　図表1-7の月次給与明細における「総支給額」から所得税の対象とならない収入（＝非課税収入）を控除した金額が、給与金額となります。

図表1-24 月次給与における所得税の計算手順（具体例）

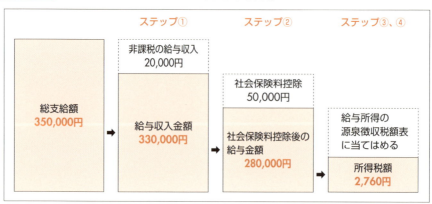

通常は、通勤手当や慶弔見舞金などが非課税収入です。

給与収入金額：総支給額350,000円－非課税収入20,000円＝330,000円

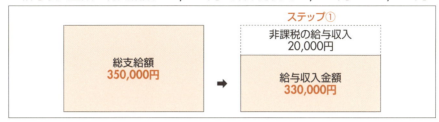

ステップ②　社会保険料控除分を差し引く

社会保険料控除後の給与金額＝「給与収入金額」－「社会保険料」

ステップ④で税額を算出するため、**ステップ①**で求めた給与収入から社会保険料控除分を控除した金額を算出します。

ステップ③　扶養対象となる数を求める

扶養親族等として「配偶者、65歳の母、21歳の子」という前提ですから、人数は「3名」とします。

ステップ④　所得税額を算出する

ステップ②、③で求めた金額、数を表に当てはめて税額を算出します（次ページの上段参照）。

[5] 賞与における所得税の計算手順

次に、賞与における所得税の計算手順について確認しておきましょう。

ステップ①　賞与収入金額を求める

「賞与の総支給額」－「非課税の賞与収入」

ステップ②　社会保険料控除後の賞与金額を求める

「賞与収入金額」－「社会保険料（健康保険・厚生年金保険・雇用保険）」

ステップ③　給与所得者の扶養控除等（異動）申告書から扶養親族等の数を求める

ステップ④　前月の月次給与における「社会保険料控除後の給与金額」を求める

ステップ⑤　賞与に対する税率を求める

「扶養親族等の数（ステップ③）」「前月の月次給与における社会保険料控除後の給与金額（ステップ④）」を「賞与に対する源泉徴収税額の算出率の表（250ページ参照）」に当てはめる

ステップ⑥　所得税額を求める

「社会保険料控除後の賞与金額（ステップ②）」×「賞与に対する税率（ステップ⑤）」

図表1-25 賞与計算における所得税の計算手順

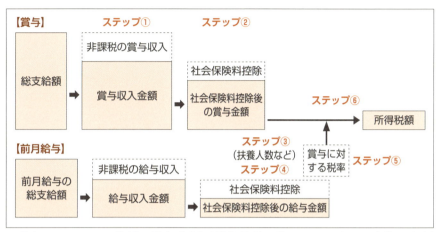

賞与については、前月の給与金額が計算基礎に入っているため、実際の金額については、174ページ以降でみていくことにしましょう。

今年（令和3年）16歳になるのは平成18年1月1日生まれまでの人であって、平成17年12月31日生まれまでではないのはなぜでしょうか？

なじみのうすい話でしょうが、法律上は「誕生日の前日の午後12時00分に年齢を重ねる」ことになっています。

つまり、平成18年1月1日生まれの場合、令和3年12月31日に16歳となることから、令和3年の扶養控除等申告書において「控除対象扶養親族（16歳以上）」となるのは「平成18年1月1日以前に生まれた人」となり、「老人扶養親族（70歳以上）」となるのは「昭和27年1月1日以前に生まれた人」となるわけです。

「○歳に達した」ことになるのは、誕生日の午前0時と考えてしまいがちですが、法律上は「誕生日の前日」です。年齢を計算する際には注意しましょう。

▶**年齢計算ニ関スル法律**
　第1条　年齢ハ出生ノ日ヨリ之ヲ起算ス
　第2条　民法第143条ノ規定ハ年齢ノ計算ニ之ヲ準用ス

▶**民法第143条**（暦による期間の計算）
　1　週、月又は年によって期間を定めたときは、その期間は、暦に従って計算する。
　2　週、月又は年の初めから期間を起算しないときは、その期間は、最後の週、月又は年においてその起算日に応当する日の前日に満了する。ただし、月又は年によって期間を定めた場合において、最後の月に応当する日がないときは、その月の末日に満了する。

社会保険について確認しよう

第1章 給与計算をはじめる前に 4

　給与計算を行うための準備は終わりました。しかし、給与計算には社会保険に関する事項も多々あります。そこで、予備知識として、社会保険の制度から必要な書式までを簡単に確認していきましょう（社会保険の手続きなどに関する説明となりますので、不要の方は87ページ以降に進んでください）。

[1] 社会保険とは

　給与計算における**社会保険**とは、健康保険、厚生年金保険、雇用保険を指します。

(1) 健康保険

　日本では、「国民皆保険」として何らかの形で公的な医療保険制度に加入する義務があります（生活保護を受けている方などの例外あり）。この保険制度は、次のとおり大きく五つに分かれます。

① 健康保険（協会けんぽ、健康保険組合）
② 船員保険
③ 共済組合
④ 国民健康保険
⑤ 後期高齢者医療制度

　賃金を受けている場合は、会社が適用を受けている健康保険の被保険者（保険の加入者）となり、原則として月単位の保険料負担義務が発生します。

> **健康保険・厚生年金保険には必ず加入しなければならないのでしょうか？**
>
> 　適用除外者（図表1-26参照）に該当しない限り、会社の事情や本人の意思にかかわらず、賃金を受けている者（従業員・取締役など）は健康保険や厚生年金保険の被保険者となります。

(2) 厚生年金保険

　日本では、さらに「国民皆年金」として何らかの形で公的年金制度（国民年金）に加入する義務があります（年齢による例外あり）。その一つが、厚生年金保険です。

① **第1号被保険者**：いわゆる国民年金の加入者（原則20歳〜60歳で②③を除く）
② **第2号被保険者**：厚生年金保険（共済組合）の被保険者（〜70歳）
③ **第3号被保険者**：第2号被保険者（原則〜65歳）の被扶養配偶者（20歳〜60歳）

　健康保険同様、賃金を受けている場合には厚生年金保険の被保険者（②の第2号被保険者）となり、原則として月単位の保険料負担義務が発生します。

(3) 健康保険・厚生年金保険の適用除外

　健康保険と厚生年金保険には、**図表1-26**のとおり適用除外に関する規定があります。この中で通常の会社に関係のある適用除外は、①の規定でしょう。契約期間を確認のうえ、制度に準じた取り扱いをすることが必要です。

　また、次の①〜⑤の五つの要件を満たす短時間労働者についても、健康保険・厚生年金保険の適用対象となります。

図表1-26 健康保険・厚生年金保険の適用除外者

健康保険	厚生年金保険
① 臨時に使用される者 　・2カ月以内の期間を定めて使用される者（所定の期間を超えて引き続き使用されるに至ったときは、そのときから被保険者となります） 　・日々雇い入れられる者（1カ月を超えて引き続き使用されるに至ったときは、そのときから被保険者となります） ② 所在地が一定しない事業所に使用される者 ③ 4カ月以内の期間を定めて季節的業務に使用される者 ④ 6カ月以内の期間を定めて臨時的事業の事業所に使用される者	
⑤ 船員保険の被保険者 ⑥ 国民健康保険組合の事業所に使用される者 ⑦ 後期高齢者医療の被保険者等である者 ⑧ 健康保険の保険者または共済組合の承認を受けて国民健康保険に加入した者	
	⑨ 国・地方公共団体等の共済組合の組合員等 ⑩ 70歳以上の者

① 週の所定労働時間が20時間以上であること

② 雇用期間が1年以上見込まれること

③ 月額賃金が8.8万円以上であること

④ 学生でないこと

⑤ 被保険者数が常時501人以上の企業に勤めていること

　なお、被保険者数が常時500人以下の企業で働く人であっても、労使で合意すれば会社単位で社会保険に加入できるようになっています。

(4) 雇用保険

　雇用保険は、失業等給付・育児休業給付・雇用安定事業・能力開発事業を行う公的な制度です。

　賃金を受けている場合は被保険者（保険の加入者）となり、保険料負担義務が発生します。**図表1-27**の適用除外に該当しない限り、会社の事情や本人の意思にかかわらず、被保険者となりますので、注意してください。

　通常の会社に関係のある事項は、**図表1-27**の②⑤でしょう。そのうち、②に

図表1-27 雇用保険の一般被保険者（高年齢継続被保険者）にならない者

雇用保険の一般被保険者等にならない者	備　考
① 週の所定労働時間が20時間未満である者	
② 同一の事業主の適用事業に継続して31日以上雇用されることが見込まれない者	
③ 季節的に雇用される者	イ　4カ月以内の期間を定めて雇用される者 ロ　1週間の所定労働時間が30時間未満の者
④ 国、都道府県、市区町村その他これらに準ずるものの事業に雇用される者	左記の者であって、離職した場合に受ける給与等の給付内容が雇用保険の給付内容を超えるものに限られる
⑤ 学校（学校教育法1条）、専修学校（同法124条）または各種学校（同法134条）の学生または生徒	
⑥ 船員であって、特定漁船以外の漁船に乗り組むために雇用される者	1年を通じて船員として雇用される場合を除く

ついては、パートタイマーやアルバイトなどの名称にかかわらず勤務実態で判断することが必要です。

(5) 労災保険

労災保険は、労働基準法に定められた業務上の負傷・疾病等に関する災害補償に加え、通勤災害に対する保険給付も行う制度です。賃金を受けているすべての労働者が対象となり、保険料の全額を事業主が負担します。

前記の健康保険・厚生年金保険・雇用保険とは異なり、被保険者や加入という概念がなく、賃金を受ける労働者となった時点でだれもが労災保険の対象となります。

[2] 健康保険・厚生年金保険に関する手続き

健康保険と厚生年金保険の手続きは、原則として同時に行います。

健康保険が全国健康保険協会（協会けんぽ）による場合は、1枚の用紙で健康保険と厚生年金保険の手続きを同時に行うことができます。健康保険組合の場合には手続き用紙が複写式になっており、健康保険と厚生年金保険の手続きをそれぞれ行うことが可能な場合もあります。

なお、取得・扶養の届け出についてはマイナンバーの記載が必要ですので、ご注意ください。

(1) 被保険者となる場合

入社によって健康保険や厚生年金保険の被保険者となる場合にはその日から5日以内に日本年金機構の事業所管轄の年金事務所（以下「年金事務所」といいます）（あるいは健康保険組合）に「**健康保険・厚生年金保険被保険者資格取得届**」を提出する手続きが必要となります。なお、労働時間や日数の増加などの雇用形態の変更によって被保険者となる場合も、手続きが必要です。

届け出に記入する**報酬月額**が保険料算出の基礎となりますので、総支給額の見込み額を通勤手当や残業手当等も含めて記入します。なお、ここで決定された報酬月額は、原則として直近8月分の保険料まで適用されます。

71

この書類を提出後、「健康保険被保険者証」が本人に交付され、「健康保険・厚生年金保険被保険者資格取得確認および標準報酬決定通知書」(97ページ)が会社に通知されます。

(2) 被保険者から外れる場合

退職や雇用形態の変更などによって健康保険や厚生年金保険の被保険者から除外される場合、資格喪失日から5日以内に「健康保険・厚生年金保険被保険者資格喪失届」を年金事務所(健康保険組合)に提出する手続きが必要です。

(3) 被扶養者がいる場合

健康保険においては、被扶養者の病気やけが、死亡、出産に対しても保険給付が行われます。被扶養者の範囲と要件は、図表1-28のとおりです。

被扶養者を追加・削除したり氏名変更をする場合には、「健康保険被扶養者(異動)届」を年金事務所(健康保険組合)に提出します。

(4) 第3号被保険者がいる場合

第3号被保険者とは「被扶養者である配偶者」が該当しますが、この被扶養者としての要件は、図表1-28にある健康保険の被扶養者と同様です。

第3号被保険者を追加・削除し、氏名変更をする場合には、事実のあった日から14日以内に「国民年金第3号被保険者資格取得(資格喪失)届」を年金事務所に提出します。

図表1-28 健康保険の被扶養者の範囲・要件

被扶養者の範囲	被扶養者となる要件
① 被保険者の直系尊属、配偶者(事実婚を含む)、子、孫および弟妹、兄姉	主として被保険者により生計を維持されていること
② 被保険者の3親等内の親族(①を除く)	被保険者と同一の世帯に属し、主として被保険者により生計を維持されていること
③ 被保険者と事実婚関係にある配偶者の父母および子	
④ 被保険者と事実婚関係にある配偶者の死亡後の父母および子(死亡時点から引き続き同居していることが前提)	

(5) 算定基礎届を提出する場合

「資格取得届」によって決定された報酬月額は、直近の8月分まで適用されます。それでは9月以降はどうなるかといえば、**図表1-29**の「**算定基礎届**」により決定・適用されます。

算定基礎届とは4月～6月に支払われた月次給与額をその年の7月1日から7月10日までに事業所管轄の年金事務所(健康保険組合)に届け出るものです。その3カ月平均を基に保険料算出の基礎となる報酬月額が決定され、その年の9月分から1年間適用されることになります。

この書類を提出後、「健康保険・厚生年金保険被保険者標準報酬決定通知書」(97ページ)が会社に通知されます。

(6) 月額変更届を提出する場合

71ページで触れた「資格取得届」と**図表1-29**の「算定基礎届」によって保険料の算出の基礎となる報酬月額が決定されることになります。

しかし、昇給や給与形態の変更などがあると、報酬月額が実態と大きく乖離してしまう場合があります。そのため一定の要件に該当した場合には、報酬月額を臨時に改定する手続きが必要です。この際の届け出に必要な書類が「**月額変更届**」(図表1-30)です。

月額変更届の提出が必要となる要件とは、次のとおりです。

① 昇(降)給等により**固定的賃金**(月給や家族手当といった、支給額や支給率があらかじめ決まっているもの)に変動があったとき

② 変動月以降引き続く3カ月に受けた月次給与の平均額を標準報酬月額に当てはめ、現在の標準報酬月額等級との間に**2等級以上**の差が生じたとき

③ 3カ月とも支払基礎日数が**17日以上**であるとき

この場合、固定的賃金の変動があった月から起算して4カ月目から、報酬月額の改定が行われますので、すみやかに届け出を年金事務所(健康保険組合)に提出します。

この書類を提出した後、「健康保険・厚生年金保険被保険者標準報酬改定通知書」(97ページ)が会社に通知されます。

ここで注意すべき点は、固定的賃金の変動が「昇給」となって報酬月額も上

図表1-29 健康保険・厚生年金保険被保険者報酬月額算定基礎届

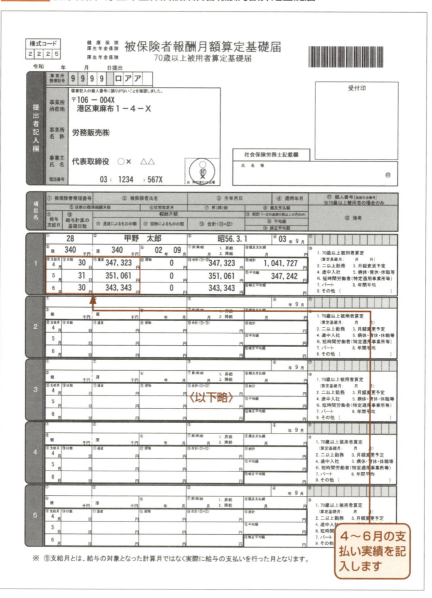

図表1-30 健康保険・厚生年金保険被保険者報酬月額変更届

がるとき、または、固定的賃金の変動が「降給」となって報酬月額も下がるときに改定の手続きが必要となることです。これを表にすると、次のとおりです。

固定的賃金	↗	↗	↘	↘	↗	↘
非固定的賃金	↗	↘	↘	↗	↘	↗
3カ月の平均額（2等級以上の差）	↗	↗	↘	↘	↘	↗
月額変更届の必要	あり	あり	あり	あり	なし	なし

　たとえば、通勤手当が1万円から2万円に変更となったものの、残業手当の平均が5万円から1万円となったことから、賃金の総額が下がっており、固定的賃金の変動が「昇給」でも報酬月額は下がることになるため、月額変更届の提出は必要ない（上表の右から2列目に該当）ことを示しています。

(7) 賞与支払届を提出する場合

　賞与にも社会保険料が課されますので、その額を支給日から5日以内に年金事務所（健康保険組合）に報告しなければなりません。この報告は、「**賞与支払届**」（**図表1-31**）を使用します。

　なお、名称が賞与であっても、健康保険法や厚生年金保険法では賞与とならないものがあります（168ページの**図表3-1**参照）。その場合、賞与支払届の提出は不要です。

(8) 産前産後休業・育児休業を開始・終了する場合

　産前産後休業・育児休業期間中は、健康保険・厚生年金保険の保険料が免除されますが、それには「**健康保険・厚生年金保険産前産後休業取得者申出書**」「**健康保険・厚生年金保険育児休業等取得者申出書**」の届け出が必要です。産前産後休業・育児休業の開始後、すみやかに年金事務所（健康保険組合）に提出します。

　また、育児休業等取得者申出書に記載した休業期間よりも早く育児休業を終了する場合には、育児休業終了後すみやかに年金事務所（健康保険組合）に「**健康保険・厚生年金保険育児休業等取得者終了届**」を提出します。

図表1-31 健康保険・厚生年金保険被保険者賞与支払届/総括表

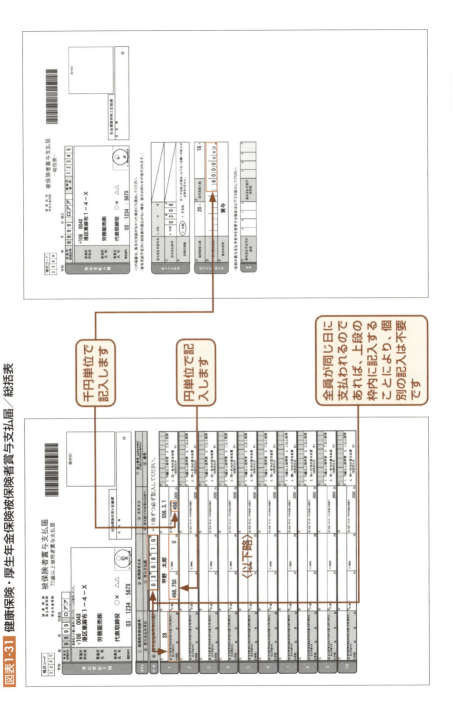

第1章 給与計算をはじめる前に

[3] 雇用保険に関する手続き

雇用保険関係の手続きにおいても、マイナンバーの記載が義務付けられています。記載が必要な書類は、以下のとおりです。

①マイナンバーの記載が必要な届け出等
- ・雇用保険被保険者資格取得届
- ・雇用保険被保険者資格喪失届
- ・高年齢雇用継続給付受給資格確認票・（初回）高年齢雇用継続給付支給申請書
- ・育児休業給付受給資格確認票・（初回）育児休業給付金支給申請書
- ・介護休業給付支給申請書

②個人番号登録・変更届の添付が必要な届け出等（ハローワークにマイナンバーが未届けの者に係る届け出等である場合）
- ・雇用継続交流採用終了届
- ・雇用保険被保険者転勤届
- ・高年齢雇用継続給付支給申請書
- ・育児休業給付金支給申請書

（1）被保険者となる場合

入社により雇用保険の被保険者となったときには、管轄の公共職業安定所（ハローワーク）に「雇用保険被保険者資格取得届」（図表1-32）を入社した翌月10日までに提出します。また、入社だけでなく、パートタイマーから一般社員に切り替わるなど適用除外者でなくなった場合にも手続きが必要です。

（2）被保険者から外れる場合

退職や雇用形態の変更などによって適用除外者となった場合など、雇用保険の被保険者から除外されるときには、その日から10日以内にハローワークに「雇用保険被保険者資格喪失届」を提出します。このとき、被保険者から申し出があれば、「離職証明書（離職票）」の作成も必要です（図表1-33）。

図表1-32 雇用保険被保険者資格取得届

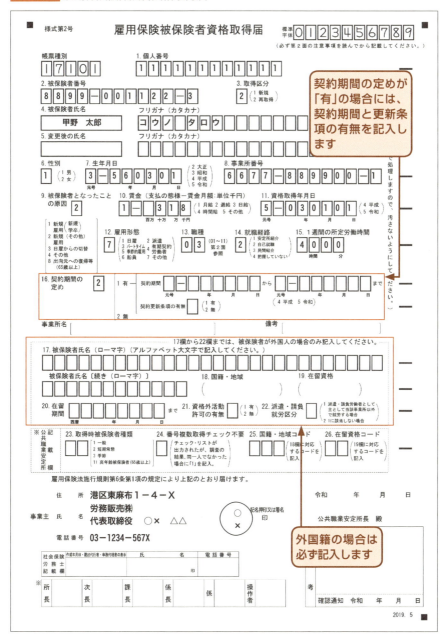

図表1-33 雇用保険被保険者離職証明書

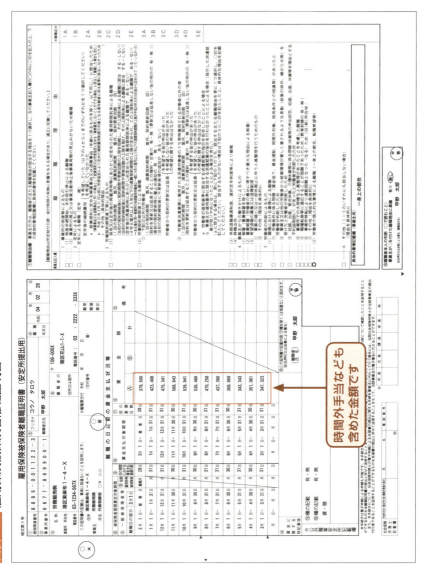

(3) 被保険者が60歳に到達し賃金が低下した場合

被保険者が60歳に到達以降、賃金が低下した場合、**高年齢雇用継続給付**を受給することができます。受給のためには、会社が60歳時点の賃金の登録手続きを行い、その後、給付金の申請を行います。

そのため会社は、被保険者が60歳に到達した場合、「**雇用保険被保険者六十歳到達時等賃金証明書**」（図表1-34）および「**高年齢雇用継続給付受給資格確認票**」（図表1-35）をハローワークに提出します。

なお、高年齢雇用継続給付の支給申請は被保険者本人が行うこととなっていますが、通常は会社が代行します。2カ月に1回の申請ですので、手続きもれがないように注意しましょう。

(4) 被保険者が育児休業を取得した場合

被保険者が育児休業を取得し、賃金が低下もしくは支払われない場合、**育児休業給付金**を受給することができます。受給のためには、会社が休業開始時点の賃金の登録手続きを行い、その後、給付金の申請を行います。

そのため会社は、被保険者が育児休業を開始する場合、「**雇用保険被保険者休業開始時賃金月額証明書（育児）**」（図表1-36）および「**育児休業給付受給資格確認票**」（図表1-37）をハローワークに提出します。

なお、育児休業給付金の支給申請は被保険者本人が行うこととなっているものの、通常は会社が代行します。2カ月に1回の申請ですので、手続きもれがないように注意しましょう。

(5) その他の手続き

雇用保険には、その他にも次のような手続き事項があります。

① 被保険者が氏名変更をした場合の「**雇用保険被保険者氏名変更届**」
② 被保険者が介護休業を開始し、給付金を受給できる場合の「**介護休業給付金支給申請書**」

ここでは詳細な説明は割愛しますので、ハローワークのリーフレットを参照してください。

図表1-34 雇用保険被保険者六十歳到達時等賃金証明書

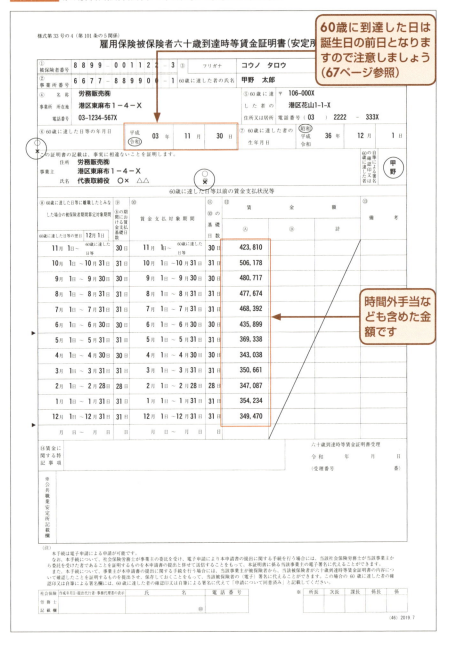

図表1-35 高年齢雇用継続給付受給資格確認票・(初回)高年齢雇用継続給付支給申請書

第1章 給与計算をはじめる前に

■ 様式第33号の3（第101条の5、第101条の7関係）（第1面）

高年齢雇用継続給付受給資格確認票・(初回)高年齢雇用継続給付支給申請書
（必ず第2面の注意書きをよく読んでから記入してください。）

帳票種別
1 5 3 0 0

1.個人番号
1 1 1 1 1 1 1 1 1 1 1 1 —

2.被保険者番号
8 8 9 9 — 0 0 1 1 2 2 — 3

3.資格取得年月日
4 — 2 2 0 1 0 1

> 「雇用保険の被保険者」であった期間が5年以上必要ですが、前職の期間が通算できる場合もあります。この書類を提出することにより、確認が可能です

4.被保険者氏名 甲野 太郎　**フリガナ（カタカナ）** コウノ　タロウ

5.事業所番号
6 6 7 7 — 8 8 9 9 0 0 — 1

6.給付金の種類
1
（1 基本給付金　2 再就職給付金）

＜賃金支払状況＞

7.支給対象年月その1
5 — 0 3 1 2

8.7欄の支給対象年月に支払われた賃金額
2 0 8 5 0 0

9.賃金の減額のあった日数
0

10.みなし賃金

11.支給対象年月その2
5 — 0 4 0 1

12.11欄の支給対象年月に支払われた賃金額
2 0 8 5 0 0

13.賃金の減額のあった日数
0

14.みなし賃金

15.支給対象年月その3
—

16.15欄の支給対象年月に支払われた賃金額

17.賃金の減額のあった日数

18.みなし賃金

> 賃金の低下がなく、60歳到達時賃金の登録のみの場合は、記入が不要です

> 実際に支払われた金額（交通費込み）を記載します

※公共職業安定所記載欄

60歳到達時等賃金登録欄

19.賃金月額（区分-日額又は総額）
（1 日額　2 総額）

20.登録区分

21.基本手当の受給資格

22.定年等修正

高年齢雇用継続給付受給資格確認票項目記載欄

23.受給資格確認年月日
（1 令数月　2 偶数月）

24.支給申請月

25.次回（初回）支給申請年月日

26.支払区分
—

27.金融機関・店舗コード　**口座番号**

その他賃金に関する特記事項

29.	30.	31.

上記の記載事実に誤りのないことを証明します。

事業所名（所在地・電話番号）　港区東麻布1-4-X　03-1234-567X
労務販売㈱

令和　　年　　月　　日　　事業主氏名　代表取締役　○× △△　○× 印

上記のとおり高年齢雇用継続給付の受給資格の確認を申請します。
雇用保険法施行規則第101条の5、第101条の7の規定により、上記のとおり高年齢雇用継続給付の支給を申請します。

令和　　年　　月　　日　　公共職業安定所長　殿

住　所　港区花山1-1-X
フリガナ　コウノ　タロウ
申請者氏名　甲野　太郎　甲野 印

払渡希望金融機関指定届	32.払渡希望金融機関	フリガナ	○○ギンコウ　××シテン		金融機関コード	店舗コード	金融機関による確認印
		名　称	○○銀行　××支店	本店・支店			
		銀行等（ゆうちょ銀行以外）	口座番号　（普通）9876543				
		ゆうちょ銀行	記号番号　（総合）　　—				

備考	賃金締切日　末日　賃金支払日　翌月25日　賃金形態　月給・日給・時間給・　　7欄 19 日　11欄 19 日　15欄　日　所定労働日　通勤手当有　（有 3か月・6か月）・無	※処理欄	資格確認の可否　可・否　高年齢確認書類　住・免・（　）　資格確認年月日　令和　年　月　日　通知年月日　令和　年　月　日

社会保険労務士記載欄	作成年月日・提出代行者・事務代理者の表示	氏　名	電話番号	※所	次長	課長	係長	係	操作者
		印		長					

2020. 3

83

図表1-36 雇用保険被保険者休業開始時賃金月額証明書（育児）

様式第10号の2の2

雇用保険被保険者 **休業開始時賃金月額証明書**（安定所提出用）**（育児・介護）**
所定労働時間短縮開始時賃金証明書

①被保険者番号	9900-112233-4	フリガナ	コウノ イチコ	④休業等を開始した日の年月日	令和 03 年 8 月 27 日
②事業所番号	6677-889900-1	休業等を開始した者の氏名	甲野 一子		

⑤ 名称　労務販売㈱
事業所所在地　港区東麻布1－4－X
電話番号　03-1234-567X

⑥休業等を　〒106-000X
開始した者の　港区花山1-1-X
住所又は居所　電話番号（ 03 ）2222 － 333X

この証明書の記載は、事実に相違ないことを証明します。
住所　労務販売㈱　港区東麻布1－4－X
⑬事業主　氏名　代表取締役 ○× △△　甲野

休業等を開始した日前の賃金支払状況等

⑦休業等を開始した日の前日に離職したとみなした場合の被保険者期間算定対象期間	⑧⑦の期間における賃金支払基礎日数	⑨賃金支払対象期間	⑩⑨の基礎日数	⑪賃金額 Ⓐ	⑪賃金額 計	⑫備考
休業等を開始した日 8月27日						
7月27日～ 休業等を開始した日の前日	0日	8月 1日～ 休業等を開始した日の前日	0日	0		自03.6.1 至03.8.26 87日間 産前産後休業のため賃金の支払なし
5月27日～ 6月26日	5日	5月 1日～ 5月31日	31日	220,000		
4月27日～ 5月26日	30日	4月 1日～ 4月30日	30日	210,000		
3月27日～ 4月26日	31日	3月 1日～ 3月31日	31日	230,000		
2月27日～ 3月26日	28日	2月 1日～ 2月28日	28日	220,000		
1月27日～ 2月26日	31日	1月 1日～ 1月31日	31日	210,000		
12月27日～ 1月26日	31日	12月 1日～ 12月31日	31日	210,000		
11月27日～ 12月26日	30日	11月 1日～ 11月30日	30日	210,000		
10月27日～ 11月26日	31日	10月 1日～ 10月31日	31日	210,000		
9月27日～ 10月26日	30日	9月 1日～ 9月30日	30日	210,000		
8月27日～ 9月26日	31日	8月 1日～ 8月31日	31日	210,000		
7月27日～ 8月26日	31日	7月 1日～ 7月31日	31日	210,000		
6月27日～ 7月26日	30日	6月 1日～ 6月30日	30日	210,000		
5月27日～ 6月26日	31日	5月 1日～ 5月31日	31日	210,000		
月 日～ 月 日		月 日～ 月 日				
月 日～ 月 日		月 日～ 月 日				

産前産後休業で賃金の支払われなかった期間について記入します

⑬賃金に関する特記事項

休業開始時賃金月額証明書
所定労働時間短縮開始時賃金証明書　受理
令和　年　月　日
（受理番号　　　　号）

⑭（休業開始時における）雇用期間　イ 定めなし　ロ 定めあり→ 令和　年　月　日まで（休業開始日を含めて　年　カ月）

雇用期間について記入します

※公共職業安定所記載欄

社会保険労務士記載欄	作成年月日・提出代行者・事務代理者の表示	氏名	電話番号	賃金月額証明書等受付番号	所長	次長	課長	係長	係
		㊞							

(49) 2019.10

84

図表1-37 育児休業給付受給資格確認票・(初回)育児休業給付金支給申請書

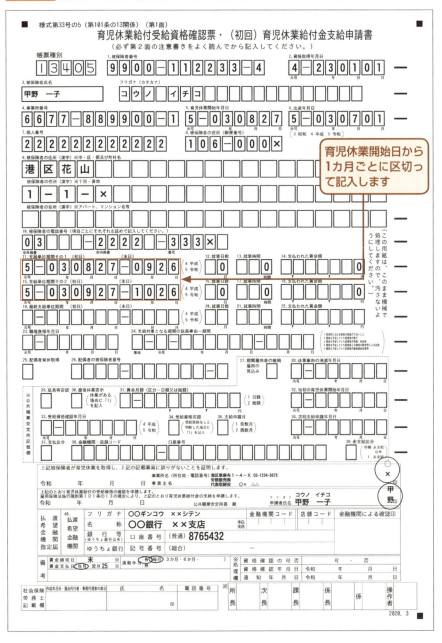

[4] 雇用保険・労災保険の保険料に関する手続き

　雇用保険と労災保険に関する保険料を**労働保険料**といい、4月1日～翌年3月31日の1年間についての保険料額を算出します。保険料額は、「1年間の賃金総額×（労災保険率＋雇用保険率）」となります。

　この賃金総額は労働者に支払った賃金の総額ですが、**図表1-38**のような例外もあります。

　労働保険料は、1年間の保険料の見込み額を6月1日～7月10日に申告納付し、翌年の6月1日～7月10日には、実際に支払った賃金総額を基に保険料額を算出して前年における見込み支払額との確定精算を行います。つまり、前年度の確定精算と当年度の概算払いを同時に行っていくわけです。

図表1-38 労働保険の保険料の対象となるもの・ならないもの

保険料の対象となるものの例	保険料の対象とならないものの例
・休業手当 ・通勤手当 ・税金の補助 ・社会保険料の補助 ・前払退職金	・休業補償（労災補償） ・慶弔見舞金 ・出張旅費、宿泊費 ・生命保険料の補助 ・財産形成貯蓄奨励金 ・解雇予告手当 ・退職金

　以上で、給与計算を行うための準備が完了しました。次章からは、月次給与や賞与の計算、年末調整の方法に移っていきます。

第2章

毎月の給与計算の
すすめ方

　第1章で確認した賃金体系や計算方法などをもとに、毎月の給与計算について実際にみていきましょう。
　この作業は毎月繰り返しで行うため、慣れからくる見落としも発生しがちです。ときどきこの章に立ち返り、作業にもれがないか、見直しをしましょう。

「勤怠項目」を計上しよう

　月次給与には、勤怠に関する項目が多く含まれています。労働基準法によって「賃金台帳」に記入することが必須の事項もありますが、時間外労働や遅刻・早退関連の算出のためには、事前に勤怠状況を確認することが必要となります。

　まず、労働基準法で「賃金台帳」に記入しなければならない事項となっている出勤日数、総労働時間、時間外労働時間、休日労働時間、深夜労働時間について、必ず把握します。次に、欠勤日数、遅刻時間、早退時間、私用外出時間について把握をしておきます。これは、日給月給制における勤怠控除の計算のために必要です。賃金規程に定められている計算方法に則して、計上しましょう。

　それでは、就業規則を確認したうえで、タイムカードや勤務表などから、これらの事項を確認してみます（以下、本書ではこの規定を基準に話をすすめていきます）。

（労働時間および休憩時間）
第○条　所定労働時間は、1週間については40時間、1日については8時間とする。
2　各日の始業・終業時刻および休憩時間は、次のとおりとする。ただし、業務の都合その他やむを得ない事情により、これらを繰り上げまたは繰り下げることがある。
　　始業：9時00分、終業：18時00分、休憩：12時00分～13時00分

（休日）
第○条　会社の休日は、以下のとおりとする。
　① 日曜日（法定休日）
　② 土曜日、国民の祝日
　③ 12月29日から翌年1月4日（年末年始）
　④ その他会社が休日と定めた日

図表2-1 前月分の勤務表

日	曜日	摘要	始業時刻	終業時刻	休憩時間	総労働時間	時間外時間	休日時間	うち深夜時間	不足時間
1	火		9:00	22:00	1:00	12:00	4:00	—	—	—
					〔中略〕					
24	木		9:00	18:00	1:00	8:00	—	—	—	—
25	金		10:30	18:00	1:00	6:30	—	—	—	1:30
26	土		—	—	—	—	—	—	—	—
27	日		9:00	18:00	1:00	8:00	—	8:00	—	—
28	月	欠勤	—	—	—	—	—	—	—	—
29	火		9:00	18:00	1:00	8:00	—	—	—	—
30	水		9:00	18:00	1:00	8:00	—	—	—	—
出勤	22日	欠勤	1日	合計		194:30	20:00	8:00	1:30	1:30

まず勤務表を集計すると、**図表2-1**のようになります。

1日（火）については、18時～22時が時間外労働に該当します。25日（金）については、遅刻時間9時～10時30分の1時間30分が不足時間として扱われ、28日（月）は欠勤です。27日（日）は休日につき、全時間が休日労働となります。

以上の要領で計算して集計した結果、下記のように勤怠項目がそろうこととなります。

勤怠項目

出勤日数	欠勤日数	時間外労働	休日勤務	深夜勤務	不就労	総労働時間
22.0	1.0	20:00	8:00	1:30	1:30	194:30

第2章 毎月の給与計算のすすめ方

2 「支給項目」を計上しよう

[1] 固定給

　固定給とは、勤怠項目や業績などに左右されることなく、毎月定額が支給される月次給与のことです。完全月給制や日給月給制の基本給、役職手当、通勤手当などが該当します。

　月次給与処理では、初回の支給月や支給額に変更があった場合に処理が必要となります。第1章で確認した雇用契約書や辞令などから金額を確認し、計上しましょう。

勤怠項目						
出勤日数	欠勤日数	時間外労働	休日勤務	深夜勤務	不就労	総労働時間
22.0	1.0	20:00	8:00	1:30	1:30	194:30

支給項目							
基本給	役職手当	時間外手当	休日手当	深夜手当	不就労控除	通勤手当	総支給額
300,000	10,000					8,500	

月給・日給・時給とは？

- **完全月給**：月の就労状況にかかわらず、月次給与が全額支給される（例：役員報酬）
- **日給月給**：月次給与は定額だが、1カ月間に不就労日数・時間がある場合に不就労相当額が控除される（例：従業員月次給与）
- **日給**：「就労した日×日給単価」により支給される
- **時給**：「就労した時間×時給単価」により支給される

[2] 変動給

変動給とは、原則として毎月変動が存在する月次給与のことをいい、時間外手当や皆勤手当などが当てはまります。したがって、月次給与の処理のたびに確認と処理が必要となります。

(1) 日給制および時給制の基本給・通勤手当

タイムカードや集計した勤怠項目から算出します。**図表2-2**によれば、基本給は「1,050円×128時間＝134,400円」、通勤交通費は、片道200円の申請があったとして「200円×2×16日＝6,400円」となります。

勤怠項目					
出勤日数	欠勤日数	時間外労働	休日勤務	深夜勤務	総労働時間
16.0	0.0	0.0	0.0	0.0	128:00

支給項目						
基本給	役職手当	時間外手当	休日手当	深夜手当	通勤手当	総支給額
134,400					6,400	140,800

賃金計算システムを使用する場合、次のような式を設定するとよいでしょう。

① **日給**：出勤日数×日給単価
② **時間給**：総労働時間×時間給単価
③ **通勤手当**：出勤日数×往復単価

図表2-2 時給制のケース

雇用契約書	日	摘要	始業時刻	終業時刻	休憩時間	総労働時間
賃金（月額）：時給制	1		9:00	18:00	1:00	8:00
・基本給（時給）1,050円	2	公休	—	—	—	—
・通勤交通費　往復相当	29		9:00	18:00	1:00	8:00
額×出勤日数	30	公休	—	—	—	—
	出勤	16日			合計	128:00

(2) 時間外手当・休日手当・深夜手当・不就労控除

これらも変動給です。89ページで集計した勤怠項目と、21ページにある計算方法を参照して計算を進めます。

計算の基礎となる1カ月平均所定労働時間数は、以下のように算出します。

（平均所定労働時間数）

第○条　会社における1カ月平均所定労働時間数は、次の算式により計算する。なお、年間は4月1日から翌年3月31日とし、うるう年は365日を366日と読み替える。

　（365－年間所定休日日数）×1日の所定労働時間数÷12〔小数第3位以下切り捨て〕

図表2-3より、休日合計は124日ですので、平均所定労働時間数は「（365日－124日）×8時間÷12＝160.66時間」となります。これをもとに各種手当を計算すると、次のとおりです（円未満は四捨五入）。

① **時間外手当**：（300,000円＋10,000円）÷160.66×125％×20時間＝48,238.51 → 48,239円

② **休日手当**：（300,000円＋10,000円）÷160.66×135％×8時間＝20,839.03 → 20,839円

③ **深夜手当**：（300,000円＋10,000円）÷160.66×25％×1.5時間＝723.57 → 724円

④ **不就労控除**：（300,000円＋10,000円）÷160.66×（－1.5時間）＋（300,000円＋10,000円）÷20.08日×（－1日）＝－18,332.55 → －18,333円

勤怠項目						
出勤日数	欠勤日数	時間外労働	休日勤務	深夜勤務	不就労	総労働時間
22.0	1.0	20:00	8:00	1:30	1:30	194:30

支給項目							
基本給	役職手当	時間外手当	休日手当	深夜手当	不就労控除	通勤手当	総支給額
300,000	10,000	48,239	20,839	724	－18,333	8,500	369,969

図表2-3 令和3年4月1日～令和4年3月31日の場合（総所定労働日数241日、総休日数124日）

日	月	火	水	木	金	土
				4/1	4/2	4/3
4/4	4/5	4/6	4/7	4/8	4/9	4/10
4/11	4/12	4/13	4/14	4/15	4/16	4/17
4/18	4/19	4/20	4/21	4/22	4/23	4/24
4/25	4/26	4/27	4/28	4/29	4/30	

所定労働日数：21日　休日数：9日

日	月	火	水	木	金	土
						5/1
5/2	5/3	5/4	5/5	5/6	5/7	5/8
5/9	5/10	5/11	5/12	5/13	5/14	5/15
5/16	5/17	5/18	5/19	5/20	5/21	5/22
5/23	5/24	5/25	5/26	5/27	5/28	5/29
5/30	5/31					

所定労働日数：18日　休日数：13日

日	月	火	水	木	金	土
		6/1	6/2	6/3	6/4	6/5
6/6	6/7	6/8	6/9	6/10	6/11	6/12
6/13	6/14	6/15	6/16	6/17	6/18	6/19
6/20	6/21	6/22	6/23	6/24	6/25	6/26
6/27	6/28	6/29	6/30			

所定労働日数：22日　休日数：8日

日	月	火	水	木	金	土
				7/1	7/2	7/3
7/4	7/5	7/6	7/7	7/8	7/9	7/10
7/11	7/12	7/13	7/14	7/15	7/16	7/17
7/18	7/19	7/20	7/21	7/22	7/23	7/24
7/25	7/26	7/27	7/28	7/29	7/30	7/31

所定労働日数：20日　休日数：11日

日	月	火	水	木	金	土
8/1	8/2	8/3	8/4	8/5	8/6	8/7
8/8	8/9	8/10	8/11	8/12	8/13	8/14
8/15	8/16	8/17	8/18	8/19	8/20	8/21
8/22	8/23	8/24	8/25	8/26	8/27	8/28
8/29	8/30	8/31				

所定労働日数：21日　休日数：10日

日	月	火	水	木	金	土
			9/1	9/2	9/3	9/4
9/5	9/6	9/7	9/8	9/9	9/10	9/11
9/12	9/13	9/14	9/15	9/16	9/17	9/18
9/19	9/20	9/21	9/22	9/23	9/24	9/25
9/26	9/27	9/28	9/29	9/30		

所定労働日数：20日　休日数：10日

日	月	火	水	木	金	土
					10/1	10/2
10/3	10/4	10/5	10/6	10/7	10/8	10/9
10/10	10/11	10/12	10/13	10/14	10/15	10/16
10/17	10/18	10/19	10/20	10/21	10/22	10/23
10/24	10/25	10/26	10/27	10/28	10/29	10/30
10/31						

所定労働日数：21日　休日数：10日

日	月	火	水	木	金	土
	11/1	11/2	11/3	11/4	11/5	11/6
11/7	11/8	11/9	11/10	11/11	11/12	11/13
11/14	11/15	11/16	11/17	11/18	11/19	11/20
11/21	11/22	11/23	11/24	11/25	11/26	11/27
11/28	11/29	11/30				

所定労働日数：20日　休日数：10日

日	月	火	水	木	金	土
			12/1	12/2	12/3	12/4
12/5	12/6	12/7	12/8	12/9	12/10	12/11
12/12	12/13	12/14	12/15	12/16	12/17	12/18
12/19	12/20	12/21	12/22	12/23	12/24	12/25
12/26	12/27	12/28	12/29	12/30	12/31	

所定労働日数：20日　休日数：11日

日	月	火	水	木	金	土
						1/1
1/2	1/3	1/4	1/5	1/6	1/7	1/8
1/9	1/10	1/11	1/12	1/13	1/14	1/15
1/16	1/17	1/18	1/19	1/20	1/21	1/22
1/23	1/24	1/25	1/26	1/27	1/28	1/29
1/30	1/31					

所定労働日数：18日　休日数：13日

日	月	火	水	木	金	土
		2/1	2/2	2/3	2/4	2/5
2/6	2/7	2/8	2/9	2/10	2/11	2/12
2/13	2/14	2/15	2/16	2/17	2/18	2/19
2/20	2/21	2/22	2/23	2/24	2/25	2/26
2/27	2/28					

所定労働日数：18日　休日数：10日

日	月	火	水	木	金	土
		3/1	3/2	3/3	3/4	3/5
3/6	3/7	3/8	3/9	3/10	3/11	3/12
3/13	3/14	3/15	3/16	3/17	3/18	3/19
3/20	3/21	3/22	3/23	3/24	3/25	3/26
3/27	3/28	3/29	3/30	3/31		

所定労働日数：22日　休日数：9日

第2章　毎月の給与計算のすすめ方

時間外労働の端数処理は、どのように行えばよいのでしょうか？

　時間外労働、休日労働、深夜労働については、次のような端数処理が認められています。

① 1カ月の時間外労働、休日労働および深夜労働の各々の時間数の合計に1時間未満の端数がある場合に、30分未満の端数を切り捨て、それ以上を1時間に切り上げること

　○：月の時間外労働が35分→1時間として計算

　　　月の休日労働が1時間25分→1時間として計算

　×：月の時間外労働が35分→30分として計算

　　　月の休日労働が1時間45分→1時間30分として計算

② 1時間当たりの賃金額および割増賃金額に1円未満の端数が生じた場合、50銭未満の端数を切り捨て、それ以上を1円に切り上げること

③ 1カ月における時間外労働、休日労働、深夜労働の各々の割増賃金の総額に1円未満の端数が生じた場合、②と同様に処理すること

　もちろん、時間外労働時間の端数を15分単位で切り上げる（25分の時間外労働で0.5時間とする）など、労働者に有利に計算することは可能です。

　不就労控除については、賃金計算システムを使用する場合に以下のような計算式を設定するとよいでしょう。

(i) 不就労控除単価A＝（基本給＋役職手当）÷1カ月平均所定労働時間数

(ii) 不就労控除単価B＝（基本給＋役職手当）÷1カ月平均所定労働日数

(iii) 不就労控除計算式：不就労控除単価A×（遅刻時間＋早退時間＋私用外出時間）

　　　＋不就労控除単価B×欠勤日数

　ただし、基本給や役職手当など不就労控除の基礎となる給与の変更があった場合は注意が必要です。上記「不就労控除単価A＝（基本給＋役職手当）÷1カ月平均所定労働時間数」という式は、賃金計算システムでは当月の「基本給＋役職手当」を使用しています。しかし、「基本給は当月支給、勤怠控除は翌月調整」という計算が多いため、勤怠控除は前月の「基本給＋役職手当」を使用しなければなりません。

　前月の給与を用いた計算式の設定は難しいでしょうから、給与の変更月だけは、手入力をするなどの臨機応変な対応が肝要です。

(3) 年次有給休暇中の月次給与

　年次有給休暇を取得した日の月次給与は以下のいずれかとなり、就業規則等に定めをすることが必要です。

① 平均賃金

② 所定労働時間を労働した場合に支払われる通常の賃金

③ 健康保険法における標準報酬日額

　いったん定めをしたら、必ずその方式で支払わなければならず、そのつどの事業主による恣意的な選択は許されません。

　一般的には、②の「所定労働時間を労働した場合に支払われる通常の賃金」がほとんどであり、支払い方法の煩雑さを考えれば、この賃金が最適です。

　支払い方法については、日給月給制の労働者については減額することなくそのまま支払います。日給制や時給制の労働者については、労働条件通知書に従って、年次有給休暇取得日には所定労働時間を労働した場合に支払われるであろう賃金を支払うことになります。

　賃金計算システムを使用する場合、日給制であれば労働日を1日分加算、時給制であれば1日分の労働時間を加算する方法が、もっとも簡単でしょう。

代休と休日の振替には、どのような違いがあるのでしょうか?

　休日の振替は、休日出勤を行う前に振り替える休日を指定することが必要で、休日と労働日の交換という考え方です。

　一方、**代休**は、休日出勤を行った後に代替休日を指定して取得するものであり、休日労働（割増賃金が必要）としての計算が必要となります（詳細は、148ページをご参照ください）。

【休日の振替】

金曜日	土曜日	日曜日	月曜日	火曜日	水曜日	木曜日
労働日	休日	労働日	労働日	振替休日	労働日	労働日

※事前に火曜日と日曜日を交換している場合、日曜日は休日労働にはならない。

【代休】

金曜日	土曜日	日曜日	月曜日	火曜日	水曜日	木曜日
労働日	休日	休日労働	労働日	代休	労働日	労働日

※日曜日の勤務が急に決まり、火曜日の休日が後から決まった場合、日曜日は休日労働となる。

第2章 毎月の給与計算のすすめ方

3 「控除項目」を計上しよう

[1] 健康保険・介護保険・厚生年金保険

(1) 保険料について

　健康保険や厚生年金保険の給付などは、被保険者と事業主が折半で負担する保険料と国庫補助により運営されています。

　健康保険・介護保険・厚生年金保険の月次給与に対する保険料は、**標準報酬月額**（(2)参照）に保険料率を乗じた金額となり、この金額を被保険者と事業主が折半負担しています（図表2-4）。なお、事業主のみ「子ども・子育て拠出金」として、標準報酬月額に保険料率を乗じた金額をさらに負担しています。

　これら健康保険・介護保険・厚生年金保険の保険料と子ども・子育て拠出金をあわせた金額を、事業主が年金事務所（健康保険組合）に納付の手続きを行います。月次給与の計算では、図表2-4の料率を使用した料額表（図表2-9）の被保険者負担部分だけを使用します。

(2) 保険料の算出のしかた

　健康保険・介護保険・厚生年金保険の保険料は、「被保険者」から徴収します。したがって、被保険者となっていない人は対象外です。本人の標準報酬月額を保険料額表に当てはめて、保険料を算出します。

図表2-4 保険料率表（令和2年4月1日現在）

		保険料率	事業主負担	被保険者負担
健康保険 （協会けんぽ。 東京都の場合）	介護保険あり	116.6/1000 →	58.30/1000	58.30/1000
	介護保険なし	98.7/1000 →	49.35/1000	49.35/1000
厚生年金保険		183.00/1000 →	91.50/1000	91.50/1000
子ども・子育て拠出金		3.6/1000 →	3.6/1000	負担なし

※令和3年4月より、改定される可能性があります。

図表2-5 入社時：資格取得確認および標準報酬決定通知書

健康保険・厚生年金保険被保険者資格取得確認および標準報酬決定通知書						
被保険者整理番号	被保険者氏名				資格取得年月日	標準報酬月額
	生年月日	種別(性別)	取得区分	被保険者区分	基礎年金番号	郵便番号 / 被保険者住所
028	コウノ　タロウ 甲野　太郎				R03.1.1	健保：340千円 厚年：340千円
	S56.3.1	1（男）	2（再）		1234-567890	

図表2-6 算定時：標準報酬決定通知書

健康保険・厚生年金保険被保険者標準報酬決定通知書						
被保険者整理番号	被保険者氏名	摘要年月	決定後の標準報酬月額		生年月日	種別
			（健保）	（厚年）		
028	甲野　太郎	R03.09	340千円	340千円	S56.3.1	第一種

図表2-7 月額変更時：標準報酬改定通知書

健康保険・厚生年金保険被保険者標準報酬改定通知書						
被保険者整理番号	被保険者氏名	改定年月	決定後の標準報酬月額		生年月日	種別
			（健保）	（厚年）		
028	甲野　太郎	R03.12	530千円	530千円	S56.3.1	第一種

この標準報酬月額は、**図表2-5、2-6、2-7**の決定資料に記載されています。

次に、標準報酬月額を保険料額表に当てはめて、保険料を算出します。

健康保険料は、健康保険組合ごとに料率が異なるので、会社の加入する健康保険組合に料額表を確認します。協会けんぽは都道府県別の料率となっていますので、さらに注意が必要です。**図表2-8、2-9**では、都道府県別の保険料率および東京都の料額表をあげておきます。**厚生年金保険料**は厚生年金基金に加入していない限り、どの事業所も同一の料率です。

図表2-9を用いるとき、「折半額」の欄の小数点以下の金額については、次の三つの処理方法があります。

図表2-8 健康保険の都道府県単位保険料率（令和2年3月1日現在）

	保険料率	事業主負担	被保険者負担		保険料率	事業主負担	被保険者負担
北海道	10.410%	5.205%	5.205%	滋賀県	9.790%	4.895%	4.895%
青森県	9.880%	4.940%	4.940%	京都府	10.030%	5.015%	5.015%
岩手県	9.770%	4.885%	4.885%	大阪府	10.220%	5.110%	5.110%
宮城県	10.060%	5.030%	5.030%	兵庫県	10.140%	5.070%	5.070%
秋田県	10.250%	5.125%	5.125%	奈良県	10.140%	5.070%	5.070%
山形県	10.050%	5.025%	5.025%	和歌山県	10.140%	5.070%	5.070%
福島県	9.710%	4.855%	4.855%	鳥取県	9.990%	4.995%	4.995%
茨城県	9.770%	4.885%	4.885%	島根県	10.150%	5.075%	5.075%
栃木県	9.880%	4.940%	4.940%	岡山県	10.170%	5.085%	5.085%
群馬県	9.770%	4.885%	4.885%	広島県	10.010%	5.005%	5.005%
埼玉県	9.810%	4.905%	4.905%	山口県	10.200%	5.100%	5.100%
千葉県	9.750%	4.875%	4.875%	徳島県	10.280%	5.140%	5.140%
東京都	9.870%	4.935%	4.935%	香川県	10.340%	5.170%	5.170%
神奈川県	9.930%	4.965%	4.965%	愛媛県	10.070%	5.035%	5.035%
新潟県	9.580%	4.790%	4.790%	高知県	10.300%	5.150%	5.150%
富山県	9.590%	4.795%	4.795%	福岡県	10.320%	5.160%	5.160%
石川県	10.010%	5.005%	5.005%	佐賀県	10.730%	5.365%	5.365%
福井県	9.950%	4.975%	4.975%	長崎県	10.220%	5.110%	5.110%
山梨県	9.810%	4.905%	4.905%	熊本県	10.330%	5.165%	5.165%
長野県	9.700%	4.850%	4.850%	大分県	10.170%	5.085%	5.085%
岐阜県	9.920%	4.960%	4.960%	宮崎県	9.910%	4.955%	4.955%
静岡県	9.730%	4.865%	4.865%	鹿児島県	10.250%	5.125%	5.125%
愛知県	9.880%	4.940%	4.940%	沖縄県	9.970%	4.985%	4.985%
三重県	9.770%	4.885%	4.885%				

※料率は従業員と事業主の折半となります。

※40歳以上65歳未満の者には、これに全国一律の介護保険料率（1.79%）が加わります。
※令和3年度は改定の可能性があるため、協会けんぽからのお知らせにご注意ください。図表2-9も同じ。

① 事業主が月次給与から被保険者負担分を控除する場合

　被保険者負担分の端数が50銭以下のときはその端数は切り捨て、50銭を超える場合は1円に切り上げ

② 被保険者が被保険者負担分を事業主に現金で支払う場合

　被保険者負担分の端数が50銭未満のときはその端数は切り捨て、50銭以上のときは1円に切り上げ（①②とも四捨五入ではないことに注意します）

③ 事業主と被保険者との間で特約がある場合

　その特約に基づき端数処理

図表2-9 健康保険・厚生年金保険の保険料額表（令和2年9月1日現在・東京都）

標準報酬		報酬月額			協会けんぽ保険料				厚生年金保険料	
					介護保険第2号被保険者に該当しない場合		介護保険第2号被保険者に該当する場合		一般の被保険者	
					保険料率9.87%		保険料率11.66%		保険料率18.300%	
等級	月額	円以上	~	円未満	全額	折半額	全額	折半額	全額	折半額
1	58,000		~	63,000	5,724.6	2,862.3	6,762.8	3,381.4		
2	68,000	63,000	~	73,000	6,711.6	3,355.8	7,928.8	3,964.4		
3	78,000	73,000	~	83,000	7,698.6	3,849.3	9,094.8	4,547.4		
4(1)	88,000	83,000	~	93,000	8,685.6	4,342.8	10,260.8	5,130.4	16,104.00	8,052.00
5(2)	98,000	93,000	~	101,000	9,672.6	4,836.3	11,426.8	5,713.4	17,934.00	8,967.00
6(3)	104,000	101,000	~	107,000	10,264.8	5,132.4	12,126.4	6,063.2	19,032.00	9,516.00
7(4)	110,000	107,000	~	114,000	10,857.0	5,428.5	12,826.0	6,413.0	20,130.00	10,065.00
8(5)	118,000	114,000	~	122,000	11,646.6	5,823.3	13,758.8	6,879.4	21,594.00	10,797.00
9(6)	126,000	122,000	~	130,000	12,436.2	6,218.1	14,691.6	7,345.8	23,058.00	11,529.00
10(7)	134,000	130,000	~	138,000	13,225.8	6,612.9	15,624.4	7,812.2	24,522.00	12,261.00
11(8)	142,000	138,000	~	146,000	14,015.4	7,007.7	16,557.2	8,278.6	25,986.00	12,993.00
12(9)	150,000	146,000	~	155,000	14,805.0	7,402.5	17,490.0	8,745.0	27,450.00	13,725.00
13(10)	160,000	155,000	~	165,000	15,792.0	7,896.0	18,656.0	9,328.0	29,280.00	14,640.00
14(11)	170,000	165,000	~	175,000	16,779.0	8,389.5	19,822.0	9,911.0	31,110.00	15,555.00
15(12)	180,000	175,000	~	185,000	17,766.0	8,883.0	20,988.0	10,494.0	32,940.00	16,470.00
16(13)	190,000	185,000	~	195,000	18,753.0	9,376.5	22,154.0	11,077.0	34,770.00	17,385.00
17(14)	200,000	195,000	~	210,000	19,740.0	9,870.0	23,320.0	11,660.0	36,600.00	18,300.00
18(15)	220,000	210,000	~	230,000	21,714.0	10,857.0	25,652.0	12,826.0	40,260.00	20,130.00
19(16)	240,000	230,000	~	250,000	23,688.0	11,844.0	27,984.0	13,992.0	43,920.00	21,960.00
20(17)	260,000	250,000	~	270,000	25,662.0	12,831.0	30,316.0	15,158.0	47,580.00	23,790.00
21(18)	280,000	270,000	~	290,000	27,636.0	13,818.0	32,648.0	16,324.0	51,240.00	25,620.00
22(19)	300,000	290,000	~	310,000	29,610.0	14,805.0	34,980.0	17,490.0	54,900.00	27,450.00
23(20)	320,000	310,000	~	330,000	31,584.0	15,792.0	37,312.0	18,656.0	58,560.00	29,280.00
24(21)	340,000	330,000	~	350,000	33,558.0	16,779.0	39,644.0	19,822.0	62,220.00	31,110.00
25(22)	360,000	350,000	~	370,000	35,532.0	17,766.0	41,976.0	20,988.0	65,880.00	32,940.00
26(23)	380,000	370,000	~	395,000	37,506.0	18,753.0	44,308.0	22,154.0	69,540.00	34,770.00
27(24)	410,000	395,000	~	425,000	40,467.0	20,233.5	47,806.0	23,903.0	75,030.00	37,515.00
28(25)	440,000	425,000	~	455,000	43,428.0	21,714.0	51,304.0	25,652.0	80,520.00	40,260.00
29(26)	470,000	455,000	~	485,000	46,389.0	23,194.5	54,802.0	27,401.0	86,010.00	43,005.00
30(27)	500,000	485,000	~	515,000	49,350.0	24,675.0	58,300.0	29,150.0	91,500.00	45,750.00
31(28)	530,000	515,000	~	545,000	52,311.0	26,155.5	61,798.0	30,899.0	96,990.00	48,495.00
32(29)	560,000	545,000	~	575,000	55,272.0	27,636.0	65,296.0	32,648.0	102,480.00	51,240.00
33(30)	590,000	575,000	~	605,000	58,233.0	29,116.5	68,794.0	34,397.0	107,970.00	53,985.00
34(31)	620,000	605,000	~	635,000	61,194.0	30,597.0	72,292.0	36,146.0	113,460.00	56,730.00
35(32)	650,000	635,000	~	665,000	64,155.0	32,077.5	75,790.0	37,895.0	118,950.00	59,475.00
36	680,000	665,000	~	695,000	67,116.0	33,558.0	79,288.0	39,644.0		
37	710,000	695,000	~	730,000	70,077.0	35,038.5	82,786.0	41,393.0		
38	750,000	730,000	~	770,000	74,025.0	37,012.5	87,450.0	43,725.0		
39	790,000	770,000	~	810,000	77,973.0	38,986.5	92,114.0	46,057.0		
40	830,000	810,000	~	855,000	81,921.0	40,960.5	96,778.0	48,389.0		
41	880,000	855,000	~	905,000	86,856.0	43,428.0	102,608.0	51,304.0		
42	930,000	905,000	~	955,000	91,791.0	45,895.5	108,438.0	54,219.0		
43	980,000	955,000	~	1,005,000	96,726.0	48,363.0	114,268.0	57,134.0		
44	1,030,000	1,005,000	~	1,055,000	101,661.0	50,830.5	120,098.0	60,049.0		
45	1,090,000	1,055,000	~	1,115,000	107,583.0	53,791.5	127,094.0	63,547.0		
46	1,150,000	1,115,000	~	1,175,000	113,505.0	56,752.5	134,090.0	67,045.0		
47	1,210,000	1,175,000	~	1,235,000	119,427.0	59,713.5	141,086.0	70,543.0		
48	1,270,000	1,235,000	~	1,295,000	125,349.0	62,674.5	148,082.0	74,041.0		
49	1,330,000	1,295,000	~	1,355,000	131,271.0	65,635.5	155,078.0	77,539.0		
50	1,390,000	1,355,000	~		137,193.0	68,596.5	162,074.0	81,037.0		

（単位：円）

※厚生年金基金に加入する人を除きます。

※健康保険組合に加入する人の健康保険料については、加入する健康保険組合にお問い合わせください。

※等級欄の（　）内の数字は、厚生年金保険の標準報酬月額等級です。厚生年金保険の1等級の「報酬月額」欄は「93,000円未満」と、厚生年金保険の32等級の「報酬月額」欄は「635,000円以上」と読み替えてください。

通常は、①によって【例1】【例2】のように処理をします。

【例1】標準報酬月額が126,000円で、介護保険ありの場合

標準報酬		報酬月額		協会けんぽ保険料	厚生年金保険料
				介護保険第2号被保険者に該当する場合	一般の被保険者
等級	月額			折半額	折半額
9(6)	126,000	122,000 ～	130,000	7,345.8	11,529.00

・健康保険料：7,345.8円→7,346円（50銭超を切り上げ）

・厚生年金保険料：11,529.00円→11,529円（50銭以下を切り捨て）

【例2】標準報酬月額が170,000円で、介護保険なしの場合

標準報酬		報酬月額		協会けんぽ保険料	厚生年金保険料
				介護保険第2号被保険者に該当しない場合	一般の被保険者
等級	月額			折半額	折半額
14(11)	170,000	165,000 ～	175,000	8,389.5	15,555.00

・健康保険料：8,389.5円→8,389円（50銭以下を切り捨て）

・厚生年金保険料：15,555.00円→15,555円（50銭以下を切り捨て）

今回は、標準報酬月額が340,000円（**図表2-5**）なので、保険料額はそれぞれ以下のとおりとなります。

控除項目							
健康保険	うち介護保険	厚生年金	雇用保険	社会保険料合計	課税対象額	所得税	住民税
19,822	(3,043)	31,110					
財形貯蓄	総控除額						

ところで、**介護保険料の対象者には2種類あります。**

① **第1号被保険者**：65歳以上の者

② **第2号被保険者**：40歳以上65歳未満の者

このうち第2号被保険者は、健康保険料とあわせて保険料を徴収することとなっています。40歳になった際に徴収を開始し、65歳で徴収終了となります。65歳以降は第1号被保険者となり、各市区町村から所得に応じた保険料が設定され、公的年金から直接、保険料が控除されるようになります（135ページ参照）。

給与明細に記載する健康保険料と介護保険料の求め方とは？

　保険料額表には、介護保険料が合算された健康保険料しか記載されていません。それでは、内数として記載する介護保険料はどのように求めるのかというと、「介護保険ありの健康保険料−介護保険なしの健康保険料」により計算します。

　たとえば、標準報酬月額が34万円の保険料の場合を考えると、「（介護保険あり：19,822円）−（介護保険なし：16,779円）＝3,043円」となります。

海外在住の場合の介護保険料の扱いは？

　介護保険料の対象者は、「市区町村の区域内に住所を有すること」が条件となっています。つまり、出向などで海外の会社に勤務し、日本国内に住民票がない場合には、介護保険料の対象外となります。

　対象外の申し出をする場合、「介護保険適用除外等該当届」を、すみやかに年金事務所（健康保険組合）に提出する必要がありますので、注意しましょう。

産前産後休業や育児休業中の社会保険料はどうなるのでしょうか？

　健康保険（介護保険を含む）・厚生年金保険は産前産後および育児休業期間中の保険料の支払いが免除されますが、実際には、どの月から免除になるのでしょうか。

　月次給与は前月末日を基準に考えます。前月末日までに産前休業を開始していれば、その月に支給される月次給与分の保険料は免除となります（131ページ参照）。

・令和3年4月3日産前休業開始→令和3年5月支払い給与から保険料免除
・令和3年12月10日育児休業終了→令和4年1月支払い給与から保険料徴収開始

　賞与は、当月末日が基準です。当月末日までに産前休業を開始していれば、その月に支給される賞与は保険料免除となります（184ページ参照）。

・令和3年4月3日産前休業開始→令和3年4月支払い賞与から保険料免除
・令和3年12月10日育児休業終了→令和3年12月支払い賞与から保険料徴収開始

　なお、雇用保険には免除制度はありませんので、産前産後休業や育児休業中に賞与などが支給された場合には雇用保険料が発生しますが、無支給の場合は雇用保険料は発生しません。

（3）入社・退職時の保険料の徴収のしかた

　わかりにくいのが、入社時はいつの月次給与から保険料を徴収し、退職の際はいつの月次給与まで保険料を徴収すればよいのかということでしょう。

　原則、月の末日に被保険者である場合には、その月の保険料が発生し、翌月

101

の月次給与から徴収します。つまり、支給日の前月の末日の状態で決まります。

　　・10月15日入社→10月31日資格取得済み→10月分保険料発生

　　　　→11月支払い給与から徴収開始

　　・10月20日退職→10月31日資格喪失済み→10月分保険料なし

　　　　→11月支払い給与から徴収なし（10月支払い給与まで徴収）

　　・10月10日に40歳の誕生日→10月31日に40歳

　　　　→11月支払い給与から介護保険料徴収開始

　ところで、退職月の月次給与から2カ月分の保険料が徴収される場合があるという話を聞いたことがあるかもしれません。その仕組みは、次のとおりです。

【例】月末締め、当月25日払いの場合

　　・10月31日退職→10月31日は資格取得中（11月1日資格喪失）

　　　　→11月支払い給与まで徴収

　　　　→しかしながら、10月31日に退職のため、11月支払い給与は存在しない

　　　　→10月支払い給与でまとめて2カ月分徴収

　具体的な例を127ページ以下で示しますので、参照してください。

(4) 特別な場合

　同月内に健康保険と厚生年金保険の資格取得と喪失（例：入社した月に退職）が発生したとき、保険料はどうなるのでしょうか。

　通常で考えると、前月末日に資格を取得していないならば、月次給与支給日においても前月末日は資格喪失済みとなっているので保険料は徴収しない、と考えるところです。しかし、同月内に健康保険・厚生年金保険の資格取得と喪失が発生した場合（これを「同月得喪」といいます）、例外として保険料が発生することに注意しなければなりません（なお、厚生年金の保険料については後日、還付される可能性があります。次ページ参照）。

　また、私傷病休職（産前産後休業・育児休業を除きます）中など給与支給額が0円の場合であっても、社会保険料は控除しなければなりませんので、保険料などを事前に従業員から預かるなどの対策をしておきましょう。ただし、事前預かりの場合でも、後日徴収の場合でも、月次給与明細書には保険料額を記載し、立替金として処理をすれば、経理上でも混乱がありません。

控除項目								
健康保険	うち介護保険	厚生年金	雇用保険	社会保険料合計	課税対象額	所得税	住民税	
19,822	(3,043)	31,110						
立替金	総控除額							
−50,932								

同月得喪の場合で、保険料が還付されることがあるのでしょうか？

　同月中に入社と退職をして厚生年金保険の被保険者資格を取得・喪失した場合、その月分の厚生年金保険料の徴収が必要となります（102ページ〔給与〕、183ページ〔賞与〕参照）。

　ただし、厚生年金保険の被保険者の資格を取得した月にその資格を喪失し、さらにその月に国民年金の被保険者（1号／2号／3号）の資格を取得した場合には厚生年金保険料の納付が不要となり、後に取得した被保険者区分に該当する保険料を納めることとなります。

　この場合、年金事務所から該当する被保険者の年金加入を確認した後に、在籍していた事業所あてに厚生年金保険料の還付についてのお知らせが送付されます。その後、被保険者負担分と会社負担分を合わせて会社に還付されますので、被保険者負担分保険料は会社から被保険者であった人へ還付することになります。なお、健康保険料の還付はありません。

　タイムラグが発生するため事務処理は大変ですが、同月得喪があった場合は注意しましょう。

厚生年金基金の掛金はどのように計算するのでしょうか？

　厚生年金基金の掛金（保険料）は、「厚生年金保険」と同様、「標準報酬月額×掛金率」にて算出します。なお、厚生年金基金に加入している場合、厚生年金保険の保険料率が通常の保険料率と異なる場合がありますので、厚生年金基金に確認をしましょう。

　また、「厚生年金基金」は、同月得喪の場合に掛金（保険料のこと）の徴収が不要ですので、同月得喪では、厚生年金基金の掛金は「なし」となります。

[2] 雇用保険

(1) 保険料について

　雇用保険の保険料は、原則として総支給額に保険料率を乗じた金額となり、この金額を被保険者と事業主がそれぞれ負担しています（図表2-10）。

　雇用保険料は、雇用保険の「被保険者」から徴収します。したがって、被保険者となっていない人は対象外です。原則として、「総支給額×被保険者負担の保険料率」にて算出しますが、86ページの図表1-38のように対象外となる項目もあります。また、令和2年度からは64歳以上の人も雇用保険料の徴収対象となっています。

　なお、端数は、50銭以下は切り捨て、50銭1厘以上は切り上げとなります。

　・雇用保険料：369,969円×3/1000（一般の事業）＝1,109.90円→1,110円

支給項目							
基本給	役職手当	時間外手当	休日手当	深夜手当	不就労控除	通勤手当	総支給額
300,000	10,000	48,239	20,839	724	−18,333	8,500	369,969

控除項目							
健康保険	うち介護保険	厚生年金	雇用保険	社会保険料合計	課税対象額	所得税	住民税
19,822	(3,043)	31,110	**1,110**	**52,042**			
財形貯蓄	総控除額						

図表2-10 雇用保険率表（令和2年4月1日現在）

	保険料率	事業主負担	被保険者負担
一般の事業	9/1000 ➡	6/1000	3/1000
農林水産・清酒製造の事業	11/1000 ➡	7/1000	4/1000
建設の事業	12/1000 ➡	8/1000	4/1000

※令和3年4月より、改定される可能性があります。

（2）入社・退職時の保険料の徴収のしかた

雇用保険料は、「総支給額×被保険者負担の保険料率」ですから、通常は被保険者となっている人の総支給額すべてが対象となります。しかし、入社直後に交通費が支給されたり、退職後に時間外手当が支給されたりした場合などに、雇用保険料の徴収もれが発生することがあります。

原則として、「雇用保険の被保険者期間における労働の対償である金額」すべてが、保険料の対象となります。ここが健康保険料や厚生年金保険料と異なるところですので、ご注意ください。

【例】

・給与：15日締め／当月25日払い

・通勤手当：15日締め／前月25日払い

・時間外手当：15日締め／翌月25日払い

① 9月16日入社・雇用保険の資格取得の場合

　　・通勤手当（9月16日〜10月15日対象）→9月25日支払い

　　・給与（9月16日〜10月15日対象）→10月25日支払い

② 10月15日退職・雇用保険の資格喪失の場合

　　・給与（9月16日〜10月15日対象）→10月25日支払い

　　・時間外手当（9月16日〜10月15日対象）→11月25日支払い

対象期間はすべて雇用保険の被保険者期間ですので、これらの支払金額は、すべて雇用保険料の対象となります。

次は、特別な例をあげてみましょう。

③ 10月15日退職・雇用保険の資格喪失、10月31日のみ残務処理（短期アルバイト扱い）の場合

　　・給与（9月16日〜10月15日対象）→10月25日支払い：雇用保険料徴収

　　・時間外手当（9月16日〜10月15日対象）→11月25日支払い：雇用保険料徴収

　　・アルバイト給与（10月31日対象）：雇用保険料は徴収しない

雇用保険の被保険者期間でない給与（アルバイト給与）がありますが、この支払金額は雇用保険料の対象外となりますので、ご注意ください。

[3] 所得税

それではもう一度、月次給与における所得税の計算手順について確認したうえで（63ページ参照）、44ページの給与所得者の扶養控除等（異動）申告書を参考に、**ステップ①**から計算を進めていきましょう。

ステップ①　給与収入金額を求める

「給与収入金額＝給与の総支給額－非課税の給与収入」ですが、「非課税の給与収入」とは、通勤手当などが当てはまります。

下に掲げる支給項目のうち、非課税の給与収入は通勤手当ですので、計算式は以下のとおりとなります。

・給与収入金額：369,969円（総支給額）－8,500円（通勤手当）＝361,469円

支給項目							
基本給	役職手当	時間外手当	休日手当	深夜手当	不就労控除	通勤手当	総支給額
300,000	10,000	48,239	20,839	724	−18,333	8,500	369,969
							給与収入金額
							➡ 361,469

ステップ②　社会保険料控除後の給与金額を求める

「社会保険料控除後の給与金額＝給与収入金額－社会保険料」です。社会保険料は、健康保険・厚生年金保険・雇用保険にかかるものであり、計算式は以下のとおりとなります。

・社会保険料：19,822円（健康保険）＋31,110円（厚生年金保険）＋1,110円（雇用保険）＝52,042円

・社会保険料控除後の給与金額：361,469円（給与収入金額）－52,042円（社会保険料）＝309,427円

なお、「社会保険料控除後の金額」は、明細書では「課税対象額」と表記します。

支給項目							
基本給	役職手当	時間外手当	休日手当	深夜手当	不就労控除	通勤手当	総支給額
300,000	10,000	48,239	20,839	724	−18,333	8,500	369,969

→ 給与収入金額 361,469

控除項目						
健康保険	うち介護保険	厚生年金	雇用保険	社会保険料控除合計		社会保険料控除後の金額
19,822	(3,043)	31,110	1,110	→ 52,042	→	309,427

扶養親族等の数が、扶養控除等申告書に記載されている人数以上になることがあるのでしょうか？

次の場合に、扶養控除等申告書に記載されている人数以上となることがあります(256ページ参照)。
① 1名加算する場合：本人が障害者（特別障害者を含む）である、本人が寡婦・ひとり親・勤労学生である
② さらに1名加算する場合：同一生計配偶者や扶養親族が障害者（特別障害者を含む）または同居特別障害者である

ステップ③　給与所得者の扶養控除等（異動）申告書から扶養親族等の数を求める

扶養親族等の数は、原則として、給与所得者の扶養控除等（異動）申告書に記載されている人数であり、ここでは「1人」となります。

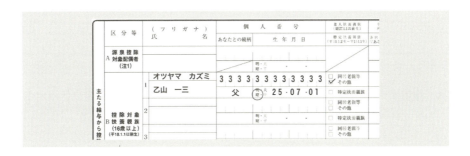

ステップ④　所得税額を求める

「社会保険料控除後の給与金額（ステップ②）」と「扶養親族等の数（ステップ③）」を「給与所得の源泉徴収税額表（月額表）」に当てはめて、所得税額を算出します。

その月の社会保険料等控除後の給与等の金額		甲								乙
		扶 養 親 族 等 の 数								
		0人	1人	2人	3人	4人	5人	6人	7人	
以上	未満			税			額			税額
円	円	円	円	円	円	円	円	円	円	円
305,000	308,000	8,910	6,980	5,370	3,760	2,130	520	0	0	55,200
308,000	311,000	9,160	7,110	5,490	3,880	2,260	640	0	0	56,100
311,000	314,000	9,400	7,230	5,620	4,000	2,380	770	0	0	56,900
314,000	317,000	9,650	7,350	5,740	4,120	2,500	890	0	0	57,800
317,000	320,000	9,890	7,470	5,860	4,250	2,620	1,010	0	0	58,800

社会保険料控除後の金額が30万9,427円ですので、308,000円以上311,000円未満の欄を使用し、扶養親族等の人数が1人であることから、所得税は7,110円となります。

支給項目

基本給	役職手当	時間外手当	休日手当	深夜手当	不就労控除	通勤手当	総支給額
300,000	10,000	48,239	20,839	724	−18,333	8,500	369,969

控除項目

健康保険	うち介護保険	厚生年金	雇用保険	社会保険料合計	課税対象額	所得税	住民税
19,822	(3,043)	31,110	1,110	52,042	309,427	**7,110**	

財形貯蓄	総控除額

なお、2カ所以上から給与を受けている等の理由により、44ページの扶養控除等申告書を提出していない場合には、源泉徴収税額表の「乙」欄を使用することとなります。

その月の社会保険料等控除後の給与等の金額		甲								乙
		扶養親族等の数								
		0人	1人	2人	3人	4人	5人	6人	7人	
以上	未満	税				額				税額
円	円	円	円	円	円	円	円	円	円	円
305,000	308,000	8,910	6,980	5,370	3,760	2,130	520	0	0	55,200
308,000	311,000	9,160	7,110	5,490	3,880	2,260	640	0	0	56,100
311,000	314,000	9,400	7,230	5,620	4,000	2,380	770	0	0	56,900
314,000	317,000	9,650	7,350	5,740	4,120	2,500	890	0	0	57,800
317,000	320,000	9,890	7,470	5,860	4,250	2,620	1,010	0	0	58,800

社会保険料控除後の金額が30万9,427円ですので、308,000円以上311,000円未満の欄を使用し、乙欄から、所得税は5万6,100円となります。

控除項目							
健康保険	うち介護保険	厚生年金	雇用保険	社会保険料合計	課税対象額	所得税	住民税
19,822	(3,043)	31,110	1,110	52,042	309,427	**56,100**	
財形貯蓄	総控除額						
						【乙欄の場合】	

所得税は「給与所得の源泉徴収税額表」によって求めなければならないのでしょうか？

給与をパソコンなどで事務機械処理している場合は、別の表（254～255ページ）を使用して、次のようなステップにより、税額を算出することができる特例があります。

ステップ①　給与収入金額を求める

「給与の総支給額」－「非課税の給与収入（通勤手当、退職金など）」

ステップ②　社会保険料控除後の給与金額を求める

「給与収入金額」－「社会保険料（健康保険・厚生年金保険・雇用保険）」

ステップ③　給与所得金額を求める

「社会保険料控除後の給与金額」－「給与所得控除の額（254ページ別表第一）」

ステップ④　課税所得金額を求める

「給与所得金額」－「基礎控除の額（255ページ別表第三）＋配偶者（特別）控除の額（254ページ別表第二）＋扶養控除の額（同別表第二）」

ステップ⑤　算出所得税額を求める

「課税所得金額」×「税率（255ページ別表第四）」－「表による控除金額（同別表第四）」

[4] 住民税

30ページで説明したとおり、住民税は、「特別徴収」として課税された場合に控除します。毎年5月下旬に「**市町村民税・道府県民税 特別徴収税額の決定通知書**」(図表2-11)が市町村から会社あてに届きますので、この通知書に記載された金額を控除していきます。

控除項目							
健康保険	うち介護保険	厚生年金	雇用保険	社会保険料合計	課税対象額	所得税	住民税
19,822	(3,043)	31,110	1,110	52,042	309,427	7,110	**7,000**
財形貯蓄	総控除額						

通常は「6月分」と「7月分～翌年5月分」の金額が異なりますが、これは年税額を12分割し、端数が6月分に上乗せされるためです。賃金システムにおける住民税の設定欄が6月と7月の2カ所あることが多いのは、そのためです。

なお、本人が確定申告したことなどによって税額の変更があり、6月以降に住民税額が随時改定されることがあります。その場合、「市町村民税・道府県民税 特別徴収税額の変更通知書」が市町村から会社に届きますので、この通知書に記載された金額にて、控除額を変更します。

また、120ページでも説明しますが、退職などにより住民税の残額をまとめて月次給与から控除する場合がありますので、その際も金額変更を行います。

図表2-11 給与所得等に係る市町村民税・道府県民税 特別徴収税額の決定通知書

[5] その他（親睦会費、組合費、財形貯蓄など）

　社会保険料、所得税、住民税以外の金額を賃金から控除する場合は、労使協定が必要です（35ページ参照）。

　では、どのような項目があるでしょうか。

① 親睦会費

　慶弔見舞金や社員旅行など福利厚生関係のための会費です。通常は会社が会費徴収、積み立て、出金を行いますが、慶弔見舞金の金額などを定めた親睦会費規程があることが望ましいでしょう。

② 組合費

　労働組合の組合費です。一定の要件の下で会社が労働組合の代理で組合費徴収を行い、全額を労働組合に送金します。

③ 財産形成貯蓄

　勤労者財産形成貯蓄制度により、給与所得者が金融機関に毎月一定額を積み立てる制度です。会社が積立金徴収を行い、全額を金融機関に送金し、金融機関が積み立てを行います。

④ 生命保険料、損害保険料など

　会社を通じて生命保険や損害保険に加入（「団体加入」といいます）すると、保険料が優遇されることもあります。会社が保険料徴収を行い、全額を保険会社に送金します。

⑤ 食事代、物品代、債務など

　本人が負担すべき金額を会社が立替払いした際などに使用します。

控除項目							
健康保険	うち介護保険	厚生年金	雇用保険	社会保険料合計	課税対象額	所得税	住民税
19,822	(3,043)	31,110	1,110	52,042	309,427	7,110	7,000
財形貯蓄	総控除額						
5,000	71,152						

　いずれの場合も、労使協定や本人からの申出書などを参照し、金額を随時入力しましょう。

図表2-12 財形貯蓄開始届・変更届・終了届

財形貯蓄開始届・変更届・終了届

部署＿＿＿＿＿＿＿＿＿＿＿＿
氏名＿＿＿＿＿＿＿＿＿印

① 財形貯蓄の種類　　　　一般財形貯蓄　／　財形住宅貯蓄　／　財形年金貯蓄
　　（いずれかに○）
② 積立金額　　　　　　　月次給与＿＿＿＿＿＿＿円、賞与＿＿＿＿＿＿＿円
③ 積立開始／変更／終了月　令和＿＿＿年＿＿＿月より

希望月の前月15日までに提出してください。

以上

　図表2-12に、財産形成貯蓄についての開始・変更・終了の届けの例を掲げ
ておきます。

月次給与を従業員に支払おう

総支給額から総控除額を減算した金額が「差引支給額」、つまり従業員への支払額となります。

勤怠項目						
出勤日数	欠勤日数	時間外労働	休日勤務	深夜勤務	不就労	総労働時間
22.0	1.0	20:00	8:00	1:30	1:30	194:30

支給項目							
基本給	役職手当	時間外手当	休日手当	深夜手当	不就労控除	通勤手当	総支給額
300,000	10,000	48,239	20,839	724	−18,333	8,500	369,969

控除項目							
健康保険	うち介護保険	厚生年金	雇用保険	社会保険料合計	課税対象額	所得税	住民税
19,822	(3,043)	31,110	1,110	52,042	309,427	7,110	7,000
財形貯蓄	総控除額						
5,000	71,152						

集計	
差引支給額	年末調整
298,817	—

38ページでも説明しましたが、賃金は「全額を直接」労働者に支払わなければならないため、労働者へ現金で直接支払うことが原則です。

では、「労働者の銀行口座への振り込み」は違法なのかといえばそうではなく、労働者の同意を得たうえでの振り込みであれば問題ありません。

賃金を振り込みによって支払う場合は、以下のすべての条件が必要となります。また、振り込みを行うことについての労使協定も必要です（**図表2-13**）。

① 本人の同意を得ること

　同意を得られなかった従業員については、現金によって直接支払いをしなければなりません。同意そのものは形式を問いませんので、口頭でもかまい

図表2-13 賃金の口座振込に関する協定書

賃金の口座振込に関する協定書

　株式会社○○○（以下「甲」という）と従業員代表 ＿＿＿＿＿＿＿＿＿＿＿＿＿（以下「乙」
という）は、従業員の賃金の口座振込に関し、次のとおり協定する。
1. 甲は、従業員各人の同意を得て、本人の口座に賃金を振り込むことができる。
2. 口座振込の対象となる従業員は、すべての者とする。
3. 口座振込の対象とする賃金は、定期賃金、賞与、退職金とし、その金額は全額とする。
4. 口座振込は、令和 ＿＿＿＿ 年 ＿＿＿＿ 月 ＿＿＿＿ 日以降実施する。
5. 口座振込を行う金融機関の範囲は、＿＿＿＿ 銀行または＿＿＿＿ 銀行の各支店とする。
6. 本協定は、両当事者調印の日から効力を生じ、いずれかの当事者が90日前に文書によ
　る破棄の通告をしない限り効力は存続する。

ません。しかし、口座の指定は書面により行う必要があります（**図表2-14**）。

②本人が指定する、金融機関の本人の預金・貯金への振り込み、あるいは証券
　会社の本人の預かり金への払い込みであること

　　本人の口座であることが必要です。

③振り込み・払い込みがされた賃金は、所定支払日の午前10時ごろまでに払い
　出し、または払い戻しが可能となっていること

　　午後になって出金可能という状況は認められません。この要件を満たすた
　めには、前日までに振り込み予約を行い、振込金額を会社の金融機関口座に
　用意しておくことが必要です。詳細は、所定の金融機関で確認してください。

図表2-14 振込依頼書・変更依頼書

振込依頼書・変更依頼書

社員No.＿＿＿＿＿＿＿＿＿＿＿＿＿

氏名＿＿＿＿＿＿＿＿＿＿＿＿＿

私の賃金については、以下の口座にお振り込みください。

銀行名	
支店名	
口座番号	普通口座
口座名義（カナ）	
開始月	年　　　　　月

　　　　　　　　　　　　　　　　　　　　　　　　　　　　　　以上

月次給与の支払いの後処理をしよう

[1] 明細書の交付

会社には従業員に給与明細書を交付する義務があり、以下の事項を示す必要があります。
① 基本給、手当その他賃金の種類ごとにその金額
② 源泉徴収税額、労働者が負担すべき社会保険料額など賃金から控除した金額がある場合には、その事項ごとにその金額
③ 口座振り込み等を行った金額

つまり、113ページの月次給与明細書の事項を、そのまま従業員に通知すればよいのです。月次給与明細書は書面で交付することが通常ですが、社内LANなどによって労働者が個々にその内容を知ることができるのであれば、書面である必要はありません。会社の実態にあった方法で通知しましょう。

[2] 賃金台帳の作成

賃金台帳の作成は、義務となっています。以下の必要事項を記載した台帳を作成しましょう（**図表2-15**）。このとき、電子媒体などによる作成も可能です。賃金計算システムには、この賃金台帳を作成できる項目がありますので、遅滞なく作成しましょう。
① 氏名
② 性別
③ 賃金計算期間
④ 労働日数
⑤ 労働時間数
⑥ 時間外労働時間数、休日労働時間数、深夜労働時間数
⑦ 基本給、手当その他賃金の種類ごとにその額
⑧ 控除金額

図表2-15 賃金台帳

賃金台帳

甲野　太郎　　男性

賃金計算期間	令和3年7月1日～31日		
労働日数（日）	22	健康保険	19,822
欠勤日数（日）	1	（うち介護保険）	(3,043)
労働時間数	194:30	厚生年金保険	31,110
時間外労働（時間）	20:00	雇用保険	1,110
休日勤務（時間）	8:00	社会保険料合計	52,042
深夜勤務（時間）	1:30	課税対象額	309,427
不就労（時間）	1:30	所得税	7,110
		住民税	7,000
基本給	300,000	財形貯蓄	5,000
役職手当	10,000		
時間外手当	48,239		
休日手当	20,839		
深夜手当	724		
不就労控除	−18,333	総控除額	71,152
通勤手当（非）	8,500	年末調整	
総支給額	369,969	差引支給額	298,817

[3] 労働時間などの確認

　時間外労働・休日労働については「時間外労働および休日労働に関する協定（36協定）」で上限を定めているので、この上限に迫っていないかどうか、超過していないかどうかを確認します。

　また、月の時間外・休日労働が80時間を超過しており、疲労の蓄積が認められるときは、医師による**面接指導**を行うことが義務付けられています（労働安全衛生法66条の8）。これに当てはまるときは、月次給与処理後に、該当する従業員へ面接指導の通知を行うことが必要です。**図表2-16**のような通知書を交付するのも一つの方法です。

図表2-16 面接指導通知書

面接指導通知書

氏名　　　　　　　　　　様

労働安全衛生法に基づき、医師による面接指導を受けることを通知します。

記

時間外労働・休日労働時間数

時間外労働：　令和　　年　　月：　　　時間

休日労働：　令和　　年　　月：　　　時間

以上

[4] 預かった金額の処理

(1) 健康保険料・厚生年金保険料

従業員から預かった健康保険料と厚生年金保険料は、納期限（通常は当月末日）までに、納付手続きを済ませます（口座振替の場合、振替金額のお知らせが事前に会社に届きます）。従業員から預かった金額と事業主負担の金額をあわせた額が、納付（振り込み）金額と同じであるかどうかを確認しておきましょう。異なる場合は、手続きもれなどが考えられます。

(2) 所得税・住民税

従業員から預かった所得税と住民税についても、納期限（通常は翌月10日）までに納付手続きを済ませます。税務署や市区町村所定の納付書を使用し、納税者番号などの記載もれがないようにするなどの確認をしておきましょう。

[5] 従業員の入社処理を行う

　月次給与処理の合間をぬって、従業員の入社処理を行います。さまざまな情報を取り扱う必要がありますので、以下、手続きを含めて説明します。

(1) 従業員の情報を確認する

　従業員情報を得るために、以下の書類を確認します(41ページ以下参照)。

① 扶養控除等申告書

② 雇用契約書 (労働条件通知書)

③ 従業員カード

④ 通勤経路 (変更) 届

⑤ 個人番号の提供書

(2) 社会保険関係の手続きを行う

　従業員情報を参考に、社会保険関係の手続きが必要であれば、その事務を進めます (71ページ以下を参照)。

① 健康保険・厚生年金保険被保険者資格取得届

② 健康保険被扶養者 (異動) 届

③ 国民年金第3号被保険者資格取得届

④ 雇用保険被保険者資格取得届

(3) 住民税の処理について確認する

　住民税について前職から引き続き特別徴収方式を希望する旨の申し出があった場合には、前職より**図表2-17の異動届出書**を入手します。この届出書に、会社で必要事項を記入し、該当の市区町村へ提出することになります。

　また、普通徴収扱いとなっている住民税を特別徴収に切り替えることを希望する場合は、**切替届出書**を該当する市区町村に提出します。**図表2-18**は、1月1日入社の従業員の第4期分以降の住民税を特別徴収に切り替える例です。

118

図表2-17 給与支払報告・特別徴収に係る給与所得者異動届出書

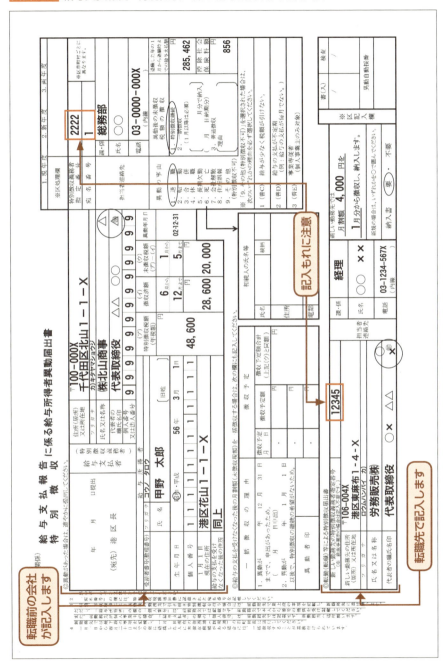

図表2-18 普通徴収から特別徴収への切替届出書

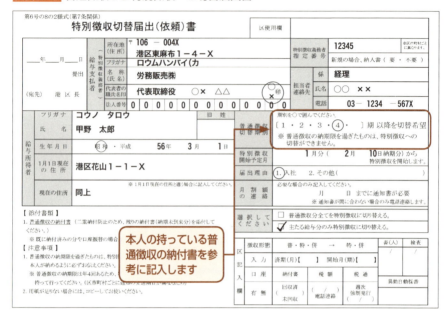

[6] 従業員の退職処理を行う

　従業員が退職する場合、月次給与の処理などを含め、事前に確認する事項がいくつかあります。図表2-19のような質問票を用いて、会社で必要事項を確認し、回答書の提出を求めましょう。社会保険に加入している場合には、次の手続きを行います。

① 健康保険・厚生年金保険被保険者資格喪失届
② 雇用保険被保険者資格喪失届
③ 雇用保険被保険者離職証明書

　また、退職者への源泉徴収票の交付も行います（図表2-20）。
　住民税については市区町村へ、**特別徴収に係る給与所得者異動届出書を提出**します。30ページでも説明しましたが、住民税は、6月〜翌年5月の12カ月間を分割して徴収することになっています。5月以前に退職した場合は、5月までの住民税の取り扱いについて、市区町村への届け出を行わなければなりませ

図表2-19 退職時質問票

退職時質問票

　こちらを記入後、コピーは自分のお手元に置き、原本を会社に提出してください。

1. 氏名　　**甲野　太郎**

2. 退職予定日　令和　**4**　年　**2**　月　**28**　日

3. 退職理由　　**一身上の都合による**

4. 退職後の連絡先

　　〒　**106**　－　**000X**

　　港区花山1-1-X

> 希望がなければ発行しなくてかまいません

> 退職月で選択肢が異なります

5. 離職票の発行を希望しますか？　（希望する） 希望しない

6. 〔6月～12月退職の方〕住民税（6月～翌年5月までの分納扱い）の退職日以降の残額は？

　　最終給与で一括徴収・転職先で分納継続・自身で納付書で納付

　　〔1月～5月退職の方〕住民税（6月～翌年5月までの分納扱い）の退職日以降の残額は？

　　（最終の月次給与で一括徴収） 転職先で分納継続（自身での納付はできません）

7. 現在、健康保険被保険者証はお手元にありますか？

　　（はい） いいえ（理由：　　　　　　　　　　　　　　　　　　　　）

　　　「はい」の方は退職日以降、会社に返却をお願いします。

8. 退職後も現在の健康保険への加入を希望しますか？

　　（任意継続といい、保険料は現在の2倍になります）　　希望する （希望しない）

　　希望する方は健康保険組合に連絡をして、退職日から20日以内に手続きを進めてください。

以上

ん（図表2-21～図表2-23）。

　退職後の取り扱いについては3種類あります。

① **普通徴収**：残額を個人で納付する（図表2-21）

② **一括徴収**：残額を月次給与（賞与も可）で徴収し、会社から納付する（図表2-22）

③ **特別徴収継続**：転職先において、住民税の分割払い（特別徴収）を継続する（図表2-23）

図表2-20 給与所得の源泉徴収票

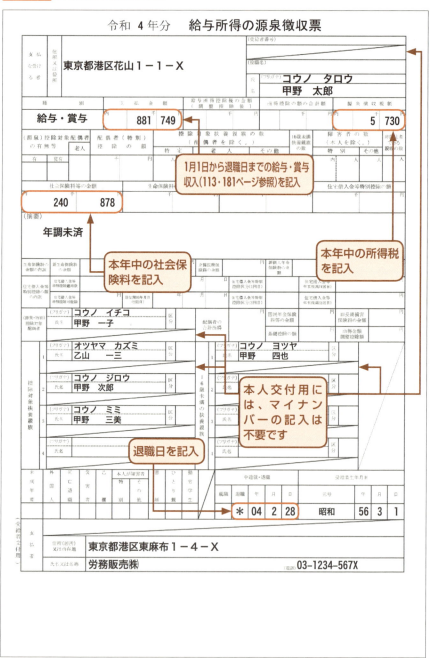

図表2-21 普通徴収の記載例

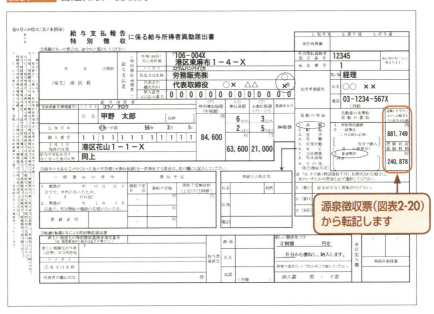

図表2-22 一括徴収の記載例

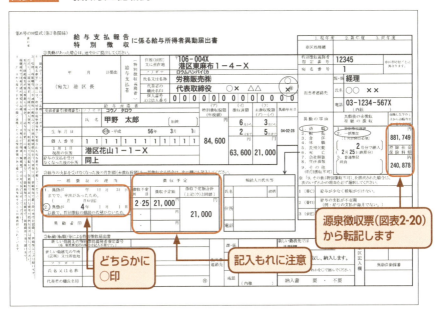

図表2-23 特別徴収継続の記載例

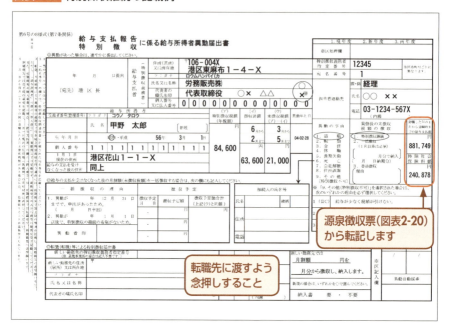

　図表2-19の質問票にもありますが、12月31日までの退職の場合は、三つの取り扱いのうち、いずれを選択してもかまいません。しかし、1月1日以降の退職の場合は、一括徴収あるいは特別徴収継続のいずれかとなりますので、ご注意ください。ただし、退職の申し出が直前であったなどの理由によって最終の月次給与で一括徴収ができなかった場合には、普通徴収への切り替えでもかまいません。

　なお、マイナンバーの記載のある書類の保管・廃棄について、注意を要することになります。

　ここまでで、月次給与における一連の処理が終了します。翌月からは、また88ページに戻り、業務をすすめることになります。給与システムの繰越処理を行い、臨時の支給金額等がクリアされているかどうかを確認しましょう。

計算誤りをした場合のよい対処方法はありませんか？

　給与や賞与の計算処理において、間違いを起こさないように細心の注意を払うことは、言うまでもないですが、それでも、誤りが起こる可能性は否定できません。もし、計算誤りなどを発見した場合、以下の点を念頭に置いて処理しましょう。

①**かくさない**　正直に。遅くなればなるほど、怒りを買う

②**いそがない**　あわてて再び間違うのは、愚の骨頂

③**くりかえさない**　再発防止策を考えよう

　もちろん、正しい計算を行って、差額調整などを行うわけですが、精算を翌月に繰り越す場合、差額確認のために調整欄を活用しましょう。正しい計算を行い、差額（この例では所得税を徴収しすぎた1,620円）を計上して、総控除額を訂正前と同額にします。

【修正前】

| 控除項目 | | | | | | | |
健康保険	厚生年金	雇用保険	所得税	住民税	財形貯蓄	調整	総控除額
19,822	31,110	1,110	7,110	7,000	5,000	0	71,152

【修正後】

| 控除項目 | | | | | | | |
健康保険	厚生年金	雇用保険	所得税	住民税	財形貯蓄	調整	総控除額
19,822	31,110	1,110	5,490	7,000	5,000	1,620	71,152

　そして、翌月、調整欄に「－1,620」円と入力すれば、修正処理は完了です。

　一方、修正後の金額を翌月振り込みとせずに別途振り込む場合は、明細の「別途振込」欄を作成しましょう。

　次は、不足分を追加で支払う方法です。振込の追加分を分けて記載するとわかりやすくなります。

【修正前】

| 控除項目 | | | | | | |
健康保険	厚生年金	雇用保険	所得税	住民税	財形貯蓄	総控除額
19,822	31,110	1,110	7,110	7,000	5,000	71,152

| 集計 | | |
振込(1)	振込(2)	差引支給額
298,817	0	298,817

【修正後】

| 控除項目 | | | | | | |
健康保険	厚生年金	雇用保険	所得税	住民税	財形貯蓄	総控除額
19,822	31,110	1,110	5,490	7,000	5,000	69,532

| 集計 | | |
振込(1)	振込(2)	差引支給額
298,817	1,620	300,437

社会保険料の徴収について パターン別でみてみよう

　月次給与における健康保険料（介護保険料を含む）、厚生年金保険料については、101ページでも説明したとおり、月末に被保険者であれば、その月の保険料が発生し、翌月の月次給与から保険料を徴収します。

　保険料の発生原因の月と徴収月が異なるため、ちょっとわかりにくいですが、「前月末日に被保険者だった場合は、当月の月次給与は保険料徴収あり」と覚えておけば間違いないでしょう。

[1] 月次給与における一般的な徴収パターン

(1) 前月末日時点で被保険者である場合

　この図の場合、前月末日の時点では被保険者となっていますので、その月（前月分）の保険料が発生し、当月の月次給与において保険料を徴収します。

(2) 前月末日には被保険者でなくなっている場合

　一方、上の図のような場合には、前月末日には被保険者でなくなっていますので、その月（前月分）の保険料は発生せず、当月の月次給与においては保険料の徴収は行いません。

[2] 入社・退職月の徴収パターン

(1) 入社（資格取得）した場合

①の場合のように入社（資格取得）した月においては、保険料は徴収しません。②の場合には前月に被保険者となっているので、当月支払い分の給与から保険料を徴収します。これは、③についても同じです。

(2) 月末の前日までに退職した場合

前月の中途で退職した場合、前月末には資格喪失をしていることになりますので、当月の給与からは保険料を徴収しません（上記③）。裏を返せば、退職（資格喪失）後に給与の支払日があるときでも、退職（資格喪失）前である上記①の場合と同様に保険料を徴収することになります（上記②）。

【例】退職日：10月30日

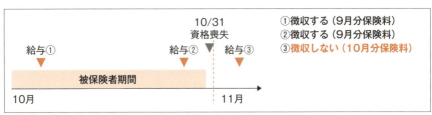

月末の前日に退職（月末に資格喪失）した場合も、考え方は同様です（上図参照）。

(3) 月末に退職した場合

　資格喪失日とは、退職日の翌日となります。したがって、退職日が月末の場合には、資格喪失日が翌月1日となります。
　つまり、月末に退職した場合、月末時点ではまだ資格を喪失していないため、翌月の給与において保険料を徴収しなければなりません。翌月の給与が0円のために保険料徴収ができない場合は、前月の給与から2カ月分を徴収する必要があります。以下、具体的な日付で確認してみましょう。

【例】給与：月末締め翌月10日払い／退職日：10月31日

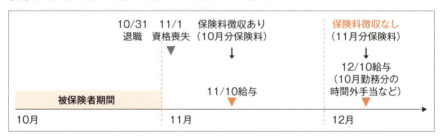

　11月10日払いの給与では、支給給与がありますから問題ありません。

【例】給与：15日締め当月25日払い／退職日：10月31日

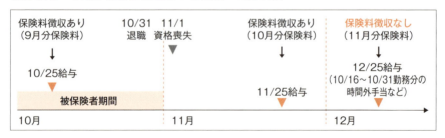

　11月25日払いの給与についても、支給給与がありますから問題ありません。

【例】給与：月末締め当月25日払い／退職日：10月31日

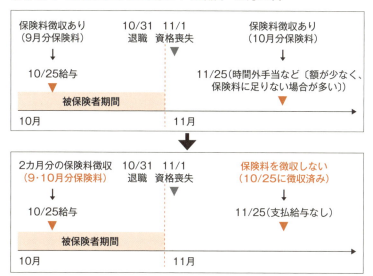

　10月31日においては、まだ被保険者ですので、11月25日払いの給与では保険料を徴収します。しかし、「月末締め当月25日払い」のため、11月25日についての給与はないはずですので、上の図（下段）のように10月25日払いの給与から2カ月分を徴収します。

[3] 産前産後休業および育児休業の開始・終了月の徴収パターン

ポイント！

産前産後休業期間における保険料免除の要件は、次のとおりです。

出産の日（実出産日が出産予定日後であるときは、出産予定日）以前
42日（多胎妊娠の場合は98日）から、出産の日後56日目までの間で、
妊娠または出産に関する事由を理由として労務に服さなかった期間

【注意1】

実出産日以前に、「健康保険・厚生年金保険産前産後休業取得者申出書」
を提出し、かつ出産予定日と実出産日が異なる場合、産前産後休業期間が
変更となりますので、「健康保険・厚生年金保険産前産後休業取得者変更届」
の提出が必要です。

【注意2】

保険料免除は、出産の日以前42日で労務に服さなかった期間について該
当するので、以下のケースでは給与訂正が必要となります。
- 5月18日が出産予定日で、5月10日に出産した場合
  ① 3月20日以降は年次有給休暇を使用して労働日なし
  ② 4月7日に産前休業開始
    → 4月分の保険料から免除となるので、4月支払給与まで保険料徴収
  ③ 5月10日出産により、3月30日より産前休業の取得が可能
    → 3月20日以降、労務に服していないので、産前休業は3月30日開始
      となる
    → 3月分の保険料から免除となるので、4月支払給与で徴収した上記
      ②の保険料の返金が必要

(1) 産前産後休業・育児休業を開始した場合

　産前産後休業・育児休業の申し出をしたときは、産前産後休業・育児休業を開始した日の属する月の保険料から、保険料は免除となります。実務上は、翌月給与より保険料を徴収しないことになります。

【例】12月31日に産前産後休業を開始した場合

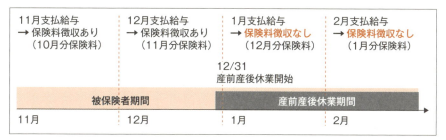

【例】1月1日に産前産後休業を開始した場合

(2) 育児休業を終了した場合

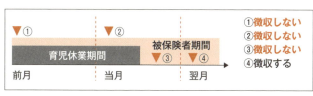

育児休業終了日の翌日の属する月の前月まで、保険料は免除されます。実務上は、復帰日の翌月給与より保険料を徴収することになります。

【例】12月31日に育児休業を終了した場合

【例】12月30日に育児休業を終了した場合

[4] 保険料額が変更される月の徴収パターン

(1) 月額変更があった場合

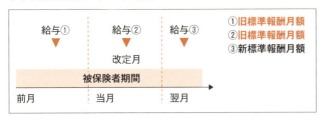

　月額変更時に年金事務所（健康保険組合）から届く標準報酬改定通知書には、「改定年月」が明記されています（**図表2-24**）。この改定年月の保険料から、標準報酬月額が改定されます。
　実務では、改定月の翌月給与から、改定後の標準報酬月額を適用します。

図表2-24 健康保険・厚生年金保険被保険者標準報酬改定通知書

健康保険・厚生年金保険被保険者標準報酬改定通知書							
被保険者整理番号	被保険者氏名	改定年月	決定後の標準報酬月額		生年月日	種別	
^	^	^	（健保）	（厚年）	^	^	
028	甲野　太郎	R03.12	**530千円**	**530千円**	S56.3.1	第一種

【例】標準報酬の改定月が12月の場合

（2）保険料率の変更があった場合

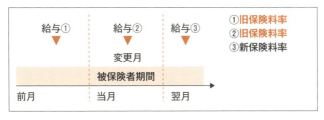

　月額変更と同様に考え、変更月の保険料から保険料率が改定されます。実務上は、変更月の翌月給与から、変更後の保険料率を適用します。

【例】3月1日付け保険料率変更の場合

2月支払給与 → 旧保険料率 （1月分保険料）	3月支払給与 → 旧保険料率 （2月分保険料） 3/1保険料率変更	4月支払給与 → 新保険料率 （3月分保険料）
	被保険者期間	
2月	3月	4月

[5] 40歳に到達した場合

40歳に到達した月から、介護保険料の徴収対象となります。実務上は、翌月給与より保険料の徴収を開始します。

「到達した日」とは誕生日の前日ですので、「40歳到達月＝誕生日の前日が属する月」となります（67ページ参照）。1日が誕生日である方の場合は、注意してください。

【例】1月1日が誕生日の場合

11月支払給与	12月支払給与	1月支払給与	2月支払給与
→ 介護保険料徴収なし（10月分保険料）	→ 介護保険料徴収なし（11月分保険料）	→ 介護保険料徴収あり（12月分保険料）	→ 介護保険料徴収あり（1月分保険料）

1/1誕生日
→ 12/31に40歳到達

【例】1月2日が誕生日の場合

11月支払給与	12月支払給与	1月支払給与	2月支払給与
→ 介護保険料徴収なし（10月分保険料）	→ 介護保険料徴収なし（11月分保険料）	→ 介護保険料徴収なし（12月分保険料）	→ 介護保険料徴収あり（1月分保険料）

1/2誕生日
→ 1/1に40歳到達

[6] 65歳に到達した場合

65歳に到達すると介護保険第1号被保険者（100ページ参照）となり、公的年金から直接、保険料が控除されるようになります。介護保険料は徴収対象外となることから、実務上は、翌月給与より保険料を徴収しないことになります。

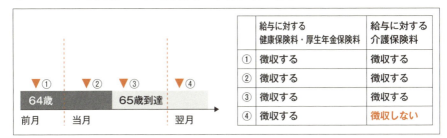

「到達した日」とは誕生日の前日ですので、「65歳到達月＝誕生日の前日が属する月」となります。1日が誕生日である方の場合に注意が必要なのは、40歳到達時の介護保険料の徴収と同様です。

【例】1月1日が誕生日の場合

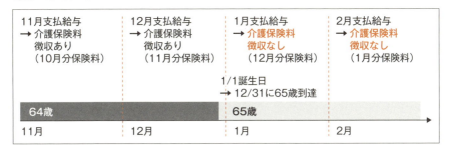

【例】1月2日が誕生日の場合

「残業手当」の計算方法を考え直してみよう

第2章 毎月の給与計算のすすめ方 7

[1] 所定外労働時間・法定外労働時間とは

　就業規則には、1日当たりの労働時間と休日が定められており、この組み合わせで通常の労働時間と通常の労働日がわかります。この「通常の労働時間と通常の労働日」以外の労働が、**所定外労働**となります。

　会社によって、所定労働時間を7時間としているところもあれば8時間と定めているところもあります。

　一方、労働基準法では、労働時間について原則「1日8時間、1週40時間」を上限と定めており、これを**法定労働時間**と呼んでいます。したがって、1日の所定労働時間を7時間と定めているような会社であれば、所定労働時間を超えて労働しても、はじめの1時間（8時間－7時間）については**所定外労働時間**ではあっても、法定労働時間を超えてはいないので、**法定外労働時間**には当たりません（図表2-25）。

　「所定外労働時間＝法定外労働時間」とは、必ずしもいえないということになります。

図表2-25 「所定外労働時間」と「法定外労働時間」

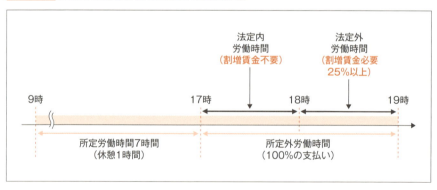

[2] 割増賃金とは

労働基準法では、1日8時間または1週40時間を超過した労働時間については25%以上の割増賃金を、週1日または4週4日の休日に労働した時間については35%以上の割増賃金の支払いを義務付けています。さらに、法定労働時間を超える時間外労働や休日労働をさせるには、労使間で時間外労働・休日労働に関する協定（36協定）を結んでいることが前提となります。

先ほどの例でいえば、所定労働時間が7時間の会社において、はじめの1時間の所定外労働時間については法定労働時間（8時間）を超えていないことから割増賃金の支払い義務はなく（**法定内労働時間**）、その後の時間外労働（法定外労働時間）に対してはじめて割増賃金を加算することになります（**図表2-25**）。

もちろん、法定内労働時間についても割増賃金を支払うこと自体、何ら問題はありません。

[3] ケース別にみる時間外労働時間

それでは、単純に「125%あるいは135%を区別して支払っておけば十分」かというと、そうでもありません。以下、ケース別に確認してみましょう。

まずは、**図表2-26**のケースをもとに、所定労働時間が「1日8時間」の場合を考えてみます。

5日（金）をみると、9時〜10時30分について1時間30分の不就労控除、18

図表2-26 9時始業、18時終業、休憩12時〜13時の会社の例

日	曜日	摘要	始業時刻	終業時刻	休憩時間	総労働時間	時間外125%	休日135%	うち深夜25%	不足−100%
1	月		9:00	18:00	1:00	8:00	−	−	−	−
2	火		9:00	18:00	1:00	8:00	−	−	−	−
3	水		9:00	18:00	1:00	8:00	−	−	−	−
4	木		9:00	18:00	1:00	8:00	−	−	−	−
5	金	遅刻	10:30	19:30	1:00	8:00	1:30	−	−	1:30
6	土		−	−	−	−	−	−	−	−
7	日		−	−	−	−	−	−	−	−

137

時〜19時30分について1時間30分の時間外手当を計上しています。このとき
の不就労控除は「−1時間30分×単価×100%」、時間外手当は「1時間30分×
単価×125%」です。

しかし、この日の労働時間は8時間を超えていません。労働基準法が1日8
時間を超過した労働時間について25%以上の割増賃金を義務付けているのに
対し、8時間を超えていないのに「1時間30分×25%」分の支払いもしている
ことに気付くのではないでしょうか。

このような「払いすぎ」を防ぐために、まずは割増賃金の基本を復習し
ます。

① 法定労働時間以内である所定外労働に対しては、単価×100%を支払う

② 1日8時間を超えた場合、25%以上の割増賃金を支払う

③ 上記②を除いて1週40時間を超過した場合、25%以上の割増賃金を支払う

④ 週1日または4週4日の休日を確保できない場合、35%以上の割増賃金を
　 支払う

もちろんこれは、労働基準法に定める割増賃金の下限であり、これ以上支払
うことは何ら問題ありません。ただ、賃金規程を作成する際に、所定外労働に
ついて以下のように三つに分けて考えてみてはいかがでしょうか。

・**所定外労働**：通常の労働時間および通常の労働日以外の労働

・**時間外労働**：1日8時間、1週40時間の法定労働時間を超過した労働

・**休日労働**：法定休日（例：日曜日）の労働（振替休日を設定した場合を除き
　 ます）

この区分に基づいた賃金規程の例は、次のようになります。

（所定外労働手当）

第○条　業務上やむを得ず就業規則第○条に定める所定就業時間を超えてあるい
は通常の労働日以外の日に勤務した場合（その従業員の上司が認めた場合の
み）には、次のとおり手当を支給する。

　　（基本給＋役職手当）÷1カ月平均所定労働時間数×100%×所定外労働時間数

（時間外労働手当）

第○条　業務上やむを得ず1日8時間または1週40時間を超えて勤務した場合（そ
の従業員の上司が認めた場合のみ）には、次のとおり手当を支給する。

(基本給＋役職手当)÷1カ月平均所定労働時間数×25％×法定外労働時間数

（休日労働手当）

第○条 業務上やむを得ず労働基準法第35条に規定する休日に出勤した場合（その従業員の上司が認めた場合のみ）には、次のとおり手当を支給する。

(基本給＋役職手当)÷1カ月平均所定労働時間数×35％×法定休日労働時間数

（深夜勤務手当）

第○条 業務上やむを得ず午後10時から翌日午前5時までの時間帯に勤務した場合（その従業員の上司が認めた場合のみ）には、次のとおり手当を支給する。

(基本給＋役職手当)÷1カ月平均所定労働時間数×25％×深夜労働時間数

この区分で賃金を支払うためには、「100％」「25％」「35％」の区分がわかるような勤務集計をしなければなりません。

それには、今まで使用していた勤務表に所定労働時間と所定外労働時間を明記する箇所を付け加えます。これにより、所定外労働時間は、「総労働時間－所定労働時間」となります（図表2-27）。

この図表2-27の勤務表を使って、図表2-26の集計表を修正してみましょう（図表2-28）。こうして新しい区分を採用することによって、「払いすぎ」であった「1時間30分×25％」の部分を削ることができました。

では、いろいろなパターンについて確認していきましょう。

図表2-27 勤務表（基本スタイル）

日	曜日	摘要	所定時間	始業時刻	終業時刻	休憩時間	総労働時間	所定外100％	時間外25％	休日35％	うち深夜25％	不足−100％
1												
2												
3												
4												
5												
6												
7												

図表2-28 勤務表（図表2-26の修正版）

日	曜日	摘要	所定時間	始業時刻	終業時刻	休憩時間	総労働時間	所定外100%	時間外25%	休日35%	うち深夜25%	不足−100%
1	月		8:00	9:00	18:00	1:00	8:00	−	−	−	−	−
2	火		8:00	9:00	18:00	1:00	8:00	−	−	−	−	−
3	水		8:00	9:00	18:00	1:00	8:00	−	−	−	−	−
4	木		8:00	9:00	18:00	1:00	8:00	−	−	−	−	−
5	金	遅刻	6:30	10:30	19:30	1:00	8:00	1:30	−	−	−	1:30
6	土		−	−	−	−	−					
7	日		−	−	−	−	−					

(1) 半日年休を取得した場合（図表2-29）

5日（金）に半日年休を取得していますが、修正前の表では「1時間30分×単価×125%」の時間外手当をこの日に対して支払っています。

図表2-29 半日年休を取得した場合

【修正前】

日	曜日	摘要	始業時刻	終業時刻	休憩時間	総労働時間	時間外125%	休日135%	うち深夜25%	不足−100%
1	月		9:00	18:00	1:00	8:00	−	−	−	−
2	火		9:00	18:00	1:00	8:00	−	−	−	−
3	水		9:00	18:00	1:00	8:00	−	−	−	−
4	木		9:00	18:00	1:00	8:00	−	−	−	−
5	金	半休	14:00	19:30	0:00	5:30	1:30	−	−	−
6	土		−	−	−	−				
7	日		−	−	−	−				

【修正後】

所定外100%	時間外25%	休日35%	うち深夜25%	不足−100%
−	−	−	−	−
−	−	−	−	−
−	−	−	−	−
−	−	−	−	−
1:30	−	−	−	−
−	−	−	−	−
−	−	−	−	−

しかし、その日の労働時間は5時間30分であり8時間を超えていないことから、「1時間30分×25%」分だけ支払いが多いことに気付きます。

これを解消するためには、集計方法を修正することで、この部分を「1時間30分×100%」の支払いで済むようにすることができます。

(2) 週休2日制の場合（図表2-30）

図表2-30では、6日（土）は8時間就業しており、この8時間に対して「8時間×単価×135%」が支払われています。

しかし、労働基準法では、週1日または4週4日の休日における労働（法定休日労働）については35%以上の割増賃金の支払いを義務付けていますが、「週の2日目」の休日（法定外休日労働）についてまでは義務としていないため、休日労働として扱う必要はありません。しかしながら、この例では週の法定労働

図表2-30 土・日曜日を休日とし、いずれの日も休日割増を付している場合

【修正前】

日	曜日	摘要	始業時刻	終業時刻	休憩時間	総労働時間	時間外125%	休日135%	うち深夜25%	不足−100%
1	月		9:00	18:00	1:00	8:00	−	−	−	−
2	火		9:00	18:00	1:00	8:00	−	−	−	−
3	水		9:00	18:00	1:00	8:00	−	−	−	−
4	木		9:00	18:00	1:00	8:00	−	−	−	−
5	金		9:00	18:00	1:00	8:00	−	−	−	−
6	土		9:00	18:00	1:00	8:00	−	8:00	−	−
7	日		−	−	−	−	−	−	−	−

【修正後】

所定外100%	時間外25%	休日35%	うち深夜25%	不足−100%
−	−	−	−	−
−	−	−	−	−
−	−	−	−	−
−	−	−	−	−
−	−	−	−	−
8:00	8:00	−	−	−
−	−	−	−	−

第2章 毎月の給与計算のすすめ方

141

時間（40時間）を超えていますので、25％の割増賃金の支払いは必要であるため、6日（土）について「8時間×（100％＋25％）」の支払いとなるよう、集計方法を修正します。

なお、「1週間」をどのように考えるかは、就業規則等において別段の定めがない場合、「日曜日から土曜日まで」の暦週をいうものとされています。

(3) 1週40時間を超過していない場合（図表2-31）

図表2-31では、6日（土）の労働した時間である8時間に対して「8時間×単価×125％」の賃金が支払われています。

労働基準法では、1週40時間を超えた労働時間については25％以上の割増賃金の支払いを義務付けていますが、前日の5日（金）に年休を取得していることから、週の労働時間は40時間を超えていないことになります。そこで、集計

図表2-31 1週40時間を超えていなくても土曜日の休日に対して25％の割増をしている場合

【修正前】

日	曜日	摘要	始業時刻	終業時刻	休憩時間	総労働時間	時間外125％	休日135％	うち深夜25％	不足-100％
1	月		9:00	18:00	1:00	8:00	ー	ー	ー	ー
2	火		9:00	18:00	1:00	8:00	ー	ー	ー	ー
3	水		9:00	18:00	1:00	8:00	ー	ー	ー	ー
4	木		9:00	18:00	1:00	8:00	ー	ー	ー	ー
5	金	年休	ー	ー	ー	ー	ー	ー	ー	ー
6	土		9:00	18:00	1:00	8:00	8:00	ー	ー	ー
7	日		ー	ー	ー	ー	ー	ー	ー	ー

【修正後】

所定外100％	時間外25％	休日35％	うち深夜25％	不足-100％
ー	ー	ー	ー	ー
ー	ー	ー	ー	ー
ー	ー	ー	ー	ー
ー	ー	ー	ー	ー
ー	ー	ー	ー	ー
8:00	ー	ー	ー	ー
ー	ー	ー	ー	ー

方法を修正し、「8時間×100％」の支払いで済むようにします。

　一方、週40時間を超える時間の算出は手間がかかることが多いため、所定休日については「25％の割増」と設定しておくことも可能です。この場合は、修正前と修正後の相違点はなくなります（**図表2-32**）。

　いくつかのケースをみてきましたが、休日割増をすべて35％としている場合に対し、土曜日や祝日の割増率を日曜日と同様に扱わないように変更するには、賃金規程あるいは就業規則の改定が必要となります。このとき、労働者にとっては不利益変更となる場合が多いため、その手続きは丁寧に行うことが重要です。

　しかし、150ページ以下で取り上げますが、平成22年４月１日に改正労働基準法が施行されたことにより、法定休日以外の時間外労働時間の合計が60時間を超えた場合は、さらに25％の割増賃金の支払いが必要となりました（中小企

図表2-32 所定休日の労働に対して一律「25％の割増」を設定する場合

【修正前】

日	曜日	摘要	始業時刻	終業時刻	休憩時間	総労働時間	時間外125％	休日135％	うち深夜25％	不足−100％
1	月		9:00	18:00	1:00	8:00	−			
2	火		9:00	18:00	1:00	8:00	−			
3	水		9:00	18:00	1:00	8:00	−			
4	木		9:00	18:00	1:00	8:00	−			
5	金	年休	−	−	−	−	−			
6	土		9:00	18:00	1:00	8:00	8:00			
7	日									

【修正後】

所定外100％	時間外25％	休日35％	うち深夜25％	不足−100％
−	−	−	−	−
−	−	−	−	−
−	−	−	−	−
−	−	−	−	−
8:00	8:00	−	−	−
−	−	−	−	−

143

業は令和5年4月1日から適用）。さらに働き方改革関連法に伴う「時間外労働の上限規制」への対応（159ページ）において、所定外労働の区分をもっと細分化する必要があるため、いま一度、会社の所定労働時間の計算方法を確認してみるとよいでしょう。

　次からは、もう少し複雑なパターンを考えていきます。

（4）私用外出と残業が同じ日にある場合、早退と早出残業が同じ日にある場合（図表2-33、2-34）

　図表2-33、2-34が、この場合に相当します。事案は変わるものの、計算結果は同じになります。

図表2-33 私用外出と残業が同じ日にある場合

【変更前】

日	曜日	摘要	始業時刻	終業時刻	休憩時間	総労働時間	時間外125%	休日135%	うち深夜25%	不足−100%
1	月		9:00	18:00	1:00	8:00	−	−	−	−
2	火		9:00	18:00	1:00	8:00	−	−	−	−
3	水	私用外出	9:00	21:00	3:00	9:00	3:00	−	−	2:00
4	木		9:00	18:00	1:00	8:00	−	−	−	−
5	金		9:00	18:00	1:00	8:00	−	−	−	−
6	土		−	−	−	−	−	−	−	−
7	日		−	−	−	−	−	−	−	−

【変更後】

所定外100%	時間外25%	休日35%	うち深夜25%	不足−100%
−	−	−	−	−
−	−	−	−	−
1:00	1:00	−	−	−
−	−	−	−	−
−	−	−	−	−
−	−	−	−	−
−	−	−	−	−

144

図表2-34 早退と早出残業が同じ日にある場合

【変更前】

日	曜日	摘要	始業時刻	終業時刻	休憩時間	総労働時間	時間外125%	休日135%	うち深夜25%	不足-100%
1	月	早出、早退	6:00	16:00	1:00	9:00	3:00	—	—	2:00
2	火		9:00	18:00	1:00	8:00	—	—	—	—
3	水		9:00	18:00	1:00	8:00	—	—	—	—
4	木		9:00	18:00	1:00	8:00	—	—	—	—
5	金		9:00	18:00	1:00	8:00	—	—	—	—
6	土		—	—	—	—	—	—	—	—
7	日		—	—	—	—	—	—	—	—

【変更後】

所定外100%	時間外25%	休日35%	うち深夜25%	不足-100%
1:00	1:00	—	—	—
—	—	—	—	—
—	—	—	—	—
—	—	—	—	—
—	—	—	—	—
—	—	—	—	—
—	—	—	—	—

(5) 時間外労働が翌労働日の始業時刻にまで及んだ場合（図表2-35）

　望ましくはないですが、時間外労働が翌日まで続いたうえ、その日の始業時刻を超えてしまうこともあるでしょう。はたして、このときの割増賃金の扱い方は、どうなるのでしょうか。

　この場合は、翌日の始業時刻までの労働が「前日扱い」となり、またいだ始業時刻以後は「通常の労働時間」として計算をします。つまり、「翌日の始業時刻を超えた」部分については割増賃金の支払いの対象にはなりません。割増賃金の対象となる時間は、翌日の始業時刻をもって、いったん終了します。

図表2-35 時間外労働が翌労働日の始業時間にまで及んだ場合

日	曜日	摘要	始業時刻	終業時刻	休憩時間	総労働時間	所定外100%	時間外25%	休日35%	うち深夜25%	不足−100%
1	月		9:00	18:00	1:00	8:00	−	−	−	−	−
2	火		9:00	18:00	1:00	8:00	−	−	−	−	−
3	水		9:00	18:00	1:00	8:00	−	−	−	−	−
4	木	休憩 19:00-20:00 翌5:00-6:00	9:00	翌9:00	3:00	21:00	13:00	13:00	−	7:00	−
5	金		9:00	18:00	1:00	8:00	−	−	−	−	−
6	土		−	−	−	−	−	−	−	−	−
7	日		−	−	−	−	−	−	−	−	−
8	月		−	−	−	−	−	−	−	−	−
9	火		−	−	−	−	−	−	−	−	−

(6) 時間外労働が翌法定休日にまで及んだ場合 (図表2-36)

　前記 (5) の場合と同様に時間外労働が翌日まで続いた場合で、その翌日が法定休日であるときはどうなるのでしょう。

　休日は暦日単位 (0時～24時) で考えますので、土曜日の24時 (つまり日曜日の0時) から休日労働の割増分が必要となります。ただし、休日労働が8時間を超えても深夜労働に該当しない限り、割増賃金率は35%で差し支えないとされていることから、法定休日の「0時」となった時点で、割増賃金率は35% (ただし、午前5時までは、深夜労働の割増分25%がこれに加わる) に切り替わります。

(7) 遅刻・早退があった場合 (図表2-37)

　ここでは、「払いすぎ」を防ぐ話ではなく、未払い賃金の発生を防ぐための説明をします。

　賃金計算において、遅刻や早退などの不就労控除分と別の日の残業時間分とを相殺することはできるのでしょうか。この場合には、「100%部分」を相殺することはかまいませんが、「25%」の割増部分までは相殺できません。相殺過剰 (引きすぎ) となり、労働基準法違反になってしまいます。

図表2-36 時間外労働が翌法定休日にまで及んだ場合

日	曜日	摘要	始業時刻	終業時刻	休憩時間	総労働時間	所定外100%	時間外25%	休日35%	うち深夜25%	不足−100%
1	月		9:00	18:00	1:00	8:00	—	—	—	—	—
2	火		9:00	18:00	1:00	8:00	—	—	—	—	—
3	水		9:00	18:00	1:00	8:00	—	—	—	—	—
4	木		9:00	18:00	1:00	8:00	—	—	—	—	—
5	金	年休	—	—	—	—	—	—	—	—	—
6	土	休憩 19:00-20:00 翌5:00-6:00	9:00	翌9:00	3:00	21:00	13:00	5:00	8:00	7:00	
7	日		—	—	—	—	—	—	—	—	—
8	月		—	—	—	—	—	—	—	—	—
9	火		—	—	—	—	—	—	—	—	—

図表2-37 遅刻があった場合

【誤】

日	曜日	摘要	始業時刻	終業時刻	休憩時間	総労働時間	時間外125%	休日35%	うち深夜25%
1	月	2時間の遅刻	11:00	18:00	1:00	6:00	−2:00	—	—
2	火		9:00	20:00	1:00	10:00	2:00	—	—
3	水		9:00	20:00	1:00	10:00	2:00	—	—
4	木		9:00	18:00	1:00	8:00	—	—	—
5	金		9:00	18:00	1:00	8:00	—	—	—

【正】

所定外100%	時間外25%	休日35%	うち深夜25%
−2:00	—	—	—
2:00	2:00	—	—
2:00	2:00	—	—
—	—	—	—
—	—	—	—

[4] 代休・休日の振替をした場合

　休日出勤を行った代わりの休みを取得させる場合、その休日が**代休**であるか**休日の振替**であるかの区別を、しっかり行っているでしょうか（95ページ）。

　休日の振替の条件は、

① 就業規則などに、休日の振替についての規定があること

② 休日出勤を行う前に、振り替える休日の指定を行うこと

③ 休日の振替を行った結果、週の労働時間が40時間を超えた場合には、その分の時間外手当を支払うこと

であり、この条件の下、振り替えた日が「休日」となり、もともとの休日に出勤した日が「所定労働日」となります。そのため、この出勤した日に対して「休日手当（35％増し）」の支払い義務はありません。

　これに対して代休は、「休日出勤を行った後、代替休日を指定して取得すること」であり、休日出勤に対する代償休日ではあるものの、「振替休日」には当たりません。したがって、休日労働を行ったという事実は消えませんので、たとえ代休を取得させても、休日分「35％」の割増賃金の支払い義務は残ります。

　「休日の振替の場合に、法定労働時間を超えていなければ割増率は"0"」
　「代休の場合には、割増率は必ず35％以上」

(1) 休日の振替を行った場合（図表2-38、2-39）

　休日出勤を前に休日の振替を行った場合、その労働日と休日は入れ替わることになります。

　図表2-38の場合、12日（金）が休日となり、7日（日）が平日扱いとなります。したがって、所定外労働の計上方法については、変更ありません。

　ただし、休日を振り替えることによって１週40時間の法定労働時間を超過してしまう場合（**図表2-39**）には、割増賃金の支払いが必要です。この場合は、休日手当ではなく時間外手当で対応します。したがって、休日出勤を行わせるのであれば、同一週内に休日の振替を行うことが適当といえるでしょう。

148

図表2-38 休日の振替を行った場合（「1週40時間」を超えない場合）

日	曜日	摘要	始業時刻	終業時刻	休憩時間	総労働時間	所定外100%	時間外25%	休日35%	うち深夜25%	不足-100%
7	日		9:00	18:00	1:00	8:00	−	−	−	−	−
8	月		9:00	18:00	1:00	8:00	−	−	−	−	−
9	火		9:00	18:00	1:00	8:00	−	−	−	−	−
10	水		9:00	18:00	1:00	8:00	−	−	−	−	−
11	木		9:00	18:00	1:00	8:00	−	−	−	−	−
12	金	振替休日	−	−	−	−	−	−	−	−	−
13	土		−	−	−	−	−	−	−	−	−

図表2-39 休日の振替を行った場合（「1週40時間」を超えてしまう場合）

日	曜日	摘要	始業時刻	終業時刻	休憩時間	総労働時間	所定外100%	時間外25%	休日35%	うち深夜25%	不足-100%
7	日	休日出勤	9:00	18:00	1:00	8:00	−	−	−	−	−
8	月		9:00	18:00	1:00	8:00	−	−	−	−	−
9	火		9:00	18:00	1:00	8:00	−	−	−	−	−
10	水		9:00	18:00	1:00	8:00	−	−	−	−	−
11	木		9:00	18:00	1:00	8:00	−	−	−	−	−
12	金		9:00	18:00	1:00	8:00	−	8:00	−	−	−
13	土		−	−	−	−	−	−	−	−	−
14	日		−	−	−	−	−	−	−	−	−
15	月	振替休日	−	−	−	−	−	−	−	−	−

(2) 代休を取得した場合（図表2-40）

　休日出勤に対して代休を与えた場合、休日割増の支払い義務が残ります。

　なお、休日の取り扱い方や所定外労働の長短によって話が変わりますので、休日出勤の代償として休日を与える場合に、代休と休日の振替のどちらが有効であるかは、ひとくくりに言うことはできません。図表2-38～図表2-40を参照して、会社の実態に合った制度を考えていくのがよいでしょう。

図表2-40 代休を取得した場合

日	曜日	摘要	始業時刻	終業時刻	休憩時間	総労働時間	所定外100%	時間外25%	休日35%	うち深夜25%	不足-100%
7	日		—	—	—	—	—	—	—	—	—
8	月		9:00	18:00	1:00	8:00	—	—	—	—	—
9	火		9:00	18:00	1:00	8:00	—	—	—	—	—
10	水		9:00	18:00	1:00	8:00	—	—	—	—	—
11	木		9:00	18:00	1:00	8:00	—	—	—	—	—
12	金		9:00	18:00	1:00	8:00	—	—	—	—	—
13	土		—	—	—	—	—	—	—	—	—
14	日	休日出勤	9:00	18:00	1:00	8:00	8:00	—	8:00	—	—
15	月	代休	—	—	—	—	−8:00	—	—	—	—

「休日出勤」としての出勤なので、「8:00」を計上します

代休の場合、割増部分を相殺することはできません

[5] 1カ月60時間を超える場合の割増率

　1カ月60時間を超える時間外労働について、通常の労働時間の賃金計算額の5割以上の率で計算した割増賃金を支払うことが義務化されています。

　ここまで、「時間外労働の割増は25％以上、休日労働の割増は35％以上」と説明してきましたが、月60時間を超過した時間外労働についてはさらに25％以上、つまり「100％＋25％以上（時間外労働分）＋25％以上（60時間超時間外労働分）＝150％以上」の支払いが必要になります。

　令和5年3月31日までは、中小企業（**図表2-41**）には適用が猶予されること

図表2-41 猶予される中小企業

	資本金の額または出資の総額	または	常時使用する従業員の数
小売業	5,000万円以下	または	50人以下
サービス業	5,000万円以下	または	100人以下
卸売業	1億円以下	または	100人以下
その他の業種	3億円以下	または	300人以下

150

になっていますが、今のうちにこの計算方法を理解し、対策を講じておきましょう。

(1)「60時間超」とは

通達では、「60時間を超えた時間の労働」として5割以上の率で計算した割増賃金の支払いが義務付けられるのは、1カ月の起算日から時間外労働時間を累計して60時間に達した時点より後に行われた時間外労働であることとしています。

また、休日労働との関係においては、週1回または4週4日の法定休日以外の休日、つまり「所定休日」における労働は、それが法定労働時間を超えるものであるならば時間外労働に当たるため、「1カ月について60時間」の算定に含めなければならないものとされています。

したがって、法定休日以外の時間外労働・休日労働はすべて時間外労働として「60時間」の累計に含めなければならないことになります。

それでは、実際にどのような勤怠管理が望ましいのか、以下、考えてみましょう。

(2) 休日労働がない場合 (図表2-42)

図表2-42の場合、1日8時間 (法定労働時間) を超過した時間が合計70時間ですので、時間外労働時間分の賃金は「70時間×125%」に相当します。

この時間外労働のうち60時間を超えた時間は10時間ですので、「10時間×25%」、つまり、60時間を超過した分の割増賃金は、2時間30分 (10時間×25%＝2.5時間) 相当の手当がさらに必要になるのです。

(3) 土曜日 (所定休日) の労働がある場合 (図表2-43)

図表2-43の場合、1日8時間または1週40時間を超過した時間が81時間ですので、時間外労働時間分の賃金は「81時間×125%」に相当します。

この時間外労働のうち60時間を超えた時間は21時間ですので、「21時間×25%」、つまり、60時間を超過した分の割増賃金は、5時間15分 (21時間×25%＝5.25時間) 相当の手当がさらに必要になるのです。

図表2-42 休日労働がない場合の「60時間超」の考え方

日	曜日	摘要	始業時刻	終業時刻	休憩時間	総労働時間	所定外100%	時間外25%	休日35%	うち深夜25%	不足−100%	60h超確認用
1	月		9:00	21:00	1:00	11:00	3:00	3:00	−	−	−	3:00
2	火		9:00	21:00	1:00	11:00	3:00	3:00	−	−	−	6:00
3	水		9:00	21:00	1:00	11:00	3:00	3:00	−	−	−	9:00
4	木		9:00	21:00	1:00	11:00	3:00	3:00	−	−	−	12:00
5	金		9:00	21:00	1:00	11:00	3:00	3:00	−	−	−	15:00
6	土		−	−	−	−	−	−	−	−	−	−
7	日		−	−	−	−	−	−	−	−	−	−
8	月		9:00	22:00	1:00	12:00	4:00	4:00	−	−	−	19:00
9	火		9:00	22:00	1:00	12:00	4:00	4:00	−	−	−	23:00
10	水		9:00	22:00	1:00	12:00	4:00	4:00	−	−	−	27:00
11	木		9:00	22:00	1:00	12:00	4:00	4:00	−	−	−	31:00
12	金		9:00	22:00	1:00	12:00	4:00	4:00	−	−	−	35:00
13	土		−	−	−	−	−	−	−	−	−	−
14	日		−	−	−	−	−	−	−	−	−	−
15	月		9:00	21:00	1:00	11:00	3:00	3:00	−	−	−	38:00
16	火		9:00	21:00	1:00	11:00	3:00	3:00	−	−	−	41:00
17	水		9:00	21:00	1:00	11:00	3:00	3:00	−	−	−	44:00
18	木		9:00	21:00	1:00	11:00	3:00	3:00	−	−	−	47:00
19	金		9:00	21:00	1:00	11:00	3:00	3:00	−	−	−	50:00
20	土		−	−	−	−	−	−	−	−	−	−
21	日		−	−	−	−	−	−	−	−	−	−
22	月		9:00	22:00	1:00	12:00	4:00	4:00	−	−	−	54:00
23	火		9:00	22:00	1:00	12:00	4:00	4:00	−	−	−	58:00
24	水		9:00	22:00	1:00	12:00	4:00	4:00	−	−	−	62:00
25	木		9:00	22:00	1:00	12:00	4:00	4:00	−	−	−	66:00
26	金		9:00	22:00	1:00	12:00	4:00	4:00	−	−	−	70:00
27	土		−	−	−	−	−	−	−	−	−	−
28	日		−	−	−	−	−	−	−	−	−	−
29	月		9:00	18:00	1:00	8:00	−	−	−	−	−	−
30	火		9:00	18:00	1:00	8:00	−	−	−	−	−	−
31	水		9:00	18:00	1:00	8:00	−	−	−	−	−	−
合　計						254:00	70:00	70:00	0:00	0:00	0:00	70:00

図表2-43 土曜日（所定休日）の労働がある場合の「60時間超」の考え方

日	曜日	摘要	始業時刻	終業時刻	休憩時間	総労働時間	所定外100%	時間外25%	休日35%	うち深夜25%	不足−100%	60h超確認用
1	月		9:00	21:00	1:00	11:00	3:00	3:00	−	−	−	3:00
2	火		9:00	21:00	1:00	11:00	3:00	3:00	−	−	−	6:00
3	水		9:00	21:00	1:00	11:00	3:00	3:00	−	−	−	9:00
4	木		9:00	21:00	1:00	11:00	3:00	3:00	−	−	−	12:00
5	金		9:00	21:00	1:00	11:00	3:00	3:00	−	−	−	15:00
6	土		9:00	21:00	1:00	11:00	11:00	11:00	−	−	−	26:00
7	日		−	−	−	−	−	−	−	−	−	−
8	月		9:00	22:00	1:00	12:00	4:00	4:00	−	−	−	30:00
9	火		9:00	22:00	1:00	12:00	4:00	4:00	−	−	−	34:00
10	水		9:00	22:00	1:00	12:00	4:00	4:00	−	−	−	38:00
11	木		9:00	22:00	1:00	12:00	4:00	4:00	−	−	−	42:00
12	金		9:00	22:00	1:00	12:00	4:00	4:00	−	−	−	46:00
13	土		−	−	−	−	−	−	−	−	−	−
14	日		−	−	−	−	−	−	−	−	−	−
15	月		9:00	21:00	1:00	11:00	3:00	3:00	−	−	−	49:00
16	火		9:00	21:00	1:00	11:00	3:00	3:00	−	−	−	52:00
17	水		9:00	21:00	1:00	11:00	3:00	3:00	−	−	−	55:00
18	木		9:00	21:00	1:00	11:00	3:00	3:00	−	−	−	58:00
19	金		9:00	21:00	1:00	11:00	3:00	3:00	−	−	−	61:00
20	土		−	−	−	−	−	−	−	−	−	−
21	日		−	−	−	−	−	−	−	−	−	−
22	月		9:00	22:00	1:00	12:00	4:00	4:00	−	−	−	65:00
23	火		9:00	22:00	1:00	12:00	4:00	4:00	−	−	−	69:00
24	水		9:00	22:00	1:00	12:00	4:00	4:00	−	−	−	73:00
25	木		9:00	22:00	1:00	12:00	4:00	4:00	−	−	−	77:00
26	金		9:00	22:00	1:00	12:00	4:00	4:00	−	−	−	81:00
27	土		−	−	−	−	−	−	−	−	−	−
28	日		−	−	−	−	−	−	−	−	−	−
29	月		9:00	18:00	1:00	8:00	−	−	−	−	−	−
30	火		9:00	18:00	1:00	8:00	−	−	−	−	−	−
31	水		9:00	18:00	1:00	8:00	−	−	−	−	−	−
合　計						265:00	81:00	81:00	0:00	0:00	0:00	81:00

第2章　毎月の給与計算のすすめ方

153

（4）土曜日・日曜日ともに労働した日がある場合（図表2-44、2-45）

　土曜日も日曜日も出勤している場合、いずれの日を法定休日と設定しているでしょうか。

　前記のとおり、法定休日でない休日労働は、時間外労働として「60時間超」の累計に含めなければなりません。通達でも、労働条件を明示する観点および割増賃金の計算を簡便にする観点から、就業規則その他これに準ずるものによって会社の休日について法定休日と所定休日の別を明確にしておくことが望ましいと示しており、**図表2-44**のような場合には、6日（土）と7日（日）のいずれの日が法定休日なのかを事前に定めておく必要があります。

　就業規則には、次のような定めをあらかじめしておくとよいでしょう。

【例1】
第○条　休日は、次のとおりとする。
　　①日曜日（法定休日）
　　②土曜日、国民の祝日
　　③12月○日から1月○日まで
【例2】
第○条　休日は次のとおりとする。なお、法定休日は原則として日曜日とするが、日曜日に休日が確保できず、土曜日に休日が確保できる場合には、土曜日を法定休日とする。
　　①日曜日、土曜日、国民の祝日
　　②12月○日から1月○日まで

　はじめに、**図表2-44**の例について考えてみます。ここでは、27日（土）を所定休日、28日（日）を法定休日とします。

　1日8時間または1週40時間を超過した時間が74時間ですので、時間外労働分の割増賃金は「74時間×25％」に相当します。この時間外労働のうち60時間を超過した時間が「74時間－60時間＝14時間」ですので、60時間超過分の割増は「14時間×25％」となります。かたや、法定休日に労働した時間8時間に対する休日割増は「8時間×35％」で計算することができます。

図表2-44 土曜日・日曜日ともに労働した日がある場合（法定休日のみ「35%」）

日	曜日	摘要	始業時刻	終業時刻	休憩時間	総労働時間	所定外100%	時間外25%	休日35%	60h超確認用	時間外・休日合計
1	月		9:00	21:00	1:00	11:00	3:00	3:00	—	3:00	3:00
2	火		9:00	21:00	1:00	11:00	3:00	3:00	—	6:00	3:00
3	水		9:00	21:00	1:00	11:00	3:00	3:00	—	9:00	3:00
4	木		9:00	21:00	1:00	11:00	3:00	3:00	—	12:00	3:00
5	金		9:00	21:00	1:00	11:00	3:00	3:00	—	15:00	3:00
6	土		—	—	—	—	—	—	—	—	—
7	日		—	—	—	—	—	—	—	—	—
8	月		9:00	22:00	1:00	12:00	4:00	4:00	—	19:00	4:00
9	火		9:00	22:00	1:00	12:00	4:00	4:00	—	23:00	4:00
10	水		9:00	22:00	1:00	12:00	4:00	4:00	—	27:00	4:00
11	木		9:00	22:00	1:00	12:00	4:00	4:00	—	31:00	4:00
12	金		9:00	22:00	1:00	12:00	4:00	4:00	—	35:00	4:00
13	土		—	—	—	—	—	—	—	—	—
14	日		—	—	—	—	—	—	—	—	—
15	月		9:00	21:00	1:00	11:00	3:00	3:00	—	38:00	3:00
16	火		9:00	21:00	1:00	11:00	3:00	3:00	—	41:00	3:00
17	水		9:00	21:00	1:00	11:00	3:00	3:00	—	44:00	3:00
18	木		9:00	21:00	1:00	11:00	3:00	3:00	—	47:00	3:00
19	金	年休	—	—	—	—	—	—	—	—	—
20	土		—	—	—	—	—	—	—	—	—
21	日		—	—	—	—	—	—	—	—	—
22	月		9:00	21:00	1:00	11:00	3:00	3:00	—	50:00	3:00
23	火	年休	—	—	—	—	—	—	—	—	—
24	水		9:00	22:00	1:00	12:00	4:00	4:00	—	54:00	4:00
25	木		9:00	22:00	1:00	12:00	4:00	4:00	—	58:00	4:00
26	金		9:00	22:00	1:00	12:00	4:00	4:00	—	62:00	4:00
27	土	所定	9:00	21:00	1:00	11:00	11:00	3:00	—	65:00	3:00
28	日	法定	9:00	18:00	1:00	8:00	8:00	—	8:00	—	8:00
29	月		9:00	21:00	1:00	11:00	3:00	3:00	—	68:00	3:00
30	火		9:00	21:00	1:00	11:00	3:00	3:00	—	71:00	3:00
31	水		9:00	21:00	1:00	11:00	3:00	3:00	—	74:00	3:00
合　計						258:00	90:00	74:00	8:00	74:00	82:00

21日（日）から27日（土）の1週間において、①22日（月）と24日（水）〜26日（金）における1日の時間外労働については、それぞれカウント済み。②23日（火）が年休取得日ゆえ、22日と24日〜27日（土）の所定労働時間の合計は40時間であり、週の法定労働時間の範囲内。よって、27日（土）の時間外労働時間は、この日の総労働時間（11時間）のうち法定労働時間の8時間を超えた3時間となる

次に、土曜日を含めた休日すべてに対して、労働した場合には35%分を支払っている会社の場合をみてみます（**図表2-45**）。

　まずその前に、35%加算で支払っている日が時間外労働60時間を超える日でもある場合、割増率は「35％＋25％＝60％」になるのでしょうか。この点、労働基準法では「25％（時間外労働）＋25％（超過時間外労働）＝50％」以上の支払いを義務付けているのみです。通達でも、使用者が１カ月について60時間を超えて時間外労働をさせた場合には、その超えた時間の労働については、通常の労働時間の賃金計算額の５割以上の率で計算した割増賃金を支払わなければならないとしています。つまり、60時間を超えた場合に「50％以上」となるように、時間外労働に対しては25％加算、所定休日労働に対しては15％加算としておけばよいことになりますので、上記の疑問に対する答えは「35％＋15％＝50％」でかまいません。

　では、**図表2-45**に戻りましょう。27日（土）を所定休日、28日（日）を法定休日であるとすると、手当は次のように計算します。

①１日８時間の法定労働時間を超えた時間が70時間ですので、時間外労働分の割増賃金は「70時間×25％」となります。

②土曜日・日曜日の別を問わず休日割増を付すということから、休日労働分の割増賃金は「19時間×35％」となります。

③時間外①のうち60時間超過時間が10時間であることから、この分の割増賃金は「10時間×25％」となります。

④休日労働のうち、「所定休日」である27日（土）の「11時間」についても60時間超過時間に相当することから加算が必要となり、「11時間×15％」として計算することになります。

　以上から、時間外労働が60時間を超えた月において、すべての休日を「法定休日」と同様に取り扱うと、難しい計算になってしまうことがわかります。

　そこで、先に触れたとおり、所定休日の割増賃金をどうするかについて、あらためて考える必要が出てくるのです。もちろん、「休日労働はすべて35％加算。休日労働も含めたすべての法定外労働時間の累計が60時間を超える場合には25％加算」でよしとするのであれば、それで問題ありません。ただし、この場合、休日労働分に深夜労働分も加われば「35％（休日労働）＋25％（法定外労働60時

156

図表2-45 土曜日・日曜日ともに労働した日がある場合（所定休日・法定休日ともに「35%」）

日	曜日	摘要	始業時刻	終業時刻	休憩時間	総労働時間	所定外100%	時間外25%	休日35%	60h超確認用	25%	15%	時間外・休日合計
1	月		9:00	21:00	1:00	11:00	3:00	3:00	−	3:00	−	−	3:00
2	火		9:00	21:00	1:00	11:00	3:00	3:00	−	6:00	−	−	3:00
3	水		9:00	21:00	1:00	11:00	3:00	3:00	−	9:00	−	−	3:00
4	木		9:00	21:00	1:00	11:00	3:00	3:00	−	12:00	−	−	3:00
5	金		9:00	21:00	1:00	11:00	3:00	3:00	−	15:00	−	−	3:00
6	土		−	−	−	−	−	−	−	−	−	−	−
7	日		−	−	−	−	−	−	−	−	−	−	−
8	月		9:00	22:00	1:00	12:00	4:00	4:00	−	19:00	−	−	4:00
9	火		9:00	22:00	1:00	12:00	4:00	4:00	−	23:00	−	−	4:00
10	水		9:00	22:00	1:00	12:00	4:00	4:00	−	27:00	−	−	4:00
11	木		9:00	22:00	1:00	12:00	4:00	4:00	−	31:00	−	−	4:00
12	金		9:00	22:00	1:00	12:00	4:00	4:00	−	35:00	−	−	4:00
13	土		−	−	−	−	−	−	−	−	−	−	−
14	日		−	−	−	−	−	−	−	−	−	−	−
15	月		9:00	21:00	1:00	11:00	3:00	3:00	−	38:00	−	−	3:00
16	火		9:00	21:00	1:00	11:00	3:00	3:00	−	41:00	−	−	3:00
17	水		9:00	21:00	1:00	11:00	3:00	3:00	−	44:00	−	−	3:00
18	木		9:00	21:00	1:00	11:00	3:00	3:00	−	47:00	−	−	3:00
19	金		9:00	21:00	1:00	11:00	3:00	3:00	−	50:00	−	−	3:00
20	土		−	−	−	−	−	−	−	−	−	−	−
21	日		−	−	−	−	−	−	−	−	−	−	−
22	月		9:00	22:00	1:00	12:00	4:00	4:00	−	54:00	−	−	4:00
23	火		9:00	22:00	1:00	12:00	4:00	4:00	−	58:00	−	−	4:00
24	水		9:00	22:00	1:00	12:00	4:00	4:00	−	62:00	2:00	−	4:00
25	木		9:00	22:00	1:00	12:00	4:00	4:00	−	66:00	4:00	−	4:00
26	金		9:00	22:00	1:00	12:00	4:00	4:00	−	70:00	4:00	−	4:00
27	土	所定	9:00	21:00	1:00	11:00	11:00	−	11:00	81:00	−	11:00	11:00
28	日	法定	9:00	18:00	1:00	8:00	8:00	−	8:00	−	−	−	8:00
29	月		9:00	18:00	1:00	8:00	−	−	−	−	−	−	−
30	火		9:00	18:00	1:00	8:00	−	−	−	−	−	−	−
31	水		9:00	18:00	1:00	8:00	−	−	−	−	−	−	−
合 計						273:00	89:00	70:00①	19:00②	81:00	10:00③	11:00④	89:00

157

間超過部分）＋25％（深夜労働）＝85％」の割増となることを考えると、このような計算方法についても再考する必要があるのではないでしょうか。

　以上みてきたとおり、割増賃金には、さまざまなパターンがあります。実態に合わせ、どこまで厳密化すべきかを検討しなければならないでしょう。

　また、厳密な運用をするためには、従業員の協力が不可欠ですので、従業員には、割増賃金の仕組みを理解してもらうようにしましょう。

　会社において時間外・休日労働の計上方法を簡素化すればするほど、支払わなければならない割増賃金が増加してしまう傾向があります。会社の労働時間を削減させ、支払賃金を圧縮させるためにも、割増賃金の支払い方法について、もう一度検討してみましょう。

[6] 代替休暇とは

　次に、代替休暇について考えてみましょう。

　時間外労働が月60時間を超えた場合、その超過した時間については50％以上の率で計算した割増賃金を支払わなければならない一方で、労使協定を結ぶことによって、この1カ月60時間超の法定時間外労働時間に対する引き上げ分の割増賃金の支払いに代えて、有給の休暇を与えることができます。

　それが「代替休暇」であり、時間相当額の代替休暇を労働者が取得した場合には、これに相当する25％割増分の支払いが免除されます。

　労使協定では、

① 代替休暇の時間数の具体的な算定方法

② 代替休暇の単位

③ 代替休暇を与えることができる期間

④ 代替休暇の取得日の決定方法と割増賃金の支払日

の四つを定めておきます。

　なお、代替休暇の利用は、事業主が強制することはできません。労働者の希望に即して取得・運用できるように、注意する必要があります。

[7] 働き方改革関連法に伴う「時間外労働の上限規制」への対応

　ここまで説明してきた割増賃金は、時間外・休日労働を抑止することが目的とされています。

　しかしながら、特別条項の追加によって「上限なく時間外（休日）労働」を行わせることが可能となり、目的が達成されず、長時間労働に歯止めがかからないことが指摘されていました。

　このため、平成30年に成立した働き方改革関連法では、時間外労働（休日労働）の上限規制が全面的に見直されました。

時間外労働の上限〔原則〕

・１カ月当たり：45時間（１年単位の変形労働時間制（対象期間３カ月超）は42時間）

・１年当たり：360時間（１年単位の変形労働時間制（対象期間３カ月超）は320時間）

　なお、下記特別条項の有無にかかわらず、１年を通して常に、時間外労働と休日労働の合計は、月100時間未満、２～６カ月平均80時間以内にしなければなりません。

時間外労働の上限〔特別条項〕

・１カ月当たり：100時間未満（<u>休日労働を含む</u>）

・１年当たり：720時間未満（休日労働を含まず）

・２カ月・３カ月・４カ月・５カ月・６カ月のそれぞれの平均時間外労働時間：80時間以内（<u>休日労働を含む</u>）

　　→従来、36協定により延長することができる期間のうち「１日を超えて３カ月以内の期間」については、「１カ月」のみの協定となりました。

・特別条項を発動する月数：１年当たり６カ月以内

　ここでの「時間外労働」と「休日労働」は、次のとおりです（138ページ参照）。

・休日労働：①労働者に対して毎週少なくとも１回与えなければならない「法定」休日における労働

・時間外労働：②「法定」労働時間（１日８時間・１週40時間）を超過した労働

特別条項を発動した場合、上限時間に休日労働を含む場合と含まない場合があり、担当者にとっては集計作業に頭を悩ませる状況です。

それでは、ここで**図表2-44**をもとに、特別条項の上限規制を考えてみましょう（特別条項の回数が年6回以内であるものとします）。

1カ月当たりの時間外労働が45時間を超過していることから、特別条項の適用がある月となります。このとき、27日（土）の労働は所定休日労働ですが、**図表2-44**にあるコメントのとおり、1日8時間の法定労働時間を超過した3時間のみが時間外労働となる点にご注意ください。

日	曜日	摘要	始業時刻	終業時刻	休憩時間	総労働時間	所定外100%	時間外25%	休日35%	60h超確認用	時間外・休日合計
27	土	所定	9:00	21:00	1:00	11:00	11:00	3:00	−	65:00	3:00
28	日	法定	9:00	18:00	1:00	8:00	8:00	−	8:00	−	8:00
29	月		9:00	21:00	1:00	11:00	3:00	3:00	−	68:00	3:00
30	火		9:00	21:00	1:00	11:00	3:00	3:00	−	71:00	3:00
31	水		9:00	21:00	1:00	11:00	3:00	3:00	−	74:00	3:00
合　計						258:00	90:00	74:00	8:00	74:00	82:00

・1カ月当たり：100時間未満（<u>休日労働を含む</u>）
　→時間外25%（74時間）＋休日35%（8時間）の合計時間が82時間となり、上限の範囲内です。

・1年当たり：720時間未満（休日労働を含まず）
　→当月の74時間とを累積した時間外労働時間（休日労働を含まず）が720時間以内であれば、上限の範囲内です。

・2カ月・3カ月・4カ月・5カ月・6カ月のそれぞれの平均時間外労働時間：80時間以内（<u>休日労働を含む</u>）
　→月の時間外労働と休日労働の合計について、どの2～6カ月の平均をとっても、1カ月当たり80時間を超えないことが必要です。そこで次の表のように、2～6カ月における時間外・休日労働時間の平均をそれぞれとって検討してみると、いずれも上限の範囲内であることがわかります。

(例)	5月	6月	7月	8月	9月	10月 (当月)
時間外・ 休日労働 （時間）	80.0	65.0	95.0	60.0	76.0	**82.0**

		算定期間	平均値
		2カ月（9〜10月）平均	→ **79.0**
		3カ月（8〜10月）平均	→ **72.7**
		4カ月（7〜10月）平均	→ **78.3**
		5カ月（6〜10月）平均	→ **75.6**
		6カ月（5〜10月）平均	→ **76.3**

　図表2-44の例は、休日労働を「①週１日の休日における労働」と、時間外労働を「②上記①を除き１日につき８時間を超過した労働」「③上記②を除き１週40時間を超過した労働」という原則で集計しているため、時間外労働の上限規制を管理するには適しています。

　かたや、図表2-45の場合は複雑です。27日（土）は「所定休日労働」のため、労働基準法上の「時間外労働」となりますので、上限規制の計算においては、「時間外労働」となります。

日	曜日	摘要	始業時刻	終業時刻	休憩時間	総労働時間	所定外100%	時間外25%	休日35%	60h超確認用	25%	15%	時間外・休日合計
27	土	所定	9:00	21:00	1:00	11:00	11:00	－	11:00	81:00	－	11:00	11:00
28	日	法定	9:00	18:00	1:00	8:00	8:00	－	8:00	－	－	－	8:00
29	月		9:00	18:00	1:00	8:00	－	－	－	－	－	－	－
30	火		9:00	18:00	1:00	8:00	－	－	－	－	－	－	－
31	水		9:00	18:00	1:00	8:00	－	－	－	－	－	－	－
合　計						273:00	89:00	70:00 ①	19:00 ②	81:00 ③	10:00 ④	11:00	89:00

　この図表2-45の例をもとに、特別条項の上限規制を検討してみます。時間外労働が81時間（70時間（上表①部分）＋11時間（上表②のうち、27日（土）の所定休日労働部分））、休日労働が８時間（上表②のうち、28日（日）の法定休日労働部分）であり、特別条項の回数が年６回以内であるものとすると、次のとお

りです。

・1カ月当たり：100時間未満（<u>休日労働を含む</u>）

　→81時間（時間外）＋8時間（休日）＝89時間となり、上限の範囲内です。

・1年当たり：720時間未満（休日労働を含まず）

　→当月の81時間とを累積した時間外労働時間（休日労働を含まず）が720時
　　間以内であれば、上限の範囲内です。

・2カ月・3カ月・4カ月・5カ月・6カ月のそれぞれの平均時間外労働時間：
　80時間以内（<u>休日労働を含む</u>）

　→前ページの例でみた場合、9月（76時間）と10月（上記89時間）の平均が
　　82.5時間となり、上限である80時間を超えていることから、労働基準法違
　　反となります。この場合、次の表のように9月の時間外・休日労働が71時
　　間以下であれば、上限の範囲内となります。

（例）	5月	6月	7月	8月	9月	10月 （当月）
時間外・ 休日労働 （時間）	80.0	65.0	95.0	60.0	71.0	89.0

算定期間	平均値
2カ月（9〜10月）平均	→ 80.0
3カ月（8〜10月）平均	→ 73.3
4カ月（7〜10月）平均	→ 78.8
5カ月（6〜10月）平均	→ 76.0
6カ月（5〜10月）平均	→ 76.7

　このように、2カ月・3カ月・4カ月・5カ月・6カ月のそれぞれの「時間
外労働＋休日労働」の平均時間を80時間以内としなければならないことから、
時間外労働や休日労働が恒常的に多い会社は注意を要します。

　最後に、36協定の記入例を取り上げます（図表2-46〜図表2-47）。
　特別条項について注意すべきは、「限度時間を超えて労働させる労働者に対

する健康及び福祉を確保するための措置」の欄です。次に掲げるものの中から該当する番号を選択し、その具体的な内容を記入する必要があります。労使での協議を経て、措置の導入を進めましょう。

① 労働時間が一定時間を超えた労働者に医師による面接指導を実施すること

② 労働基準法第37条第4項に規定する時刻（22時〜5時）の間において労働させる回数を1カ月について一定回数以内とすること

③ 終業から始業までに一定時間以上の継続した休息時間を確保すること（勤務間インターバル）

④ 労働者の勤務状況およびその健康状態に応じて、代償休日または特別な休暇を付与すること

⑤ 労働者の勤務状況およびその健康状態に応じて、健康診断を実施すること

⑥ 年次有給休暇についてまとまった日数連続して取得することを含めてその取得を促進すること

⑦ 心とからだの健康問題についての相談窓口を設置すること

⑧ 労働者の勤務状況およびその健康状態に配慮し、必要な場合には適切な部署に配置転換をすること

⑨ 必要に応じて、産業医等による助言・指導を受け、または労働者に産業医等による保健指導を受けさせること

⑩ その他

「所定外休日（＝法定休日ではない）」の労働を、上限規制の集計において「休日」扱いとすることは問題ありませんか？

　特別条項における「1年当たりの上限規制に休日労働は算入しない」となっていますが、算入することによって、実質は上限が下がることとなり労働者に有利となることから、実態としては問題ないことになります。

図表2-46 時間外労働・休日労働に関する協定例(通常)

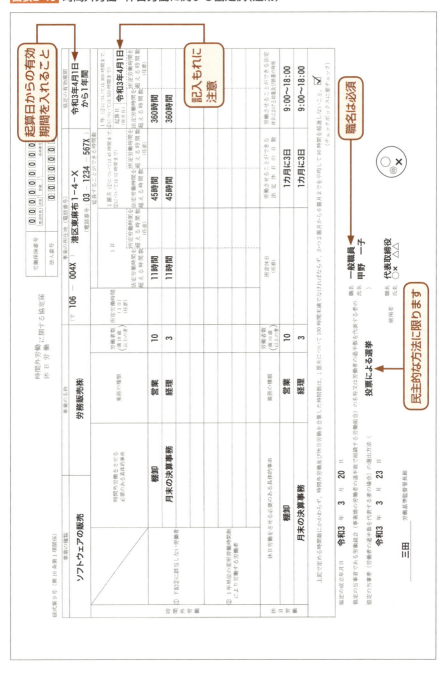

図表2-47 時間外労働・休日労働に関する協定例（特別条項ありの場合）

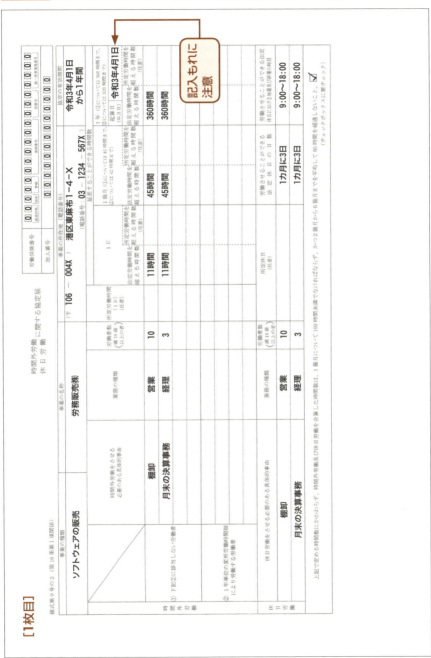

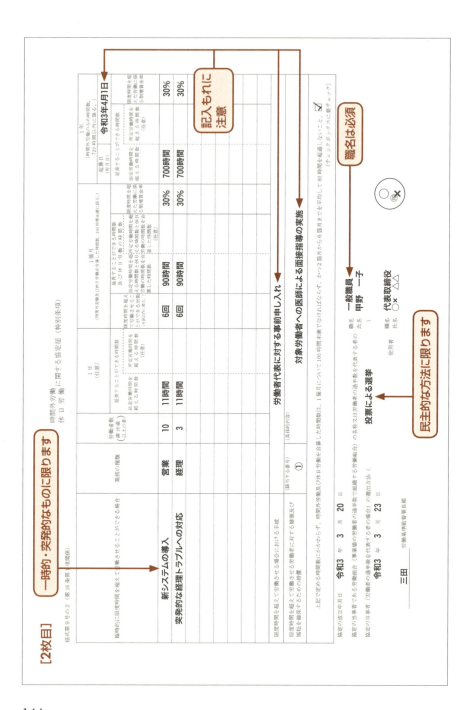

第3章

賞与計算の
すすめ方

　賃金には、月次給与のほかに賞与があります。

　この賞与には、事前に金額が決定している場合もあれば、「基本給×○カ月」の○カ月部分が随時決定される場合や、金額そのものが随時決定される場合もあります。

　しかし、賞与計算自体は、決定した金額から簡単に計算できます。

第3章
賞与計算の
すすめ方
1

賞与かどうかを確認しよう

　賞与と月次給与との違いは何でしょうか。一時金がすべて賞与だとしたら、報奨金はどうなるでしょう。

　所得税では、一時金を賞与として扱い、源泉所得税の計算方法に違いを設けています。しかし、月次給与と賞与の違いについては明確な定義がありません。それは、月次給与も賞与も年末調整の際に合算して「給与所得」となり、源泉所得税の精算を行うからです。

　雇用保険では、「労働の対償」として支払われる金額に一定の料率を乗じて計算するため、月次給与と賞与についての違いはありません。

　一方、健康保険と厚生年金保険では、月次給与と賞与について違いがあります。

　賞与とは一時的に支払われる金品をいい、予定外のもの、もしくは予定があったとしても予定回数が3回以下のものが当てはまります。金額ではなく、「予定回数」が決め手となるわけです。この場合、たとえ1万円という少額であっても、賞与としての計算手続きを進めなければなりません。

　逆に、年に4回以上の賞与が予定されている場合には、予定賞与はすべて月次給与扱いとなります。予定回数が重要であり、金額で決まるものではありま

図表3-1 賞与区分

	税法関連	健康保険、厚生年金保険
①定期の給与とは別に支払われるもので、賞与・夏季手当・期末一時金などの名目で支給される金銭 ・自社製品など金銭以外で支給されるもの	賞与となる	予定回数が年4回以上 →月次給与となる 予定回数が年3回以下 →賞与となる
②一時的、臨時的に支給される金銭 ・純益を基準として支給されるもの ・あらかじめ支給額または支給基準の定めのないもの ・あらかじめ支給期の定めのないもの	賞与となる	賞与となる
③結婚祝金やプロ野球の大入り袋など、労働の対償とならない金銭	賞与でも月次給与でもない	賞与でも月次給与でもない

168

せん。たとえば、「前月の売上×一定料率」から計算する報奨金が毎月支給されているとすると、これは月次給与となります。たとえ30万円という高額な報奨金であっても、その月の給与の一部であるとして、月次給与と合算した額に対する保険料が月次給与から徴収されます（171ページ参照）。

このように、健康保険や厚生年金保険においては、月次給与と賞与との間に明確な取り扱いの差があります。名称にとらわれず、実態に沿って判断しましょう。

臨時的に賞与を年に4回以上支払った場合は、健康保険・厚生年金保険の取り扱いはどうなるのでしょうか？

7月1日現在において賃金、給料など毎月支給されるもの以外のもの（以下「賞与」という）の支給実態が次のいずれかに該当する場合は、その賞与は報酬（＝月次給与扱い）に該当します。

・7月1日現在における賞与の支給が、給与規定や賃金協定等の諸規定によって年間を通じ4回以上の支給につき客観的に定められているとき
・賞与の支給が7月1日前の1年間を通じ4回以上行われているとき
なお、賞与の支給回数の算定は、次により行います。
・名称は異なっても同一性質を有すると認められるものごとに判別すること
・例外的に賞与が分割支給された場合は、分割分をまとめて1回として算定すること
・当該年に限り支給されたことが明らかな賞与については、支給回数に算入しないこと

つまり、臨時的に賞与支給回数が4回以上となった場合は、そのまま賞与扱いとしてかまいません。

大入り袋も賞与に該当するのですか？

目標を達成したときなどに、「大入り袋」という名称で、一定額が全従業員に支払われることなどがありますが、これは「賞与」（月次給与の場合もあり）に該当します（図表3-1の②に該当）。

一方、年金事務所発行のリーフレットなどに「大入り袋は賞与ではない」との記載があります。ここでいう「賞与ではない大入り袋」とは、大相撲やプロ野球などにおいて満員御礼の際に関係者全員に渡される金銭のことで、従業員ではない者（報道関係者など）にも支払われることから「労働の対償」とはいえず、賞与には当たらないとされているものです（図表3-1の③に該当）。

第3章　賞与計算のすすめ方

支給項目を計上しよう

第3章 賞与計算のすすめ方 2

　まずは、賞与金額を入力します。このとき「社長賞」などの特別な項目がある場合は、分けて入力するとよいでしょう。

　賞与金額が「基本給×○カ月」のような計算式による場合には、この計算式をシステム上に設定すると簡単に事務が進みます。

　そのほかに、不就労控除を賞与の支給時に行う会社もあります。この場合、賞与金額そのものから減額するのか、賞与を全額支給したうえで不就労控除を別立てにするのか、いずれの方法でもかまいませんが、計算式が明確なのであれば、別立てとするほうが望ましいです。

【例】不就労控除が別立てのケース

支給項目					
賞与	不就労控除				総支給額
500,000	－1,250				498,750

賞与金額の根拠を従業員に説明する義務はありますか？

　通常は、会社が賞与の支給の有無を決定し、金額についても会社が決定することになっています。会社が決定した金額について、その内容を説明する義務はありませんが、賞与金額について会社が決定する旨を賃金規程に明記しておかなければなりません。

　また、雇用契約書や賃金規程に計算の根拠が明示されているのであれば、この内容に反する計算根拠を用いるときには、事前に説明をしたうえで従業員の了承を得ることが必要となります。

　賞与の計算については、会社内で統一しておくほうが無難でしょう。

控除項目を計上しよう

[1] 健康保険(介護保険)・厚生年金保険

　168ページでも説明しましたが、名称が「賞与」であっても、健康保険（介護保険）・厚生年金保険では「月次給与」扱いとなり、「賞与」として保険料を徴収しないことがありますので、注意が必要です。

　さて、健康保険（介護保険）・厚生年金保険の賞与における保険料は、「標準賞与に保険料率を乗じた金額」となり、この金額を被保険者と事業主が折半負担しています。また、賞与においても、事業主のみ子ども・子育て拠出金として、標準賞与に保険料率を乗じた金額を負担します。こうして健康保険（介護保険）・厚生年金保険の保険料と子ども・子育て拠出金をあわせた金額を、事業主が年金事務所（健康保険組合）に納付手続きを行います。

　賞与では、月次給与のような料額表がありませんので、別途計算式にて保険料を求めることになります。なお、保険料率は、**賞与支給月の月末時点のものを適用しましょう**。この保険料率は、健康保険組合の規約改正や法律改正によって変更がありますので注意が必要です（96ページの**図表2-4**参照）。

　それでは、実際の保険料を計算してみましょう。

　健康保険（介護保険）・厚生年金保険における賞与に対する保険料は、「**標準賞与×保険料率**」で算出します（50銭以下切り捨て、50銭超切り上げ）。この**標準賞与**とは、賞与額から1000円未満の端数を切り捨てた金額です。

　498,750円（賞与額）→498,000円（標準賞与）
・健康保険料（介護保険あり。東京都）：498,000円×58.30/1000
　＝29,033.4円→29,033円
・厚生年金保険料：498,000円×91.50/1000
　＝45,567円→45,567円

【介護保険料の算出方法】
・健康保険料（介護保険なし。東京都）：498,000円×49.35/1000
　＝24,576.3円→24,576円

・介護保険料：29,033円（介護保険あり）−24,576円（介護保険なし）
　＝4,457円

支給項目					
賞与	不就労控除				総支給額
500,000	−1,250				498,750

控除項目								
健康保険	うち介護保険	厚生年金	雇用保険	社会保険料合計	課税対象額	所得税	財形貯蓄	
29,033	(4,457)	45,567						
総控除額								

　ところで、賞与に対する保険料に上限はないのでしょうか。保険料を決定するための「標準賞与額」には、次のとおり上限設定があります。ただし、健康保険（含む介護保険）と厚生年金保険では上限の設定が異なるので、注意が必要です。

標準賞与額＝実際の賞与額から1000円未満の端数を切り捨てた金額
　・健康保険（介護保険）：年度（毎年4月1日〜翌年3月31日）累計で573万円
　・厚生年金保険：1カ月合計で150万円

【例】

	4月	8月	12月
実際の賞与支給額	2,500,000円	1,500,000円	2,000,000円
健康保険の標準賞与額 （上限：年度累計で5,730,000円）	2,500,000円	1,500,000円	1,730,000円 （12月で上限5,730,000円に達しているため）
厚生年金保険の標準賞与額 （上限：1カ月につき1,500,000円）	1,500,000円 （月内で上限1,500,000円に達しているため）	1,500,000円	1,500,000円 （月内で上限1,500,000円に達しているため）

保険料率の変更があった場合の留意点とは？

　保険料率の適用については原則として、月次給与は前月末日時点で決定、賞与は当月末日時点で決定となることから、月次給与とは1カ月のズレがあります。つまり、保険料率変更月において、「月次給与は旧料率、賞与は新料率」ということになります。

【例】当月1日付けで保険料率が変更となった場合

給与 ①：旧料率	給与 ②：旧料率	給与 ③：新料率
賞与 ①：旧料率	賞与 ②：新料率	賞与 ③：新料率
前月	当月	翌月

　賃金計算システムで計算する場合、保険料率を入力するマスタ部分があります。月次給与と賞与の入力欄が別々に設定可能であれば問題ありませんが、同一の欄を使用している場合は注意が必要です。月次給与の処理が終了してから保険料率を変更し、賞与の処理を進めるなど、保険料率が異なることを念頭に、業務の進め方を考えましょう。

　保険料の徴収の有無については、保険料率と同様に当月末日の状況で決定します。

・10月15日入社→10月31日資格取得済み→10月支払い賞与から徴収開始
・10月20日退職→10月31日資格喪失済み→10月支払い賞与から徴収なし（9月賞与まで徴収）
・10月10日に40歳の誕生日→10月31日に40歳→10月支払い賞与から介護保険料徴収開始
　その他さまざまなパターンを182ページ以下で紹介します。ご参照ください。

[2] 雇用保険

　雇用保険料は月次給与と同様、「**総支給額×保険料率**」にて算出します（104ページ参照）。64歳以上の人についても、令和2年度からは雇用保険料の徴収対象となっています。なお、端数については、50銭以下の場合は切り捨て、50銭1厘以上の場合は切り上げとなります。

・雇用保険料：498,750円×3/1000＝1,496.25円→1,496円

支給項目					
賞与	不就労控除				総支給額
500,000	−1,250				498,750

控除項目								
健康保険	うち介護保険	厚生年金	雇用保険	社会保険料合計	課税対象額	所得税	財形貯蓄
29,033	(4,457)	45,567	**1,496**				
総控除額							

[3] 所得税

44ページの給与所得者の扶養控除等（異動）申告書、113ページの給与明細を参考に、ステップ①から計算を進めていきましょう。

ステップ①　賞与収入金額を求める

「賞与収入金額＝賞与の総支給額−非課税の賞与収入」です。「非課税の賞与収入」とは、結婚祝金などが当てはまりますが、支給項目で非課税の賞与収入はありませんので、総支給額がそのまま賞与収入金額となります。

・賞与収入金額：498,750円（総支給額）− 0円＝498,750円

支給項目				賞与収入金額
賞与	不就労控除	総支給額		
500,000	−1,250	**498,750**	→	**498,750**

ステップ②　社会保険料控除後の賞与金額を求める

「社会保険料控除後の賞与金額＝賞与収入金額−社会保険料」です。社会保険料は、健康保険・厚生年金保険・雇用保険にかかるものであり、計算式は次のとおりとなります。

174

・社会保険料：29,033円（健康保険）＋45,567円（厚生年金保険）＋1,496円（雇用保険）＝76,096円
・社会保険料控除後の賞与金額：498,750円（賞与収入金額）−76,096円（社会保険料）＝422,654円

ステップ③　給与所得者の扶養控除等（異動）申告書から扶養親族等の数を求める

扶養親族等の数は、原則、給与所得者の扶養控除等（異動）申告書に記載されている人数となるため、ここでは「1人」となります。

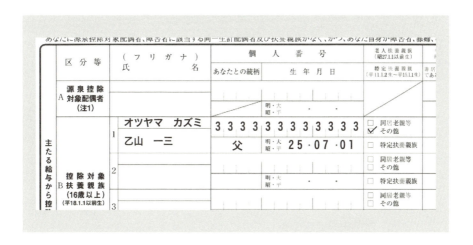

ステップ④ 前月の月次給与における「社会保険料控除後の給与金額」を求める

前月の月次給与の明細（賃金台帳）を参考に、社会保険料控除後の給与金額を求めます（113ページ参照）。

【前月の月次給与】

控除項目					
健康保険	うち介護保険	厚生年金	雇用保険	社会保険料合計	課税対象額
19,822	(3,043)	31,110	1,110	52,042	**309,427**

ステップ⑤ 賞与に対する税率を求める

「扶養親族等の数（**ステップ③**）」「前月の月次給与における社会保険料控除後の給与金額（**ステップ④**）」を「賞与に対する源泉徴収税額の算出率の表」（250ページ）に当てはめると、賞与における税率を求めることができます（扶養親族などの数：「1人」）。

賞与の金額に乗ずべき率	甲							
	扶 養 親 族 等 の 数							
	0人		1人		2人		3人	
	前 月 の 社 会 保 険 料 等 控 除 後 の 給 与 等 の 金 額							
	以上	未満	以上	未満	以上	未満	以上	未満
%	千円	千円	千円	千円	千円	千円	千円	千円
0.000	68千円未満		94千円未満		133千円未満		171千円未満	
2.042	68	79	94	243	133	269	171	295
4.084	79	252	243	282	269	312	295	345
6.126	252	300	282	338	312	369	345	398
8.168	300	334	338	365	369	393	398	417
10.210	334	363	365	394	393	420	417	445
12.252	363	395	394	422	420	450	445	477

ステップ⑥ 所得税額を求める

「社会保険料控除後の賞与金額（**ステップ②**）×賞与に対する税率（**ステップ⑤**）」により、所得税額を求めることができます。

所得税率は6.126％なので、計算式は次のとおりとなり、25,891円が所得税額

同月内に2回以上の賞与がある場合、保険料はどのように算定するのでしょうか？

　同月内に2回以上の賞与がある場合、合計額から標準賞与を算出して保険料を決定します。したがって、2回目以降の賞与については、単純な計算式ではなく、差額調整が必要となります。

【例】(介護保険なし。東京都)

① **6月10日支払い賞与**：328,489円

　→328,000円(標準賞与)として保険料を算出

・健康保険料：328,000円×49.35/1000＝16,186.8円→16,187円
・厚生年金保険料：328,000円×91.50/1000＝30,012円→30,012円

支給項目				
賞与				総支給額
328,489				328,489

控除項目							
健康保険	うち介護保険	厚生年金	雇用保険	社会保険料合計	課税対象額	所得税	総控除額
16,187	(0)	30,012					

② **6月25日支払い賞与**：233,920円

　328,489円(前回賞与)＋233,920(今回賞与)＝562,409円→562,000円(標準賞与)として保険料を算出し、6月10日控除済み保険料との差額を控除

・合算健康保険料：562,000円×49.35/1000＝27,734.7円→27,735円
　　→今回健康保険料：27,735円－16,187円〔6月10日控除済み〕
　　　　　　　　　　＝11,548円
・合算厚生年金保険料：562,000円×91.50/1000＝51,423円→51,423円
　　→今回厚生年金保険料：51,423円－30,012円〔6月10日控除済み〕
　　　　　　　　　　＝21,411円

支給項目				
賞与				総支給額
233,920				233,920

控除項目							
健康保険	うち介護保険	厚生年金	雇用保険	社会保険料合計	課税対象額	所得税	総控除額
11,548	(0)	21,411					

となります。

・所得税額：422,654円×6.126％＝25,891.7円→25,891円（円未満切り捨て）

支給項目					総支給額
賞与	不就労控除				
500,000	−1,250				498,750

控除項目							
健康保険	うち介護保険	厚生年金	雇用保険	社会保険料合計	課税対象額	所得税	財形貯蓄
29,033	(4,457)	45,567	1,496	76,096	422,654	**25,891**	
総控除額							

[4] その他（親睦会費、組合費、財形貯蓄など）

　賞与においても社会保険料、所得税、住民税以外の金額を控除する場合は、労使協定が必要です。

　定期的な賞与の場合、財形貯蓄を計上することが多いのではないでしょうか。また、月次給与とは異なる金額となることもありますので、112ページの変更届（図表2-12）などを利用しましょう。

　いずれの場合も、労使協定や本人からの申出書などを参照し、金額を随時入力しましょう。

支給項目					総支給額
賞与	不就労控除				
500,000	−1,250				498,750

控除項目							
健康保険	うち介護保険	厚生年金	雇用保険	社会保険料合計	課税対象額	所得税	財形貯蓄
29,033	(4,457)	45,567	1,496	76,096	422,654	25,891	**100,000**
総控除額							
201,987							

退職金は賞与と同じように社会保険料などを控除して支払うのでしょうか。また、解雇予告手当も賞与となりますか？

退職金や解雇予告手当は、賞与でも月次給与でもありません。賃金とは性質が異なる特別の手当（＝退職所得）として扱います。

① 社会保険

健康保険・厚生年金保険・雇用保険のいずれにおいても、保険料の対象としていませんので、保険料控除は不要です。

② 所得税（復興特別所得税を含む）

月次給与や賞与とは異なる計算方法を採用します。

まず、「退職所得の受給に関する申告書」（図表3-2）を従業員に記入してもらいます。この申告書が提出された場合、所得税の額は、「（退職金－退職所得控除額）×1/2×税率－控除額」となります。

では、勤続年数10年、退職金800万円の例を挙げてみます。

まずは252ページの表により、退職所得控除額を求めます。

勤続10年に対する控除額は400万円であるので、これを退職金から控除し、2分の1を乗じた金額が「課税退職所得金額」となります。

　課税退職所得金額：(8,000,000円－4,000,000円)×1/2＝2,000,000円

この200万円と253ページの速算表をつき合わせて、所得税を算出します。

　所得税：(2,000,000円×10%－97,500円)×102.1%＝104,652円（1円未満の端数は切り捨て）

③ 住民税

住民税についても、月次給与や賞与とは異なる計算方法を採用します。

課税退職所得金額の算出方法は、所得税と同様です。次に、市区町村民税と都道府県民税に分けて計算します。

・市区町村民税：課税退職所得金額×6%
・都道府県民税：課税退職所得金額×4%

たとえば、勤続年数10年、退職金800万円の場合、課税退職所得金額は「(8,000,000円－4,000,000円)×1/2＝2,000,000円」となりますので、求める住民税は、次のとおりとなります。

・市区町村民税：2,000,000円×6%＝120,000円
・都道府県民税：2,000,000円×4%＝80,000円

なお、役員としての勤続年数が5年以下である「特定役員」に対する退職手当等については計算方法が異なりますので、税務署等にお問い合わせください。

図表3-2 退職所得の受給に関する申告書

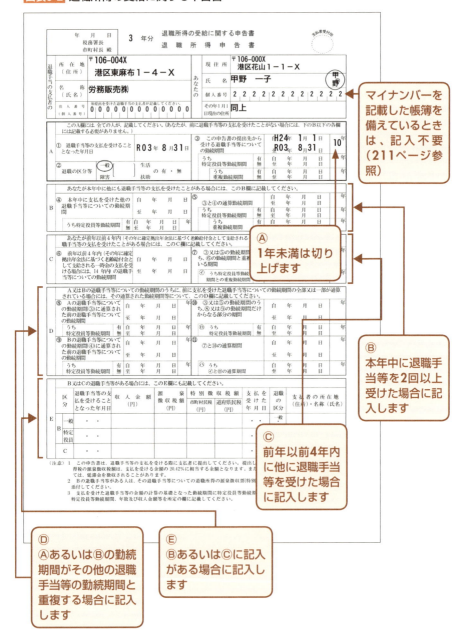

賞与を従業員に支払おう

総支給額から総控除額を除いた金額が「差引支給額」、つまり従業員への賞与支払額となります。

支給項目					
賞与	不就労控除				総支給額
500,000	−1,250				498,750

控除項目							
健康保険	うち介護保険	厚生年金	雇用保険	社会保険料合計	課税対象額	所得税	財形貯蓄
29,033	(4,457)	45,567	1,496	76,096	422,654	25,891	100,000
総控除額							
201,987							

集計
差引支給額
296,763

賞与支払いの際は、月次給与と同様に明細書を従業員に交付しましょう。

賞与の支払い後は、「**賞与支払届**」(77ページ)を年金事務所(健康保険組合)に提出します。

忘れがちなのは、「月末に資格を喪失したため、保険料を徴収しなかった」「標準賞与額累計が上限に達しているため、保険料の徴収をしなかった」などの理由によって保険料を徴収しなかった従業員についての届け出です。保険料徴収の有無にかかわらず、賞与を支払った従業員については届け出義務がありますので、注意しましょう。

181

社会保険料の徴収について パターン別でみてみよう

[1] 健康保険・介護保険・厚生年金保険料の徴収の有無

賞与における一般的な徴収パターン

(1) 資格取得月

　資格を取得した月の賞与は、保険料の対象となります。しかし、資格取得日と賞与支給日が同月であっても、資格取得日より前の日に支払われた賞与（支度金など）は、保険料の対象とはなりません。

(2) 資格喪失月

　資格喪失した月と同月に支払われた賞与は、保険料の対象となりません。

　資格喪失日とは退職日の翌日になりますので（128ページ参照）、「**資格喪失月＝退職日の翌日が属する月**」となります。月末が退職日の場合は、注意してください。

182

【例】12月30日退職で、12月10日に賞与が支払われた場合

【例】12月31日退職で、12月10日に賞与が支払われた場合

(3) 同月内に資格喪失・資格取得のある場合 (その1)

資格喪失月に、別会社で資格を取得した場合、**(1)** と **(2)** の組み合わせとなります。

前の会社では保険料は徴収されず、次の会社で保険料が徴収されます。

(4) 同月内に資格喪失・資格取得のある場合 (その2)

同月内に同じ会社において資格取得と資格喪失があった場合 (**同月得喪**) には、資格取得日から資格喪失日の前日 (＝退職日) までに支払われた賞与が保険料の対象となります。ただし、厚生年金保険料については還付の可能性があります (103ページ参照)。

(5) 産前産後休業・育児休業の開始月

産前産後休業・育児休業を開始した日の属する月に支給した賞与については、免除の対象となり、保険料の対象外となります。

(6) 育児休業の終了月

育児休業を終了する日の翌日（＝復帰日）の属する月に支給した賞与については、保険料が免除されません。

つまり、復帰日が属する月に支給した賞与からは保険料を徴収する必要があります。

【例】12月31日に育児休業が終了し、12月10日に賞与が支払われた場合

【例】12月30日に育児休業が終了し、12月10日に賞与が支払われた場合

(7) 育児休業の開始と終了が1カ月以内の場合

育児休業を開始した月と終了する日の翌日が属する月が異なる場合、賞与についての保険料が免除される月があります。

なお、育児休業の開始と終了が同月内の場合は、保険料の免除はありません。

① 徴収しない
② 徴収しない
③ 徴収する
④ 徴収する

[2] 介護保険料の徴収の有無

40歳に到達すると、介護保険料の徴収対象となります。健康保険（厚生年金保険）とあわせて、賞与に対するさまざまなパターンを考えてみましょう。

(1) 資格取得月・資格喪失月

賞与における健康保険・厚生年金保険の保険料と同様に取り扱います。

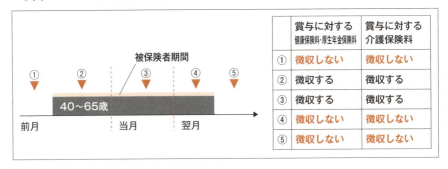

(2) 40歳到達月

40歳に到達すると、介護保険料の徴収対象となり、40歳に到達した月に支払われた賞与から、介護保険料の対象となります。

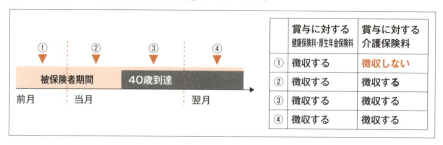

なお、「到達した日」とは誕生日の前日ですので、「40歳到達月＝誕生日の前日が属する月」となります。

1日が誕生日である方の場合は、注意が必要です。

【例】1月1日が誕生日で、12月10日に賞与が支払われた場合

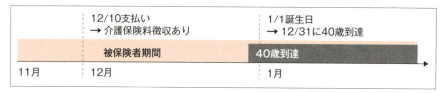

【例】1月2日が誕生日で、12月10日に賞与が支払われた場合

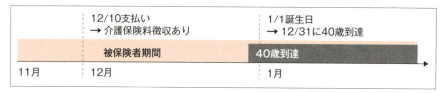

(3) 65歳到達月

65歳に到達すると、介護保険第1号被保険者（100ページ参照）となり、公的年金から保険料が直接控除されることになるため、介護保険料は賞与からは徴収対象外となります。

つまり、65歳に到達した月に支払われた賞与から、介護保険料の対象外となります。

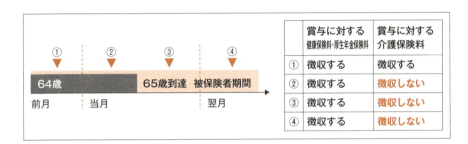

なお、「到達した日」とは誕生日の前日をいいますので、「65歳到達月＝誕生日の前日が属する月」となります。

1日が誕生日である方の場合は、要注意です。

【例】1月1日が誕生日で、12月10日に賞与が支払われた場合

【例】1月2日が誕生日で、12月10日に賞与が支払われた場合

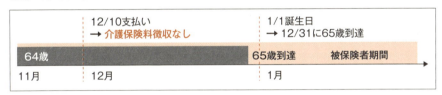

(4) 40歳到達月に資格取得

40歳到達の月からは介護保険料を徴収しますが、資格取得日前の賞与（支度金など）からは徴収しません。

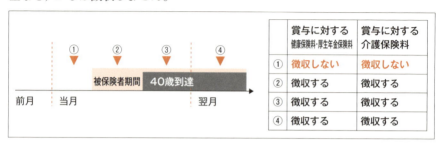

(5) 65歳到達月に資格取得

65歳到達月に支給された賞与からは、介護保険料を徴収しません。

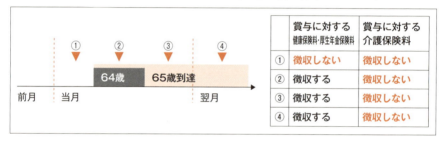

(6) 40歳到達月に資格喪失

資格喪失月に支給された賞与からは、いずれの保険料も徴収しません。

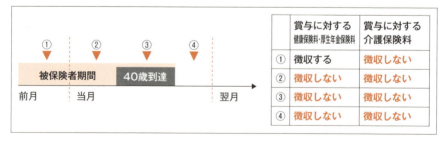

(7) 65歳到達月に資格喪失

前記 (6) と同様に、資格喪失月に支給された賞与からは、いずれの保険料も徴収しません。

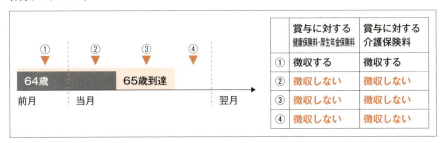

(8) 同月内に資格喪失・資格取得のある場合 (その1)

資格喪失月に支給された賞与からは、保険料を徴収しません。

しかし、同月内に資格取得があった場合、取得日以降に支給された賞与からは、保険料を徴収します。

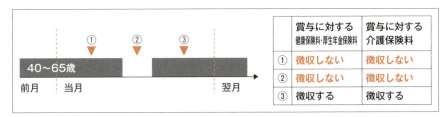

(9) 同月内に資格喪失・資格取得のある場合 (その2)

同月内に同じ会社において資格取得と資格喪失があった場合、資格取得日から資格喪失日の前日 (＝退職日) までに支払われた賞与が保険料の対象となります。ただし、厚生年金保険料については還付の可能性があります。

第4章

年末調整の
すすめ方

　月次給与や賞与は、「源泉徴収税額表」によって所得税を算出します。しかし、その所得税の合計額は、月次給与や賞与総額に対して納めなければならない総額（年税額）とは一致しないのが通常です。

　この不一致を精算するため、1年間（1月1日～12月31日）の月次給与や賞与総額が確定する年末に、その年に納めるべき税額を正しく計算し、それまでに徴収した税額との過不足を求め、その差額を徴収または還付することが必要となります。これが「年末調整」です。

　この章では、年末調整の一連の流れを確認します。細かい点については、国税庁より年末に発行される「年末調整のしかた」で確認してください。

■年末調整のチェックリスト

項目	必要業務	掲載ページ
扶養控除など	▪ 扶養控除等申告書の未提出者はいないか ▪ 年内に結婚や出生などで、扶養親族等に変更があった場合、変更後の内容が記入されているか ▪ 扶養親族等の合計所得金額は48万円以下となっているか ▪ 特定扶養親族、老人扶養親族等の生年月日に誤りはないか ▪ 控除対象扶養親族は16歳以上となっているか ▪ 障害者の障害等級は確認できているか ▪ 同居、別居の有無は確認できているか ▪ 勤労学生の証明書は受領しているか ▪ 前職の源泉徴収票（本年分）は添付されているか ▪ 配偶者控除を行う場合、所得者本人の合計所得金額は1000万円以下となっているか	196ページ
生命保険料控除	▪ 保険金または年金の受取人は、一定の範囲内の人となっているか ▪ 申告された保険料は、所得者本人が支払っているか ▪ 分配を受けた剰余金や割戻しを受けた割戻金は、支払った保険料額から控除しているか ▪ 一般の生命保険料・介護医療保険料・個人年金保険料および新旧の区分に誤りはないか ▪ 控除額の計算に誤りはないか ▪ 証明書類は添付されているか	201ページ
地震保険料控除	▪ 所得者本人等の住居または家財等を保険の目的としているか ▪ 地震保険料と旧長期損害保険料の区分に誤りはないか ▪ 控除額の計算に誤りはないか ▪ 証明書類は添付されているか	201ページ
社会保険料控除	▪ 申告された保険料は、社会保険料控除の対象となるか ▪ 申告された保険料は、所得者本人が支払っているか ▪ 国民年金および国民年金基金については、証明書類は添付されているか	204ページ
配偶者特別控除	▪ 所得者本人の合計所得金額は1000万円以下となっているか ▪ 配偶者控除の対象者を、特別控除の対象者としていないか ▪ 配偶者の所得金額を確認しているか ▪ 控除額の計算に誤りはないか	205ページ
住宅借入金等特別控除	▪ 住宅の取得者と所得者本人が同一人か ▪ 本年12月31日まで引き続き居住しているか ▪ 借入れ等をしている者と所得者本人が同一人か ▪ 借入金が連帯債務の場合、連帯債務の相手方に債務金額について、記入をしてもらっているか ▪ 控除額の計算に誤りはないか ▪ 証明書類は添付されているか ▪ 借り換えについて確認しているか	209ページ
給与集計関係	▪ 月次給与・賞与だけでなく、臨時給与や現物給与も対象としているか	213ページ
税額計算関係	▪ 課税所得金額は、1000円未満を切り捨てているか ▪ 年調年税額は、100円未満を切り捨てているか	218ページ

第4章 年末調整のすすめ方 1

対象者・時期を確認しよう

年末調整は、「給与所得者の扶養控除等（異動）申告書」（図表4-2）を提出している人全員が対象となりますが、退職などによって対象とならない人もいます。この点については、図表4-1をもとに確認します。

次に、年末調整における所得税の計算手順について確認しておきましょう。以下のような流れで税額を計算します（215ページ参照）。

ステップ①　「給与・賞与収入金額」を求める

「給与・賞与の総支給額」－「非課税の収入金額」

ステップ②　「給与所得金額」を求める

「給与・賞与収入金額」－「給与所得控除（258ページ）」

ステップ③　「課税所得金額」を求める

「給与所得金額」－「所得控除」

図表4-1　年末調整の対象となる人・ならない人

年末調整の対象となる人・時期	年末調整の対象とならない人
【12月に行う年末調整】 ① 1年を通じて勤務している人 ② 年の中途で就職し、年末まで勤務している人 【事由発生時に行う年末調整】 ③ 死亡により退職した人 ④ 海外の支店などに1年以上の予定で転勤した人 ⑤ 著しい心身の障害のために退職した人（年内の再就職により、賃金を受け取る見込みのある人は除きます） ⑥ 12月に支給されるべき賃金等の支払いを受けた後に退職した人 ⑦ いわゆるパートタイマーとして働いている人などが退職した場合で、本年中に支払いを受ける賃金の総額が103万円以下である人（退職した後に本年中に他の勤務先等から賃金の支払いを受ける見込みのある人は除きます）	① 左欄に掲げる人のうち、会社が1年間に支払う賃金の総額が2,000万円を超える人 ② 左欄に掲げる人のうち、災害減免法の規定により、その年の賃金に対する源泉所得税および復興特別所得税の徴収猶予や還付を受けた人 ③ 年末調整を行うときまでに給与所得者の扶養控除等（異動）申告書を提出していない人、提出できない人（乙欄適用者） ④ 年の中途で退職した人で、左欄の③、⑤～⑦に該当しない人 ⑤ 非居住者 ⑥ 日雇労働者など（日額表の丙欄適用者）

ステップ ④ 「算出所得税額」を求める

「課税所得金額」×「速算表による税率（267ページ）」－「速算表による控除金額（267ページ）」

ステップ ⑤ 「年調所得税額」を算出する

「算出所得税額」－「住宅借入金等特別控除額」

ステップ ⑥ 「年調年税額」を決定する

「年調所得税額」×102.1％

年末調整計算は**ステップ①**から開始するわけですが、事前準備として**ステップ③**および⑤で求めるための書類が必要です。196ページから必要書類について説明します。

「月末締め翌月10日払い」における年末調整の対象となる月次給与・賞与とは？

年末調整は、当年中に支払いの確定した給与、つまり支給日が到来した給与を対象とします。この場合は、1月10日～12月10日支払い分の給与を1年分として年末調整の対象となる給与とします。

また、年末調整の調整金額（224ページ）は12月支払いの月次給与で精算することが原則ですが、12月支払い賞与や1月支払いの月次給与で行ってもかまいません。事務処理上で都合のよいほうを採用してください。

他の所得があり、年末調整を希望しない従業員の年末調整は不要なのでしょうか？

図表4-1の「年末調整の対象とならない人」に該当しない限り、年末調整は行わなければなりません。従業員の意思は関係ありませんので、注意が必要です。

NEW!

令和2年分から開始した年末調整手続きの電子化は、「保険料控除申告書」（202ページ）および「住宅借入金等特別控除申告書」（209ページ）についてであり、以下の手順となります。

①従業員が、保険会社等から控除証明書等を電子データで受領する

②従業員が、①の電子データを年末調整控除申告書作成用ソフトウェア（令和2年10月に国税庁より無償提供開始）にインポートする

③従業員は、②による年末調整申告書データおよび①の控除証明書等データを勤務先に提供する
④勤務先において、③のデータを給与システム等にインポートして年税額を計算する

■令和2年10月以降（電子化後）

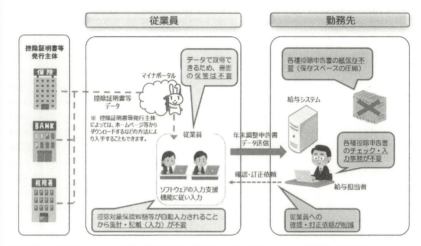

資料出所：国税庁ホームページ「年末調整手続の電子化に向けた取組について（令和2年分以降）」

　会社のメリットとしては、計算結果の検算や証明書の照合作業などのチェック作業が削減できることです。また、控除証明書は電子化されますので、書面の保管コストも削減できます。

　導入は任意です。本書執筆時点では概要しかわかっていませんが、使用している給与計算システムの動向も注視しながら、詳細がわかるまでに次の点を検討しておくことをお勧めします。
・電子化の実施方法の検討
・従業員への周知
・給与システム等の改修等
・税務署への届け出（導入の場合、会社があらかじめ税務署長に、「源泉徴収に関する申告書に記載すべき事項の電磁的方法による提供の承認申請書」を提出し、その承認を受ける必要があります）

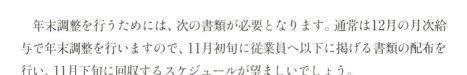

必要書類を準備しよう

年末調整を行うためには、次の書類が必要となります。通常は12月の月次給与で年末調整を行いますので、11月初旬に従業員へ以下に掲げる書類の配布を行い、11月下旬に回収するスケジュールが望ましいでしょう。

(1) 給与所得者の扶養控除等（異動）申告書（必須。図表4-2）

その年の12月31日現在の状況を記入する書類です。例外として、12月31日以前に死亡した人については、死亡日現在の状況となります。

年末調整の担当者は、次の事項が記入されているかどうかを確認します。

① A欄

源泉控除対象配偶者（43ページ参照）に該当する配偶者がいる場合、必要事項（氏名、個人番号、生年月日、住所、その年の所得の見積額）を記入します。

② B欄

控除対象扶養親族（60ページ参照）に該当する人がいる場合、必要事項（氏名、個人番号、続柄、生年月日、住所、その年の所得の見積額等）を記入します。

③ C欄

本人、同一生計配偶者、扶養親族が**障害者**（要件については60ページ参照）に該当する場合は該当欄にチェックをし、「障害者又は勤労学生の内容」欄に、該当者名、障害の状態または障害者手帳の種類、交付年月日、障害の程度（等級）などを記入します。

なお、同一生計配偶者または扶養親族が特別障害者で、かつ同居している場合は、「同居特別障害者」の欄にチェックをします。

【例】父が障害者、扶養親族（長女）が同居特別障害者に該当する場合

また、本人が、**寡婦・ひとり親**（要件については61ページ参照）の場合、該当欄にチェックをします。なお、以前は求められていた「該当する事実の記載」は不要となりました。

【例】ひとり親に該当する場合

本人が**勤労学生**（要件については63ページ参照）の場合は該当欄にチェックをし、在学証明書などを貼付します。

④ 裏面

　年の中途で就職した人で前職のある人は、前の勤務先から交付を受けた源泉徴収票などを、また、年の中途で従たる給与を主たる給与に変更した人は、変更前の主たる給与の支払者から交付を受けた源泉徴収票などを添付することとなります。

　近年、前職の源泉徴収票の添付もれにより、再度の年末調整を行うことが多発する傾向にあります。念のため**図表4-3**のような書面を配布して、前職の源泉徴収票がないか等を確認することをおすすめします。

　なお、非居住者である親族（以下「国外居住親族」といいます）が控除対象となっている場合、次の2種類の書類を提示することにより、扶養の事実を証明する必要があります。

① **親族関係書類**
- 戸籍の附票の写しその他の国・地方公共団体が発行した書類＋国外居住親族のパスポートの写し
- 外国政府等が発行した書類で、国外居住親族の氏名・生年月日・住所または居所の記載があるもの

② **送金関係書類**（コピーで可）
- 国外居住親族に海外送金を行ったことを明らかにする金融機関の書類等

図表4-2 給与所得者の扶養控除等(異動)申告書(必須)

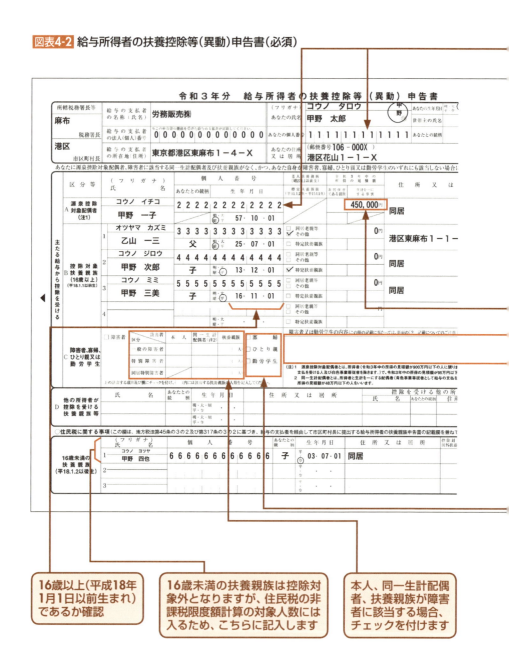

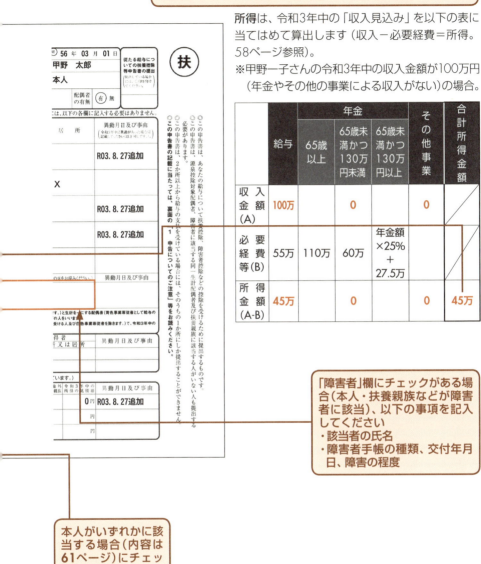

個人番号の記入が必要ですが省略も可能です（212ページ参照）

所得は、令和3年中の「収入見込み」を以下の表に当てはめて算出します（収入－必要経費＝所得。58ページ参照）。

※甲野一子さんの令和3年中の収入金額が100万円（年金やその他の事業による収入がない）の場合。

	給与	年金 65歳以上	年金 65歳未満かつ130万円未満	年金 65歳未満かつ130万円以上	その他事業	合計所得金額
収入金額(A)	100万	0			0	
必要経費等(B)	55万	110万	60万	年金額×25%＋27.5万		
所得金額(A-B)	45万	0			0	45万

「障害者」欄にチェックがある場合（本人・扶養親族などが障害者に該当）、以下の事項を記入してください
・該当者の氏名
・障害者手帳の種類、交付年月日、障害の程度

本人がいずれかに該当する場合（内容は61ページ）にチェックを付けます

第4章 年末調整のすすめ方

199

図表4-3 本年中の収入について

　　　　　　　　　本年中の収入について

　該当する区分に○印をし、必要事項を記入の上、記名押印をお願いします。
1. 本年中は、当社以外の給与収入はありません。
2. 本年中は、当社以外の給与収入がありますので、該当の源泉徴収票をすべて添付します。
　　枚数は＿＿＿枚です。
3. 本年中は、当社以外の給与収入がありますが、源泉徴収票の提出が期限に間に合いません。他の給与収入については確定申告いたします。
　本年中の収入について、以上のとおりで間違いありません。
　　　　　　　　　　　　　　氏名 ＿＿＿＿＿＿＿＿＿＿㊞

・クレジットカード（家族カード）で国外居住親族が使用した金額を、本人が支払ったことがわかる書類等

また、扶養控除等申告書にも、必要事項を記載します。

【例】

確認欄は以上です。書類は入社時や年初にも作成していますが（41ページ参照）、婚姻や子の出生などにより変更となる箇所もあります。修正に訂正印は不要ですが、「異動月日及び事由」欄への記入が必要です。

(2) 給与所得者の保険料控除申告書 (任意。図表4-4)

　本人が**生命保険料**（一般の生命保険料、介護医療保険料、個人年金保険料）、**地震保険料**（地震保険料、旧長期損害保険料）、**社会保険料**（給与から控除済みの金額以外）、**小規模企業共済等掛金**を支払った場合に、その金額等を記入し、必要書類（証明書は原本のみ。コピー不可）を添付する書類です。年末調整の担当者は、記入事項および添付書類の確認を行うこととなります（電子化については、194ページ参照）。

(i) **一般の生命保険料、介護医療保険料、個人年金保険料**

　受取人が、本人、配偶者または親族となっていることを確認します。

　(a)記入事項

　　　保険会社名、保険等の種類、保険期間・年金支払期間、契約者の氏名、保険金等の受取人名・続柄、新・旧の区分、保険料額、生命保険料控除額（計算式に当てはめること）

　(b)添付書類

　　・旧の一般の生命保険料：年間保険料が9000円を超える場合は、生命保険料控除証明書

　　・新の一般の生命保険料・介護医療保険料・個人年金保険料：保険料額にかかわらず、生命保険料控除証明書

(ii) **地震保険料**

　本人・本人と生計を一にしている配偶者その他の親族が所有する家屋・家財が対象となっていることを確認します。

　(a)記入事項

　　　保険会社名、保険等の種類（目的）、保険期間、契約者の氏名、家屋等の利用者名・続柄、地震保険料・旧長期損害保険料の区分、保険料額、地震

一般の生命保険料・介護医療保険料・個人年金保険料の違いはどこでわかりますか？

　証明書に必ず区分が記載されていますので、そちらを参照してください。なお、保険の種類が年金保険でも証明書が「一般の生命保険料証明書」の場合は、一般の生命保険料として取り扱いますので、注意します。

図表4-4 給与所得者の保険料控除申告書（任意）

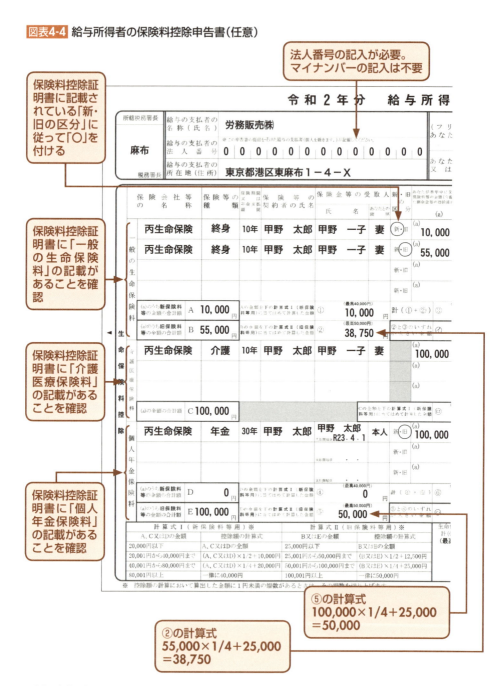

※令和3年分は未公表のため、令和2年分の申告書で作成（以下同じ）。

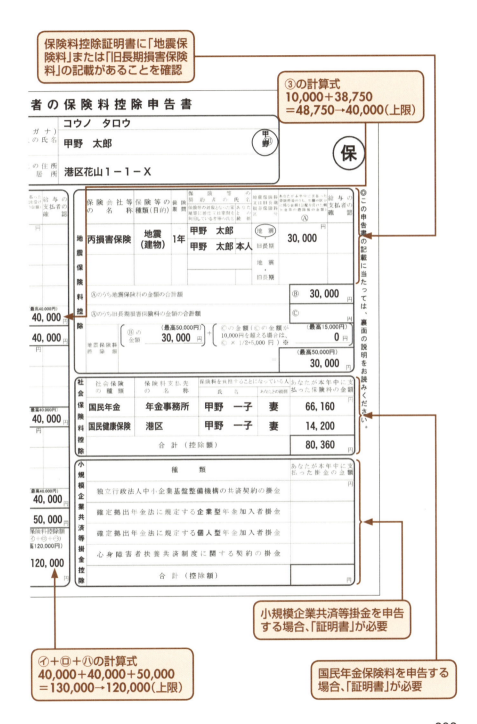

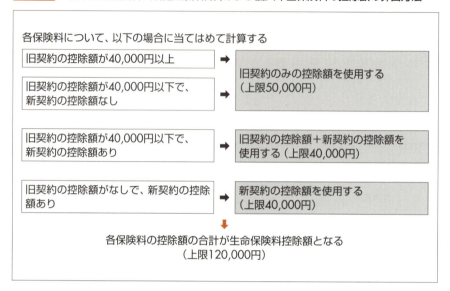

図表4-5 一般の生命保険料、介護医療保険料および個人年金保険料の控除額の算出方法

　　　保険料控除額（計算式に当てはめること）
　(b)添付書類
　　　　保険料額にかかわらず、地震保険料控除証明書
(iii) 社会保険料（国民健康保険料、国民年金の保険料、介護保険料など）
　　自社の給与から天引きされているものや、前職の源泉徴収票に記載されているものは除きます。支払義務者が本人その他の親族であるかを確認します。
　(a)記入事項
　　　　社会保険の種類、保険料支払先の名称、保険料を負担する人の氏名・続柄、

保険料控除は配偶者が契約者となっていてもかまいませんか？

　保険料を本人（給与所得者）が支払ったのであれば、本人の保険料控除の対象になります。

> **生命保険料控除証明書に「剰余金」の記載がある場合、どのように計算するのでしょうか?**
>
> 生命保険料控除は、証明書に記載されている金額を次の区分で集計します。
> 「旧の一般の生命保険料」「新の一般の生命保険料」「旧の個人年金保険料」「新の個人年金保険料」「介護医療保険料」
> 剰余金(マイナスの金額)についてもその区分ごとに集計し、結果としてマイナスとなった場合は0円とします。
>
>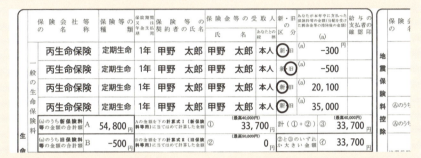
>
> 「旧の一般の生命保険料」の合計がマイナスになった場合でも、「新の一般の生命保険料」と合算する必要はありませんので、ご注意ください。

　　　保険料額
(b)添付書類

　　国民年金の保険料および国民年金基金掛金のみ領収書もしくは納付証明書(その他の社会保険料:不要)

(ⅳ) 小規模企業共済等掛金(企業型・個人型年金の加入者掛金など)

(a)記入事項

　　掛金の金額

(b)添付書類

　　納付証明書(給与から控除されているものを除く)

(3) 給与所得者の基礎控除申告書兼給与所得者の配偶者控除等申告書兼所得金額調整控除申告書(図表4-6)

本人が基礎控除・配偶者控除・配偶者特別控除または所得金額調整控除を受

図表4-6 給与所得者の基礎控除申告書兼給与所得者の配偶者控除等申告書兼所得金額

令和2年分　給与所得者の基礎控除申告書 兼 給与所得者

所轄税務署長	給与の支払者の名称（氏名）	労務販売㈱		（フリガナ）あなたの氏名
麻布税務署長	給与の支払者の法人番号	※この申告書の提出を受けた給与の支払者（個人を除きます。）が記載してください。 0 0 0 0 0 0 0 0 0 0 0 0 0		
	給与の支払者の所在地（住所）	東京都港区東麻布1-4-X		あなたの住所又は居所

～記載に当たってのご注意～

◎ 「基礎控除申告書」と「配偶者控除等申告書」については、次の場合に応じて記載してください。
　1　あなたの本年中の合計所得金額の見積額が1,000万円以下で、かつ、配偶者の本年中の合計所得金額の見積額が133万円以下である場合は、「基礎控除申告書」、「配偶者控除等申告書」の順に記載してください。
　2　上記1以外で、かつ、あなたの本年中の合計所得金額の見積額が2,500万円以下である場合は、「基礎控除申告書」のみ記載してください（「配偶者控除等申告書」を記載する必要はありません。）。
◎ 「所得金額調整控除申告書」については、年末調整において所得金額調整控除の適用を受けようとする場合に記載してください。なお、あなたの本年中の主たる給与の収入金額が850万円以下である場合又は「所得金額調整控除申告書」の「要件」欄の各項目のいずれにも該当しない場合には、所得金額調整控除の適用を受けることはできません。

◆ **給与所得者の配偶**

○ 「控除額の計算」の表の「上

○ 「基礎控除申告書」の区分
　配偶者特別控除の適用を受

（フリガナ）配偶者の

コウノ　イ

甲野　一

◆ 給与所得者の基礎控除申告書 ◆

○ あなたの本年中の合計所得金額の見積額の計算

所得の種類		収入金額	所得金額
(1)	給与所得	6,700,000 円	（裏面「4-1」を参照）4,930,000 円
(2)	給与所得以外の所得の合計額		（裏面「4-2」を参照）円
あなたの本年中の合計所得金額の見積額（(1)と(2)の合計額）			4,930,000 円

○ 控除額の計算

判定	☑	900万円以下		(A)	48万円
	☐	900万円超	950万円以下	(B)	
	☐	950万円超	1,000万円以下	(C)	
	☐	1,000万円超	2,400万円以下		
	☐	2,400万円超	2,450万円以下		32万円
	☐	2,450万円超	2,500万円以下		16万円

区分Ⅰ
A
（左のA～Cを記載）

基礎控除の額
480,000 円

※ 左の「控除額の計算」の表を参考に記載してください。

○ 配偶者の本年中の合

所得の種類		収入金額	所得金額
(1)	給与所得		
(2)	給与所得以外の所得の合計額		
配偶者の本年中の合計所得金額の見積額（(1)と(2)の合計額）			

○ 控除額の計算

区分Ⅰ		①	②	
	A	48万円	38万円	38
	B	32万円	26万円	26
	C	16万円	13万円	
摘要	配偶者控除			

◆ 所得金額調整控除申告書 ◆

○ 年末調整において所得金額調整控除の適用を受けようとする場合は、「要件」欄の該当する項目にチェックを付け、その項目に応
　なお、「要件」欄の2以上の項目に該当する場合は、いずれか1つの要件について、チェックを付け記載をすることで差し支えありま
○ 年末調整における所得金額調整控除の額については給与の支払者が計算しますので、この申告書に所得金額調整控除の額を

要件	☐あなた自身が特別障害者	（右の★欄のみを記載）	☆扶養親族等	（フリガナ）同一生計配偶者又は扶養親族の氏名	4
	☐同一生計配偶者が特別障害者	（右の☆欄及び★欄を記載）		**コウノ　ジロウ**	
	☐扶養親族が特別障害者	（右の☆欄及び★欄を記載）		**甲野　次郎**	
	☑扶養親族が年齢23歳未満（平14.1.2以後生）	（右の☆欄のみを記載）			

（注）「同一生計配偶者」とは、あなたと生計を一にする配偶者（青色事業専従者として給与の支払を受ける人及び白色事業専従者を
いいます。

※令和3年分は未公表のため、令和2年分の申告書で作成（以下同じ）。

調整控除申告書

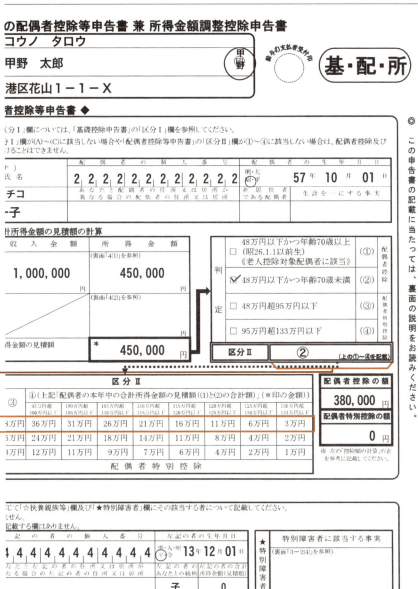

ける際に必要事項を記入する書類です。

(i) 給与所得者の基礎控除申告書

記入事項は、その年の本人の収入金額と所得金額の見積額です。

以前は基礎控除額は380,000円のみでしたが、令和2年分より、基礎控除額は下表のように所得額に応じて決まることになっています。

合計所得金額	基礎控除額
2,400万円以下	480,000円
2,400万円超2,450万円以下	320,000円
2,450万円超2,500万円以下	160,000円
2,500万円超	0円

「給与所得者の基礎控除申告書」(206ページ) 欄から算出することとなりますが、年末調整の対象となる人は通常、基礎控除額は480,000円となります。なお、副収入が多く、合計所得金額が2,400万円以上となる場合、320,000円や160,000円になり、2,500万円を超えると基礎控除額は0になります。

(ii) 給与所得者の配偶者控除等申告書

記入事項は、配偶者の氏名・住所・個人番号 (マイナンバー)・生年月日・その年の所得見積額、配偶者控除額、配偶者特別控除額 (268ページ参照) となります。「控除額の計算」によって控除額を算出のうえ転記してもらい、年末調整の担当者は、記入事項の確認を行うこととなります。

なお、配偶者控除等の要件は、57ページを参照ください。

(iii) 所得金額調整控除申告書

令和2年分から新設された控除で、給与・賞与収入が8,500,000円超の場合かつ①自身が特別障害者、②同一生計配偶者が特別障害者、③扶養親族が特別障害者、④扶養親族が年齢23歳未満のいずれかの要件に該当する場合に適用されます。

該当する場合、「所得金額調整控除申告書」に該当事項を記入します。

ポイント！

　所得金額調整控除の対象となる「扶養親族」については、扶養控除と異なる適用となっています。

・扶養控除

　　共働き（同じ世帯に所得者が2人以上）の場合、いずれか1人の者の扶養親族にのみ該当する（扶養控除の適用は、夫婦のいずれかで受ける）

・所得金額調整控除

　　共働き（同じ世帯に所得者が2人以上）の場合、いずれも扶養親族を有することとなる

　たとえば、いわゆる共働きの世帯で、扶養親族に該当する年齢23歳未満の子がいる場合、夫婦の双方で所得金額調整控除の適用を受けることができます。

(4) 住宅借入金等特別控除申告書（任意）

　住宅ローン等を利用してマイホームを新築、取得または増改築等をした場合で一定の要件に当てはまるときに、借入金残高を基として計算した金額を所得税額から控除する「**住宅借入金等特別控除**」があります。

　住宅借入金等特別控除は、初年度においては確定申告によって行うことになっているため、年末調整では2年目以降について処理することができます。申告書は、初年度の申告後に個人へ交付されていますので、会社が用意する必要はありません。また、再発行は税務署でのみ可能ですので、紛失した場合には、個々で手配してもらうことになります。

　特別控除のための確認事項は、「住宅取得資金に係る借入金の年末残高等証明書」が添付されているか、転記に誤りはないかの2点です。取得年度ごとに計算方法も異なりますが、その方法は申告書に明記してありますので、確認してください。

　住宅借入金等特別控除については、近年、連帯債務およびローン借り換えに伴う転記誤りが増えています。誤りを防ぐために、**図表4-7**のような書類を申告書提出者に記入してもらうとよいでしょう。

図表4-7 住宅借入金等の特別控除について

このたび提出した住宅借入金等特別控除に伴う資料について、以下のとおりで間違いありません。

氏名 _____ ㊞

1. 連帯債務について、いずれかに○印をお願いします。

　　住宅借入金等については

　　・連帯債務でない

　　・連帯債務である→連帯債務の相手方に、以下の内容を申告書の「備考欄」に記入・記名・押印してもらうこと

　　「私は、連帯債務者として、住宅借入金等の残高 _____ 円のうち、_____ 円を負担することとしています」

　　（連帯債務の相手方の）勤務先所在地 _____

　　（連帯債務の相手方の）勤務先名称 _____

　　（連帯債務の相手方の）住所 _____

　　（連帯債務の相手方の）氏名 _____ ㊞

2. 借り換えについて、いずれかに○印をお願いします。

　　住宅借入金等については

　　・借り換えをしていない

　　・借り換えをした→以下の内容を申告書の「備考欄」に記入すること

　　「借り換え後の（＝新）住宅借入金等の本年の年末残高_____円

　　×借り換え前の（＝旧）住宅借入金等の借り換え直前残高_____円

　　÷借り換え後の（＝新）住宅借入金等の借り換え時の残高_____円」

210

ポイント！

　原則として、扶養控除等申告書および配偶者控除等申告書にはマイナンバーを記載しなければなりません。しかし、給与計算の担当者としては、年末調整の事務処理が毎年あることや、書類の保管・管理の面からも、扶養控除等申告書にはマイナンバーを記載したくないというのが本音でしょう。国税庁からは、記載しないための二つの方法が示されています。

(1) 扶養控除等申告書を基に帳簿を作成した場合

「源泉所得税関係に関するFAQ」より

Q1-3-2　扶養控除等申告書については、どのような場合にマイナンバー（個人番号）を記載しなくてもよいのですか。

（答）

　扶養控除等申告書には、基本的には、従業員等のマイナンバー（個人番号）を記載する必要がありますが、給与支払者が扶養控除等申告書に記載されるべき従業員本人、控除対象となる配偶者又は控除対象扶養親族等の氏名及びマイナンバー（個人番号）等を記載した帳簿を備えている場合には、その従業員が提出する扶養控除等申告書にはその帳簿に記載されている方のマイナンバー（個人番号）の記載を要しないこととされました。

　なお、この帳簿は、次の申告書の提出を受けて作成されたものに限ります。

① 　給与所得者の扶養控除等申告書
② 　従たる給与についての扶養控除等申告書
③ 　給与所得者の配偶者控除等申告書
④ 　退職所得の受給に関する申告書
⑤ 　公的年金等の受給者の扶養親族等申告書
⑥ 　所得金額調整控除申告書

　また、給与支払者が備えている帳簿に記載された従業員等の氏名又はマイナンバー（個人番号）と提出する扶養控除等申告書に記載すべき従業員等の氏名又はマイナンバー（個人番号）とが異なる場合には、マイナンバー（個人番号）の記載を不要とする取扱いをとることはできません。

（注）1　この取扱いは、平成29年1月1日以後に支払を受けるべき給与等に係る扶養控除等申告書から適用できます。

　　　2　この取扱いは、「従たる給与についての扶養控除等申告書」、「給与所得者の配偶者控除等申告書」、「退職所得の受給に関する申告書」、「公的年金等の受給者の扶養親族等申告書」及び「所得金額調整控除申告書」についても同様です。

　平成28年分以降に、扶養控除等申告書にマイナンバーを記載している場合、その後の年の扶養控除等申告書にはマイナンバーが不要となります。

　この方法ですと、会社に初めて提出する扶養控除等申告書には必ずマイナンバーを記載する必要がありますので、中途入社者や扶養家族の増加の際の管理方法を徹底しなければなりません。

第4章　年末調整のすすめ方

211

(2)「提供済みのマイナンバーと相違ない」旨の記載した場合

> **Q1-5-1** 扶養控除等申告書の個人番号欄に「給与支払者に提供済みのマイナンバー(個人番号)と相違ない」旨の記載をすることで、マイナンバー(個人番号)の記載に代えることはできますか。
> (答)
> 　平成28年1月以後に提出する扶養控除等申告書には、従業員本人、控除対象となる配偶者及び控除対象扶養親族等のマイナンバー(個人番号)を記載する必要がありますので、前年と変更がない場合であっても、原則、マイナンバー(個人番号)の記載を省略することはできません。
> 　しかしながら、給与支払者と従業員との間での合意に基づき、従業員が扶養控除等申告書の余白に「マイナンバー(個人番号)については給与支払者に提供済みのマイナンバー(個人番号)と相違ない」旨を記載した上で、給与支払者において、既に提供を受けている従業員等のマイナンバー(個人番号)を確認し、確認した旨を扶養控除等申告書に表示するのであれば、扶養控除等申告書の提出時に従業員等のマイナンバー(個人番号)を記載しなくても差し支えありません。
> 　なお、給与支払者において保有しているマイナンバー(個人番号)とマイナンバー(個人番号)の記載が省略された者に係る扶養控除等申告書については、適切かつ容易に紐付けられるよう管理しておく必要があります。(以下略)

　これは、マイナンバーを扶養控除等申告書に記載する以外の方法(49ページ参照)によって会社が収集している場合で、扶養控除等申告書に以下のように別途記載欄を設定するという方法です。

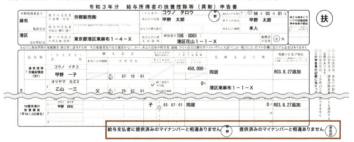

〔別途記載の例:記載方法については国税庁より具体的な例示がありません〕

　下記いずれの方法も、メリット・デメリットがあります。会社の管理体制に沿った方法を採用しましょう。
・扶養控除等申告書には毎年マイナンバーを記載する
・最初の扶養控除等申告書にはマイナンバーを記載し、以後は記載しない
・(マイナンバーを別の方法で収集済みの場合)扶養控除等申告書には別途記載欄を設定する

第4章 年末調整のすすめ方

3 月次給与と賞与を源泉徴収簿に書き写そう

次に、月次給与と賞与における収入金額などの集計を行います。

これは、「**ステップ①**」の準備に当たり、**源泉徴収簿**に、月次給与の情報を転記していきます（**図表4-8**）。この賃金台帳（14〜15ページ）では、通勤手当が非課税の収入ですので、総支給額から通勤手当を減額した金額を転記します。

図表4-8 賃金台帳から源泉徴収簿に転記する

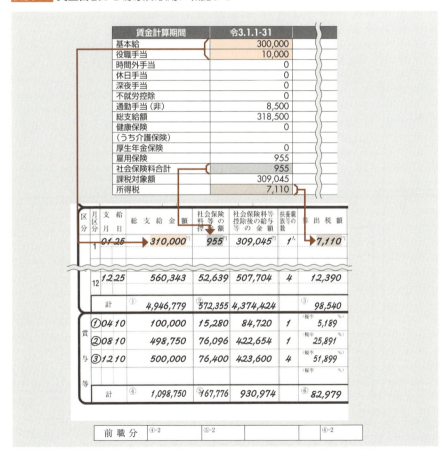

また、年度内に他の会社の給与所得がある場合は、**源泉徴収票**から金額を転記します（図表4-9）。

賃金計算システムを使用している場合には、これらの作業はシステム上で自動的に行っていますので、転記の必要はありません。ただし、念のため、月次給与処理時に出力しておいた台帳等との突き合わせを行うとよいでしょう。

図表4-9 前職における給与所得の源泉徴収票から転記する

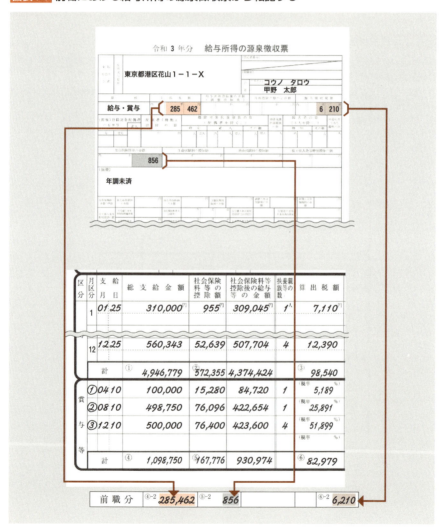

第4章 年末調整のすすめ方

4 年末調整の計算を行おう

　これで、年末調整を行うための準備が完了しました。193ページのステップごとに、年末調整の計算を進めていきましょう。

[1] ステップ①　給与・賞与収入金額を求める（図表4-10）

　図表4-8、4-9により、各月ごとおよび前職分の給与・賞与収入金額、社会保険料等の控除額、所得税額がわかりました。これを給与と賞与に分けて合計し、源泉徴収簿の⑦、⑧欄に記入します。

図表4-10 源泉徴収簿（給与・賞与収入金額の記入）

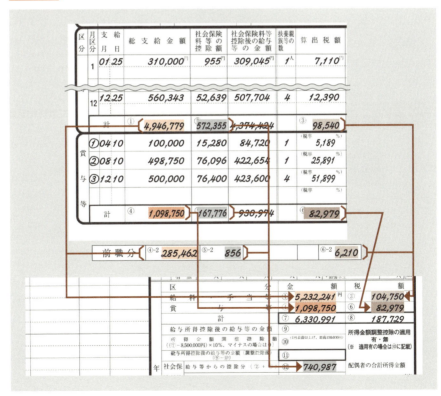

[2] ステップ②　給与所得金額を求める（図表4-11）

　給与・賞与収入金額から給与所得控除の金額を控除し、給与所得控除後の給与等の金額（**給与所得金額**）を求めます。給与・賞与収入金額から給与所得金額を求める表（258ページ）がありますので、これを使用します。

　本書のケースでは、図表4-11における給与・賞与収入金額（⑦）は6,330,991円ですから、「6,328,000円以上6,332,000円未満」の欄を参照し、4,622,400円を⑨に記入します。

　次に⑩欄に「所得金額調整控除額」を記入します。「給与所得者の基礎控除申告書兼給与所得者の配偶者控除等申告書兼所得金額調整控除申告書」（206ページ）の「所得金額調整控除申告書」欄に記入がある場合は、⑩欄に「（⑦欄（1000万円を超える場合は1000万円）－8,500,000円）の10％」を記入します。

　今回、「扶養親族が年齢23歳未満」のチェックがこの申告書には入っていますが、給与・賞与収入が8,500,000円以下ですので、⑩欄には0円を記入します。

　⑪欄は「⑨－⑩」となりますので、今回は⑨欄と同額の4,622,400円を記入します。

図表4-11 源泉徴収簿（給与所得金額の記入）

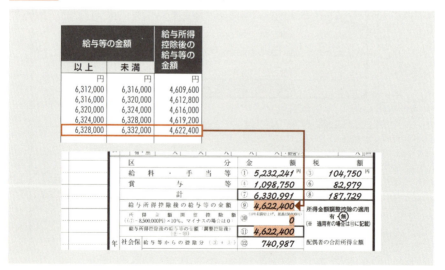

図表4-12 所得金額調整控除の適用を受ける場合

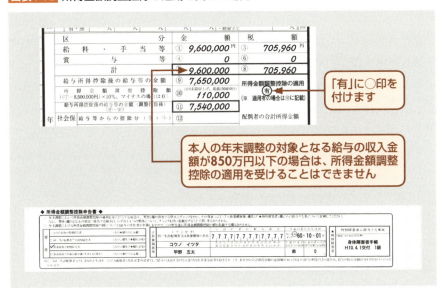

なお、所得金額調整控除の適用を受ける場合の記入例は、図表4-12になります。

> **年末調整を行わない場合、源泉徴収簿の作成は不要でしょうか?**
>
> 源泉徴収簿に、ステップ①および②(月次給与および賞与の支給額・税額・社会保険料等の控除額)部分について記入・作成をしてください。源泉徴収票の作成のために必要となります。

[3] ステップ③　課税所得金額を求める（図表4-13、14）

　給与所得金額から所得控除の金額を控除し、差引課税給与所得金額（いわゆる課税所得金額）を求めます。

　まずは、所得控除の金額を、給与所得者の扶養控除等（異動）申告書（**図表4-2**）、給与所得者の保険料控除申告書（**図表4-4**）、給与所得者の基礎控除申告書兼給与所得者の配偶者控除等申告書兼所得金額調整控除申告書（**図表4-6**）からそれぞれ算出して転記します（**図表4-13、14**）。7種類ありますので、それぞれみていきましょう。

① 給与等からの社会保険料控除（図表4-13⑫）

　給与賞与台帳および前職の源泉徴収票から転記済みで、**図表4-13**では740,987円と記載してあります。

② 申告による社会保険料控除（図表4-13⑬）

　給与所得者の保険料控除申告書における社会保険料控除額となりますので、**図表4-13**⑬に転記します。

　今回の場合、80,360円を記載します。

③ 小規模企業共済等掛金控除（図表4-13⑭）

　給与所得者の保険料控除申告書における小規模企業共済等掛金控除額となりますので、**図表4-13**⑭に転記します。

　今回の場合、該当金額はありませんので、0円を記載します。

④ 生命保険料控除（図表4-13⑮）

　給与所得者の保険料控除申告書における生命保険料控除額となりますので、**図表4-13**⑮に転記します。

　図表4-13には120,000円を記載します。

⑤ 地震保険料控除（図表4-13⑯）

　給与所得者の保険料控除申告書における地震保険料控除額となりますので、**図表4-13**⑯に転記します。

　図表4-13には30,000円を記載します。

⑥ 配偶者（特別）控除（図表4-14⑰）

　給与所得者の基礎控除申告書兼給与所得者の配偶者控除等申告書兼所得

図表4-13 控除保険料額の計算・転記

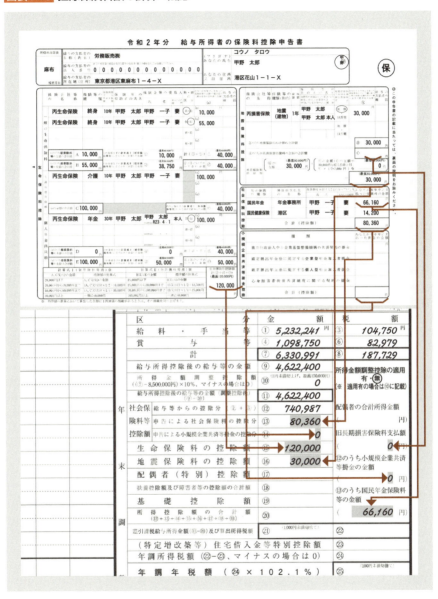

図表4-14 配偶者(特別)控除・扶養控除・基礎控除額等の計算・転記

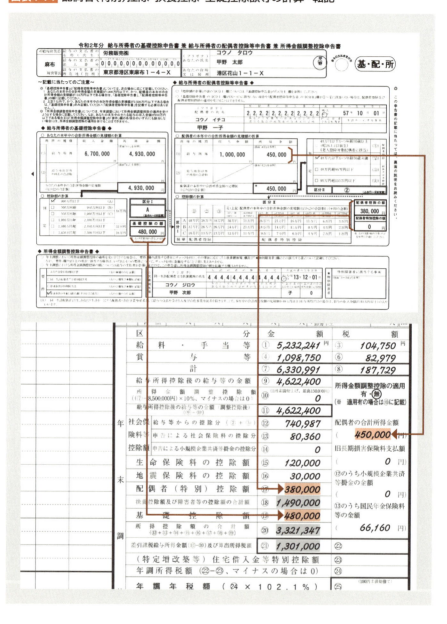

金額調整控除申告書における配偶者控除額または配偶者特別控除額となりますので、**図表4-14**⑰に380,000円を記載します。

⑦ 扶養控除額および障害者等の控除額の合計額（**図表4-14**⑱）

　給与所得者の扶養控除等（異動）申告書（**図表4-2**）に記載された事項を**図表4-15**に当てはめ、その他の所得控除の金額を算出します。

　図表4-14におけるその他の所得控除は、以下のとおりとなります（**図表4-15**参照）。

・控除対象扶養親族が3名いる　380,000円×3名

・控除対象扶養親族が70歳以上でかつ同居していない者が1名いる　100,000円

・特定扶養親族が1名いる　250,000円

　→合計1,490,000円

　この1,490,000円を、**図表4-14**⑱に転記します。

⑧ 基礎控除額（**図表4-14**⑲）

　給与所得者の基礎控除申告書の「基礎控除の額」から、480,000円を**図表4-14**⑲に転記します。

　次に、8種類の所得控除の金額の合計を計算します。

740,987円（⑫）＋80,360円（⑬）＋0円（⑭）＋120,000円（⑮）＋30,000円（⑯）＋380,000円（⑰）＋1,490,000円（⑱）＋480,000円（⑲）＝3,321,347円

　この3,321,347円を、**図表4-14**⑳に転記します。これが、所得控除の金額です。

　最後に、給与所得金額から所得控除金額を控除します。

4,622,400円（⑪）－3,321,347円（⑳）

＝1,301,053円（1,000円未満は切り捨て）→1,301,000円

　この1,301,000円を、**図表4-14**㉑に転記します。これが、課税所得金額です。

図表4-15 その他の所得控除の金額早見表

	内　容
控除対象扶養親族（図表4-2B欄）がいる	380,000円×人数
同一生計配偶者または扶養親族が特別障害者で、かつ同居している	750,000円
・本人が特別障害者である ・同一生計配偶者、扶養親族が同居特別障害者以外の特別障害者である	400,000円
・本人が一般の障害者である ・同一生計配偶者または扶養親族が一般の障害者である ・本人が寡婦または勤労学生である	270,000円
本人がひとり親である	350,000円
控除対象扶養親族である父母や祖父母が70歳以上で、かつ同居している （令和3年年末調整時：誕生日が昭和27年1月1日以前）	200,000円
特定扶養親族（控除対象扶養親族が19歳以上23歳未満）である （令和3年年末調整時：誕生日が平成11年1月2日から平成15年1月1日まで）	250,000円
・直系尊属以外の控除対象扶養親族が70歳以上である ・控除対象扶養親族である父母や祖父母が70歳以上で、かつ同居していない （令和3年年末調整時：誕生日が昭和27年1月1日以前）	100,000円
基礎控除（208ページ参照）	480,000円（通常）

[4] ステップ④　算出所得税額を求める（図表4-16）

「課税所得金額×速算表による税率（267ページ）−速算表による控除金額（267ページ）」により、**算出所得税額**を求めることができます。**図表4-16**の場合、課税所得金額が1,301,000円であることから、この速算表により税率が5％、速算表による控除金額が0円となるので、以下のような計算式となります。

1,301,000円（㉑）×5％−0円＝65,050円

この65,050円を、**図表4-16**㉒に転記します。これが算出所得税額です。

課税給与所得金額（A）		税率（B）	控除額（C）	税額＝（A）×（B）−（C）	
	1,950,000円以下	5%	──	(A)×　5%	
1,950,000円超	3,300,000 　〃	10%	97,500円	(A)×10%−	97,500円

222

図表4-16 源泉徴収簿（算出所得税額・年調年税額・所得控除金額の合計の計算）

区　　　　　分	金　　額	税　　額
給　料　・　手　当　等	① 5,232,241 円	③ 104,750 円
賞　　　与　　　等	④ 1,098,750	⑥ 82,979
計	⑦ 6,330,991	⑧ 187,729
給与所得控除後の給与等の金額	⑨ 4,622,400	所得金額調整控除の適用
所得金額調整控除額（(⑦−8,500,000円)×10%、マイナスの場合は0）⑩ 0		有 ・ (無)（※ 適用有の場合は⑩に記載）
給与所得控除後の給与等の金額（調整控除後）（⑨−⑩）	⑪ 4,622,400	
社会保険料等控除額 給与等からの控除分 (②+⑤)	⑫ 740,987	配偶者の合計所得金額
申告による社会保険料の控除分	⑬ 80,360	450,000 円
申告による小規模企業共済等掛金の控除分	⑭ 0	旧長期損害保険料支払額
生　命　保　険　料　の　控　除　額	⑮ 120,000	0 円
地　震　保　険　料　の　控　除　額	⑯ 30,000	⑫のうち小規模企業共済等掛金の金額
配　偶　者　（特　別）　控　除　額	⑰ 380,000	0 円
扶養控除額及び障害者等の控除額の合計額	⑱ 1,490,000	⑬のうち国民年金保険料等の金額
基　　礎　　控　　除　　額	⑲ 480,000	
所得控除額の合計額（⑫+⑬+⑭+⑮+⑯+⑰+⑱+⑲）	⑳ 3,321,347	66,160 円
差引課税給与所得金額（⑪−⑳）及び算出所得税額	㉑ 1,301,000	㉒ 65,050
（特定増改築等）住宅借入金等特別控除額	㉓ 0	
年調所得税額（㉒−㉓、マイナスの場合は0）	㉔ 65,050	
年　調　年　税　額　（㉔ × 102.1%）	㉕ 66,400	
差　引　超　過　額　又　は　不　足　額　（㉕−⑧）	㉖ −121,329	

[5] ステップ⑤　年調所得税額を求める（図表4-16）

「算出所得税額−住宅借入金等特別控除額」により、**年調所得税額**を求めることができます。図表4-16の場合、住宅借入金等特別控除額はありませんので、0円を㉓欄に記載します。

65,050円−0円＝65,050円

この65,050円を、**図表4-16㉔**に転記します。これが年調所得税額です。

[6] ステップ⑥　年調年税額を求める（図表4-16）

平成25年1月1日から令和19年12月31日までの所得については復興特別所得税を加算しますが、このステップ⑥でその計算を行います。

「年調所得税額（ステップ⑤）×102.1%」により、**年調年税額**を求めることが

できます。図表4-16の場合、以下のような計算式となります。

65,050円×102.1%＝66,416.05円→66,400円（100円未満切り捨て）

この66,400円を、図表4-16㉕に転記します。これが年調年税額です。

最後に、年調年税額と徴収済みの所得税額の調整を行います。「年調年税額（㉕）－徴収済みの所得税額（⑧）」により、調整金額を求めることができます。図表4-16の場合は、以下のとおりとなります。

66,400円（㉕）－187,729円（⑧）＝－121,329円

この「－121,329円」を、図表4-16㉖に転記します。これが年末調整の金額で、ここではマイナスとなっているので、**還付**となります（プラスの場合は、**徴収**です）。121,329円を本人に還付して、年末調整の業務は終了です。

還付や徴収は12月給与支払時に行うことを原則としますが、処理が間に合わない場合は、翌年1月に支払う月次給与で行ってもかまいません（194ページ参照）。

ポイント!

平成25年1月1日より「東日本大震災からの復興のための施策を実施するために必要な財源の確保に関する特別措置法」（平成23年法律第117号）が施行され、**復興特別所得税**の徴収義務が生じています。これは、平成25年1月1日から令和19年12月31日までの間に生じる所得について源泉所得税の額を徴収する際、復興特別所得税をあわせて徴収しなければならないという制度です。具体的には、

支払金額等×合計税率（従来の所得税率×102.1%）

が、源泉徴収すべき所得税および復興特別所得税の額となります。

ただし、月次給与および賞与における所得税の計算については、税額表（242ページ以降）そのものが復興特別所得税を反映した表となっていますので、こちらを利用すれば問題ありません。

224

第4章 年末調整のすすめ方

5 源泉徴収票を作成しよう

　給与所得の源泉徴収票（図表4-17）とは、会社が支払った給与所得等の必要事項を記載した書類です。

　給与所得者の扶養控除等（異動）申告書（図表4-2）、給与所得者の保険料控除申告書（図表4-4）、給与所得者の基礎控除申告書兼給与所得者の配偶者控除等申告書兼所得金額調整控除申告書（図表4-6）、源泉徴収簿（図表4-16）から転記を行い、源泉徴収票を作成します（図表4-18）。

　通常は4種類作成しますが、形式が若干異なるだけで、記入する数字はほとんど同じです。本人交付用は、従業員に交付することとなります。

① 1枚目、2枚目　給与支払報告書（市区町村提出用）（図表4-25）
② 3枚目　源泉徴収票（税務署提出用）
③ 4枚目　源泉徴収票（本人交付用）

　年末調整を行っていない人（中途退職者など）についても源泉徴収票は作成しますので、忘れないように注意してください。

　なお、令和3年秋ごろに国税庁から公表される「給与所得の源泉徴収票等の法定調書の作成と提出の手引」で、その後の更新情報の有無について念のためご確認ください。

図表4-17 給与所得の源泉徴収票

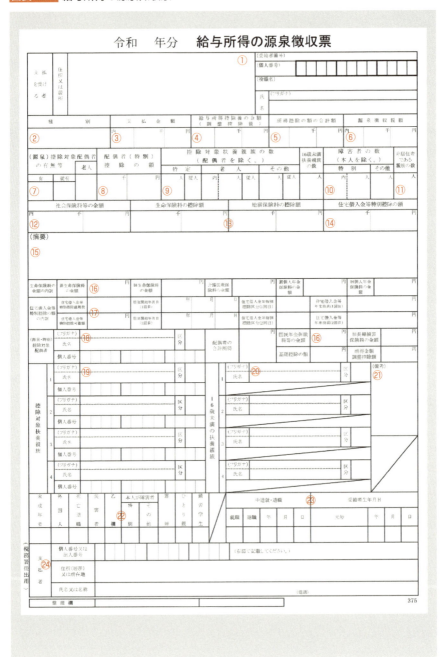

記入事項	資料
①住所、氏名、フリガナ、個人番号	「扶養控除等申告書」（図表4-2）など 本人に交付する源泉徴収票には、個人番号は記入しません
②「給与・賞与」と記載	
③給与・賞与収入金額	「源泉徴収簿」（図表4-16）⑦欄
④給与所得控除後の金額	「源泉徴収簿」⑪欄
⑤所得控除の額の合計額	「源泉徴収簿」⑳欄
⑥源泉徴収税額	「源泉徴収簿」㉕欄
⑦（源泉）控除対象配偶者の有無等	「扶養控除等申告書」A欄
⑧配偶者（特別）控除の額	「源泉徴収簿」⑰欄
⑨控除対象扶養親族の数、16歳未満扶養親族の数	「扶養控除等申告書」B欄 「扶養控除等申告書」住民税に関する事項欄
⑩障害者の数	「扶養控除等申告書」C欄
⑪非居住者である親族の数	「扶養控除等申告書」
⑫社会保険料等の金額	「源泉徴収簿」⑫欄＋⑬欄＋⑭欄
⑬生命保険料の控除額 　地震保険料の控除額	「源泉徴収簿」⑮欄 「源泉徴収簿」⑯欄
⑭住宅借入金等特別控除の額	「住宅借入金等特別控除申告書」
⑮（⑲または⑳欄に書ききれない場合） 　控除対象扶養親族の氏名、16歳未満の 　扶養親族の氏名 （前職の給与等がある場合） 　会社名／退職年月日／給与金額／ 　所得税額／社会保険料額 （年末調整をしなかった場合） 　「年末調整未済み」と記載	「扶養控除等申告書」B欄 「扶養控除等申告書」住民税に関する事項欄
⑯生命保険料の金額の内訳 　国民年金保険料等の金額 　旧長期損害保険料の金額	「保険料控除申告書」（図表4-4）
⑰（住宅借入金等特別控除を受けた場合） 　住宅借入金等特別控除の額／ 　居住開始年月日／借入金額	「住宅借入金等特別控除申告書」

第4章　年末調整のすすめ方

記入事項	資　料
⑱（源泉・特別）控除対象配偶者の各欄	「扶養控除等申告書」A欄または「配偶者控除等申告書」（図表4-6） ※年の中途で退職した場合でも記入する必要がありますので、ご注意ください ※本人に交付する源泉徴収票には、個人番号は記入しません
⑲控除対象扶養親族の各欄	「扶養控除等申告書」B欄 ※年の中途で退職した場合でも記入する必要がありますので、ご注意ください ※本人に交付する源泉徴収票には、個人番号は記入しません
⑳16歳未満の扶養親族の各欄	「扶養控除等申告書」住民税に関する事項欄 ※年の中途で退職した場合でも記入する必要がありますので、ご注意ください ※本人に交付する源泉徴収票、税務署に提出する源泉徴収票には、個人番号は記入しません ※市区町村に提出する給与支払報告書には、個人番号の記入が必要です
㉑（⑲または⑳欄に書ききれない場合）扶養親族等の個人番号	「扶養控除等申告書」B欄 「扶養控除等申告書」住民税に関する事項欄
㉒乙欄・ひとり親などに該当する場合「○」を付けます	「扶養控除等申告書」C欄など
㉓本人の生年月日 （当年内に入社、退職があった場合） 入社年月日、退職年月日	「扶養控除等申告書」など
㉔支払者（会社など）の所在地・会社名・電話番号、個人番号または法人番号を記入	「扶養控除等申告書」など ※本人に交付する源泉徴収票には、個人番号または法人番号は記入しません

図表4-18 源泉徴収票の作成

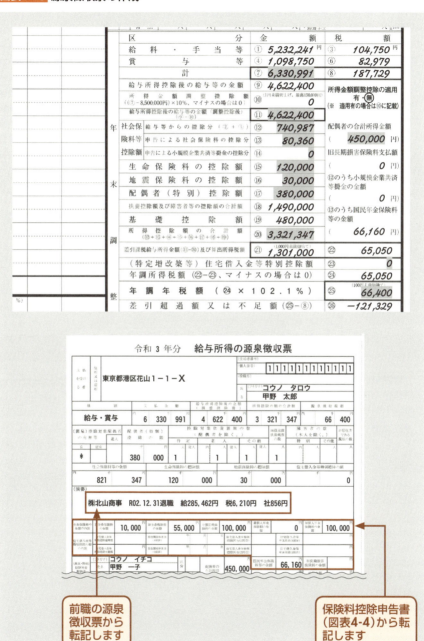

年末調整が終わった後に、給与の追加払いや賞与の支払いがあった場合は どうすればよいですか？

　年末調整が終わった後に、本年中に給与や賞与を追加して支払うこととなった場合、この追加支給額を加算して年末調整をやり直さなければなりません。

　しかし、翌年になってから本年に遡って支給されることとなった場合、その支払額は翌年分の所得となりますから、年末調整のやり直しは必要ありません。

年末調整後に扶養親族等の数や所得の変更などで「所得控除」に変更がある場合 はどうすればよいですか？

　年末調整が終わった後に、結婚・出産や所得増加などで所得控除に変更が生じる場合があります。この場合、本人からの申告を受けて年末調整をやり直すことになりますが、やり直しは翌年の1月末日まで行うことができます。

　ただし、本人が確定申告で対応することも可能ですので、年末調整をやり直すか確定申告をするかについて、話し合いで決めましょう。

年末調整を行った場合、従業員は確定申告が不要なのでしょうか？

　通常は、年末調整で給与収入における所得税の精算は終わっていますので、確定申告は不要です。しかし、以下のような場合、確定申告が必要な場合があります。
①給与以外の収入（年金収入、不動産収入など）がある場合
②医療費控除を受ける場合
③寄附金控除を受ける場合
④住宅ローン控除を受ける場合
　質問を受けた場合は、従業員に源泉徴収票（図表4-18）を交付し、税務署に相談するようアドバイスすることをおすすめします。

必要書類を役所へ提出しよう

[1] 税務署に提出する書類

税務署には、**法定調書合計表**（図表4-24）および**法定調書**を提出します。そのためにはまず、法定調書を作成しなければなりません。

年末調整終了後に作成する法定調書は、次の**(1)～(6)**となります。

(1) 給与所得の源泉徴収票（図表4-18）

給与所得の源泉徴収票は、225ページで説明したように、給与等を支払ったすべての者に対して作成・交付しますが、税務署に提出する必要がある者は、図表4-19のものに限られています。

図表4-19 給与所得の源泉徴収票を提出する必要がある者

区　　分		提出範囲
年末調整をしたもの	法人の役員（相談役、顧問などを含む）、現に役員をしていなくても、その年内に役員であった者	その年の給与等の支払金額が150万円を超えるもの
	弁護士、公認会計士、税理士等	その年の給与等の支払金額が250万円を超えるもの
	上記以外の者	その年の給与等の支払金額が500万円を超えるもの
年末調整をしなかったもの	「給与所得者の扶養控除等（異動）申告書」を提出した者	その年に退職した者や、災害により被害を受けたため給与所得に対する所得税および復興特別所得税の源泉徴収の猶予を受けた者	その年の給与等の支払金額が250万円を超えるものただし法人の役員については、50万円を超えるもの
		その年の主たる給与等の金額が2,000万円を超えるため、年末調整をしなかった者	全部
	「給与所得者の扶養控除等（異動）申告書」を提出しなかった者で、給与所得の源泉徴収税額表の月額表または日額表の乙欄または丙欄の適用者	その年の給与等の支払金額が50万円を超えるもの

231

(2) 退職所得の源泉徴収票（図表4-20）

退職所得の源泉徴収票とは、会社が支払った退職所得についての必要事項を記載した書類です。

図表4-20 退職所得の源泉徴収票・特別徴収票

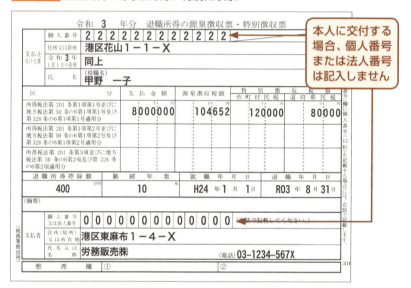

図表4-21 退職所得の源泉徴収票への記入事項

記入事項	注意事項
① 個人番号・住所氏名	
② 支払金額 源泉徴収税額 市町村民税額 道府県民税額	上段に記載：「退職所得の受給に関する申告書（図表3-2）」に本年中に他から退職手当等の支払いを受けていない旨の記載がある場合 中段に記載：「退職所得の受給に関する申告書」に本年中に他から退職手当等の支払いを受けている旨の記載がある場合 下段に記載：「退職所得の受給に関する申告書」の提出がない場合
③ 退職所得控除額	勤続年数（④）を252ページの表に当てはめて算出
④ 勤続年数 　就職年月日 　退職年月日	勤続年数について、1年未満は1年に切り上げ
⑤ 支払者	（会社など）個人番号または法人番号・所在地・会社名・電話番号を記入

退職所得とは、退職により勤務先から受ける退職手当などのことで、解雇予告手当も退職所得に該当します。なお、税額の計算方法については179ページを参照ください。

(3) 報酬、料金、契約金及び賞金の支払調書（図表4-22）

報酬、料金、契約金及び賞金の支払調書とは、会社が支払った報酬などについての必要事項を記載した書類で、すべての報酬などについて作成が必要です。

ただし、税務署に提出するものは図表4-23のものに限られており、一般的な会社では、「弁護士や税理士等に対する報酬」について提出することが多いでしょう。年間の支払額が5万円以上で提出することとなりますので、確認を怠らないようにしましょう。

(4) 不動産の使用料等の支払調書（例：略）

不動産の使用料等の支払調書とは、会社が支払った不動産や船舶・航空機の

図表4-22 報酬、料金、契約金及び賞金の支払調書

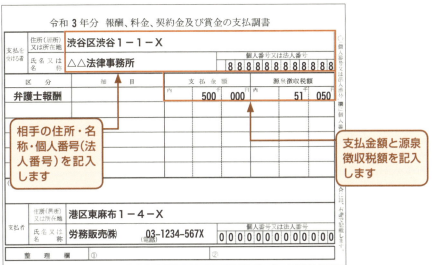

図表4-23 報酬、料金、契約金及び賞金の支払調書を提出するもの

	適用額
弁護士や税理士等に対する報酬、作家や画家に対する原稿料や画料、講演料等	同一人への年間支払合計額が5万円を超えるもの
プロ野球の選手などに支払う報酬・契約金	
外交員、集金人、電力量計の検針人およびプロボクサー等の報酬・料金。バー、キャバレー等のホステス等の報酬・料金。広告宣伝のための賞金	同一人への年間支払合計額が50万円を超えるもの
社会保険診療報酬支払基金が支払う診療報酬	
馬主に支払う競馬の賞金	1回で75万円を超過した賞金額を受けた者に係る年間すべての支払金額

使用料などの対価についての必要事項を記載した書類です。

ただし、法人に支払われる不動産の使用料等については、権利金、更新料等以外のものは支払調書の提出は不要です。したがって、法人に対して、家賃や賃借料のみ支払っている場合は、支払調書の提出は必要ありません。

(5) 不動産等の譲受けの対価の支払調書 (例：略)

不動産等の譲受けの対価の支払調書とは、会社が譲り受けた不動産や船舶・航空機などの対価の支払いについての必要事項を記載した書類です。

(6) 不動産等の売買又は貸付けのあっせん手数料の支払調書 (例：略)

不動産等の売買又は貸付けのあっせん手数料の支払調書とは、会社が支払った不動産や船舶・航空機の売買または貸付けのあっせん手数料についての必要事項を記載した書類です。

(7) 法定調書合計表 (図表4-24)

最後に、法定調書合計表に上記 (1)～(6) の数字を転記していきます。225ページ以下で完成させた源泉徴収票および法定調書の合計金額などを、法定調

234

書合計表に転記します（**図表4-24**）。

　転記した後、源泉徴収票と法定調書を添付して、税務署へ提出します。

[2] 市区町村に提出する書類

　市区町村には、**給与支払報告書**（**図表4-25**）を提出します。完成させた給与支払報告書2枚は、市区町村へ総括表（**図表4-26**）を添付して提出しなければなりません。

　提出の際に退職している従業員や6月までに退職が予定されている従業員の給与支払報告書には、「普通徴収」と明記しましょう。また、総括表には、会社の所在地や報告人員などの必要事項を記入します。

　ここまでの手続きを踏むことにより、住民税の特別徴収通知が会社に6月までに届きます。これにより、6月から1年間、12カ月に分けて徴収することが可能となります（30ページ参照）。

　給与支払報告書の提出以降、退職などによって住民税が普通徴収へ切り替えとなった場合には、123ページと同様に**特別徴収に係る給与所得者異動届出書**（**図表4-27**）を翌年用に作成し、市区町村へ提出します。このときは、まだ税額等が決定されていませんので、税額などは未記入のままでかまいません。

　これら届出書は、住民税を決定するために必要とされる報告書ですので、提出もれのないように注意しましょう。

給与支払報告書の提出に当たっての留意点はありますか？

　市区町村へは、必要書類を以下の順番で束ねて送付するとよいでしょう。その際、クリップなど容易に分離できる方法で留めておくことが肝要です。
①総括表2枚（1枚の場合もあり）
②特別徴収となる従業員の給与支払報告書
③仕切紙（「普通徴収」と記載があれば、なおよいでしょう）
④普通徴収となる従業員の給与支払報告書
　また、マイナンバーの取り扱いを考えると、発送方法についても留意する必要があることから、電子申請などができるelTAX（地方税ポータルシステム）の導入を検討するのも一つです。

図表4-24 給与所得の源泉徴収票等の法定調書合計表

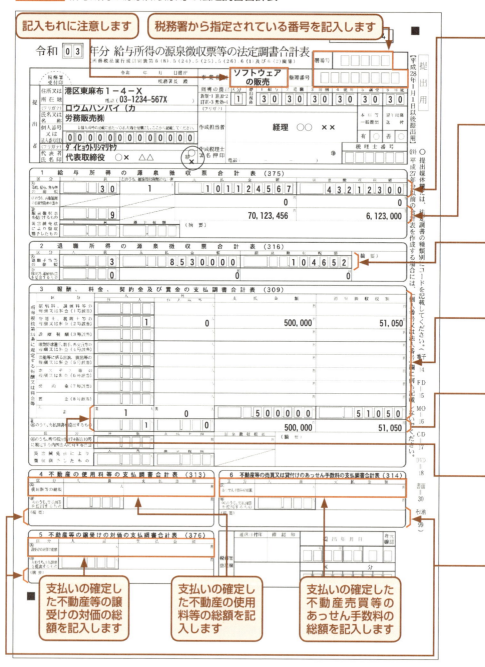

「給与所得の源泉徴収票」を税務署に提出するか否かにかかわらず、すべての受給者（年の中途で退職した者も含みます）について記入
① 「人員」の欄
　給与等の支払いを受けた者の実人員を記入（丙欄適用の日雇労働者の人員を含みません）。通常の場合は、作成された源泉徴収簿の枚数に符合します
（注）「給与所得・退職所得の所得税徴収高計算書（納付書）」に記入した人員の累計を記入しないこと
② 「左のうち、源泉徴収税額のない者」の欄
　「給与所得の源泉徴収票」の「源泉徴収税額」欄の税額が「0（ゼロ）」の者の数を記入。記入もれに注意します
③ 「支払金額」「源泉徴収税額」の欄
　年の中途で就職した者が就職前に他の支払者から支払いを受けた給与等の金額および徴収された源泉徴収税額を含めないで記入します

「給与所得の源泉徴収票」を税務署に提出するものについて、人員、支払金額および源泉徴収税額の合計を記入します。なお、Ⓐの総額欄と異なり、年の中途で就職した者が就職前に他の支払者から支払いを受けた給与等の金額および徴収された源泉徴収税額についても含めて記入してください

退職手当等の支払いを受けるすべての受給者について記入します

該当する区分ごとにすべての報酬・料金等をそれぞれ記入します

支払調書を提出するものの合計を記入します

報酬・料金等を支払った延べ人員ではなく、支払いを受けた者の実人員で記入します

「不動産の使用料等の支払調書」「不動産等の譲受けの対価の支払調書」の「（摘要）」欄にあっせん手数料に関する事項を記入して提出するため、この支払調書の作成・提出を省略したものについては、その支払先の人員と支払金額の合計をそれぞれ「（摘要）」欄に記入します

第4章　年末調整のすすめ方

図表4-25 給与支払報告書

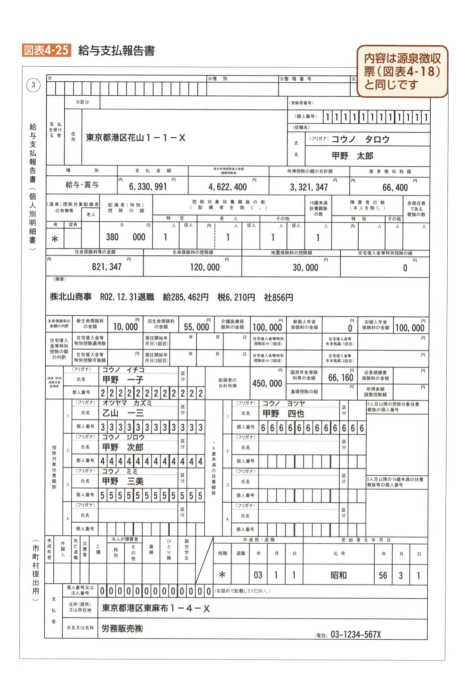

図表4-26 給与支払報告書（総括表）

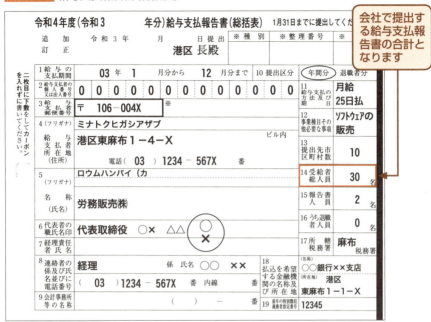

図表4-27 給与支払報告・特別徴収に係る給与所得者異動届出書

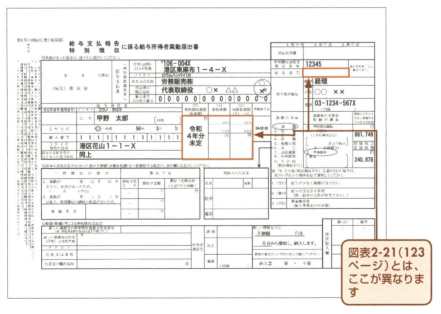

参考資料

[1] 給与所得の源泉徴収税額表（令和3年分）

月額表（平成24年3月31日財務省告示第115号別表第一（平成31年3月29日財務省告示第97号改正））

（一）　　　（～166,999円）

その月の社会保険料等控除後の給与等の金額		甲								乙
		扶 養 親 族 等 の 数								
		0人	1人	2人	3人	4人	5人	6人	7人	
以上	未満	税				額				税 額
円 88,000円未満	円	円 0	円 0	円 0	円 0	円 0	円 0	円 0	円 0	円 その月の社会保険料等控除後の給与等の金額の3.063%に相当する金額
88,000	89,000	130	0	0	0	0	0	0	0	3,200
89,000	90,000	180	0	0	0	0	0	0	0	3,200
90,000	91,000	230	0	0	0	0	0	0	0	3,200
91,000	92,000	290	0	0	0	0	0	0	0	3,200
92,000	93,000	340	0	0	0	0	0	0	0	3,300
93,000	94,000	390	0	0	0	0	0	0	0	3,300
94,000	95,000	440	0	0	0	0	0	0	0	3,300
95,000	96,000	490	0	0	0	0	0	0	0	3,400
96,000	97,000	540	0	0	0	0	0	0	0	3,400
97,000	98,000	590	0	0	0	0	0	0	0	3,500
98,000	99,000	640	0	0	0	0	0	0	0	3,500
99,000	101,000	720	0	0	0	0	0	0	0	3,600
101,000	103,000	830	0	0	0	0	0	0	0	3,600
103,000	105,000	930	0	0	0	0	0	0	0	3,700
105,000	107,000	1,030	0	0	0	0	0	0	0	3,800
107,000	109,000	1,130	0	0	0	0	0	0	0	3,800
109,000	111,000	1,240	0	0	0	0	0	0	0	3,900
111,000	113,000	1,340	0	0	0	0	0	0	0	4,000
113,000	115,000	1,440	0	0	0	0	0	0	0	4,100
115,000	117,000	1,540	0	0	0	0	0	0	0	4,100
117,000	119,000	1,640	0	0	0	0	0	0	0	4,200
119,000	121,000	1,750	120	0	0	0	0	0	0	4,300
121,000	123,000	1,850	220	0	0	0	0	0	0	4,500
123,000	125,000	1,950	330	0	0	0	0	0	0	4,800
125,000	127,000	2,050	430	0	0	0	0	0	0	5,100
127,000	129,000	2,150	530	0	0	0	0	0	0	5,400
129,000	131,000	2,260	630	0	0	0	0	0	0	5,700
131,000	133,000	2,360	740	0	0	0	0	0	0	6,000
133,000	135,000	2,460	840	0	0	0	0	0	0	6,300
135,000	137,000	2,550	930	0	0	0	0	0	0	6,600
137,000	139,000	2,610	990	0	0	0	0	0	0	6,800
139,000	141,000	2,680	1,050	0	0	0	0	0	0	7,100
141,000	143,000	2,740	1,110	0	0	0	0	0	0	7,500
143,000	145,000	2,800	1,170	0	0	0	0	0	0	7,800
145,000	147,000	2,860	1,240	0	0	0	0	0	0	8,100
147,000	149,000	2,920	1,300	0	0	0	0	0	0	8,400
149,000	151,000	2,980	1,360	0	0	0	0	0	0	8,700
151,000	153,000	3,050	1,430	0	0	0	0	0	0	9,000
153,000	155,000	3,120	1,500	0	0	0	0	0	0	9,300
155,000	157,000	3,200	1,570	0	0	0	0	0	0	9,600
157,000	159,000	3,270	1,640	0	0	0	0	0	0	9,900
159,000	161,000	3,340	1,720	100	0	0	0	0	0	10,200
161,000	163,000	3,410	1,790	170	0	0	0	0	0	10,500
163,000	165,000	3,480	1,860	250	0	0	0	0	0	10,800
165,000	167,000	3,550	1,930	320	0	0	0	0	0	11,100

(二)　　　（167,000円～289,999円）

その月の社会保険料等控除後の給与等の金額		甲								乙
		扶 養 親 族 等 の 数								
		0人	1人	2人	3人	4人	5人	6人	7人	
以上	未満	税				額				税額
円	円	円	円	円	円	円	円	円	円	円
167,000	169,000	3,620	2,000	390	0	0	0	0	0	11,400
169,000	171,000	3,700	2,070	460	0	0	0	0	0	11,700
171,000	173,000	3,770	2,140	530	0	0	0	0	0	12,000
173,000	175,000	3,840	2,220	600	0	0	0	0	0	12,400
175,000	177,000	3,910	2,290	670	0	0	0	0	0	12,700
177,000	179,000	3,980	2,360	750	0	0	0	0	0	13,200
179,000	181,000	4,050	2,430	820	0	0	0	0	0	13,900
181,000	183,000	4,120	2,500	890	0	0	0	0	0	14,600
183,000	185,000	4,200	2,570	960	0	0	0	0	0	15,300
185,000	187,000	4,270	2,640	1,030	0	0	0	0	0	16,000
187,000	189,000	4,340	2,720	1,100	0	0	0	0	0	16,700
189,000	191,000	4,410	2,790	1,170	0	0	0	0	0	17,500
191,000	193,000	4,480	2,860	1,250	0	0	0	0	0	18,100
193,000	195,000	4,550	2,930	1,320	0	0	0	0	0	18,800
195,000	197,000	4,630	3,000	1,390	0	0	0	0	0	19,500
197,000	199,000	4,700	3,070	1,460	0	0	0	0	0	20,200
199,000	201,000	4,770	3,140	1,530	0	0	0	0	0	20,900
201,000	203,000	4,840	3,220	1,600	0	0	0	0	0	21,500
203,000	205,000	4,910	3,290	1,670	0	0	0	0	0	22,200
205,000	207,000	4,980	3,360	1,750	130	0	0	0	0	22,700
207,000	209,000	5,050	3,430	1,820	200	0	0	0	0	23,300
209,000	211,000	5,130	3,500	1,890	280	0	0	0	0	23,900
211,000	213,000	5,200	3,570	1,960	350	0	0	0	0	24,400
213,000	215,000	5,270	3,640	2,030	420	0	0	0	0	25,000
215,000	217,000	5,340	3,720	2,100	490	0	0	0	0	25,500
217,000	219,000	5,410	3,790	2,170	560	0	0	0	0	26,100
219,000	221,000	5,480	3,860	2,250	630	0	0	0	0	26,800
221,000	224,000	5,560	3,950	2,340	710	0	0	0	0	27,400
224,000	227,000	5,680	4,060	2,440	830	0	0	0	0	28,400
227,000	230,000	5,780	4,170	2,550	930	0	0	0	0	29,300
230,000	233,000	5,890	4,280	2,650	1,040	0	0	0	0	30,300
233,000	236,000	5,990	4,380	2,770	1,140	0	0	0	0	31,300
236,000	239,000	6,110	4,490	2,870	1,260	0	0	0	0	32,400
239,000	242,000	6,210	4,590	2,980	1,360	0	0	0	0	33,400
242,000	245,000	6,320	4,710	3,080	1,470	0	0	0	0	34,400
245,000	248,000	6,420	4,810	3,200	1,570	0	0	0	0	35,400
248,000	251,000	6,530	4,920	3,300	1,680	0	0	0	0	36,400
251,000	254,000	6,640	5,020	3,410	1,790	170	0	0	0	37,500
254,000	257,000	6,750	5,140	3,510	1,900	290	0	0	0	38,500
257,000	260,000	6,850	5,240	3,620	2,000	390	0	0	0	39,400
260,000	263,000	6,960	5,350	3,730	2,110	500	0	0	0	40,400
263,000	266,000	7,070	5,450	3,840	2,220	600	0	0	0	41,500
266,000	269,000	7,180	5,560	3,940	2,330	710	0	0	0	42,500
269,000	272,000	7,280	5,670	4,050	2,430	820	0	0	0	43,500
272,000	275,000	7,390	5,780	4,160	2,540	930	0	0	0	44,500
275,000	278,000	7,490	5,880	4,270	2,640	1,030	0	0	0	45,500
278,000	281,000	7,610	5,990	4,370	2,760	1,140	0	0	0	46,600
281,000	284,000	7,710	6,100	4,480	2,860	1,250	0	0	0	47,600
284,000	287,000	7,820	6,210	4,580	2,970	1,360	0	0	0	48,600
287,000	290,000	7,920	6,310	4,700	3,070	1,460	0	0	0	49,700

参考資料

243

(三) (290,000円～439,999円)

その月の社会保険料等控除後の給与等の金額		甲								乙
		扶養親族等の数								
以上	未満	0人	1人	2人	3人	4人	5人	6人	7人	税額
		税			額					
円	円	円	円	円	円	円	円	円	円	円
290,000	293,000	8,040	6,420	4,800	3,190	1,570	0	0	0	50,900
293,000	296,000	8,140	6,520	4,910	3,290	1,670	0	0	0	52,100
296,000	299,000	8,250	6,640	5,010	3,400	1,790	160	0	0	52,900
299,000	302,000	8,420	6,740	5,130	3,510	1,890	280	0	0	53,700
302,000	305,000	8,670	6,860	5,250	3,630	2,010	400	0	0	54,500
305,000	308,000	8,910	6,980	5,370	3,760	2,130	520	0	0	55,200
308,000	311,000	9,160	7,110	5,490	3,880	2,260	640	0	0	56,100
311,000	314,000	9,400	7,230	5,620	4,000	2,380	770	0	0	56,900
314,000	317,000	9,650	7,350	5,740	4,120	2,500	890	0	0	57,800
317,000	320,000	9,890	7,470	5,860	4,250	2,620	1,010	0	0	58,800
320,000	323,000	10,140	7,600	5,980	4,370	2,750	1,130	0	0	59,800
323,000	326,000	10,380	7,720	6,110	4,490	2,870	1,260	0	0	60,900
326,000	329,000	10,630	7,840	6,230	4,610	2,990	1,380	0	0	61,900
329,000	332,000	10,870	7,960	6,350	4,740	3,110	1,500	0	0	62,900
332,000	335,000	11,120	8,090	6,470	4,860	3,240	1,620	0	0	63,900
335,000	338,000	11,360	8,210	6,600	4,980	3,360	1,750	130	0	64,900
338,000	341,000	11,610	8,370	6,720	5,110	3,480	1,870	260	0	66,000
341,000	344,000	11,850	8,620	6,840	5,230	3,600	1,990	380	0	67,000
344,000	347,000	12,100	8,860	6,960	5,350	3,730	2,110	500	0	68,000
347,000	350,000	12,340	9,110	7,090	5,470	3,850	2,240	620	0	69,000
350,000	353,000	12,590	9,350	7,210	5,600	3,970	2,360	750	0	70,000
353,000	356,000	12,830	9,600	7,330	5,720	4,090	2,480	870	0	71,100
356,000	359,000	13,080	9,840	7,450	5,840	4,220	2,600	990	0	72,100
359,000	362,000	13,320	10,090	7,580	5,960	4,340	2,730	1,110	0	73,100
362,000	365,000	13,570	10,330	7,700	6,090	4,460	2,850	1,240	0	74,200
365,000	368,000	13,810	10,580	7,820	6,210	4,580	2,970	1,360	0	75,200
368,000	371,000	14,060	10,820	7,940	6,330	4,710	3,090	1,480	0	76,200
371,000	374,000	14,300	11,070	8,070	6,450	4,830	3,220	1,600	0	77,100
374,000	377,000	14,550	11,310	8,190	6,580	4,950	3,340	1,730	100	78,100
377,000	380,000	14,790	11,560	8,320	6,700	5,070	3,460	1,850	220	79,000
380,000	383,000	15,040	11,800	8,570	6,820	5,200	3,580	1,970	350	79,900
383,000	386,000	15,280	12,050	8,810	6,940	5,320	3,710	2,090	470	81,400
386,000	389,000	15,530	12,290	9,060	7,070	5,440	3,830	2,220	590	83,100
389,000	392,000	15,770	12,540	9,300	7,190	5,560	3,950	2,340	710	84,700
392,000	395,000	16,020	12,780	9,550	7,310	5,690	4,070	2,460	840	86,500
395,000	398,000	16,260	13,030	9,790	7,430	5,810	4,200	2,580	960	88,200
398,000	401,000	16,510	13,270	10,040	7,560	5,930	4,320	2,710	1,080	89,800
401,000	404,000	16,750	13,520	10,280	7,680	6,050	4,440	2,830	1,200	91,600
404,000	407,000	17,000	13,760	10,530	7,800	6,180	4,560	2,950	1,330	93,300
407,000	410,000	17,240	14,010	10,770	7,920	6,300	4,690	3,070	1,450	95,000
410,000	413,000	17,490	14,250	11,020	8,050	6,420	4,810	3,200	1,570	96,700
413,000	416,000	17,730	14,500	11,260	8,170	6,540	4,930	3,320	1,690	98,300
416,000	419,000	17,980	14,740	11,510	8,290	6,670	5,050	3,440	1,820	100,100
419,000	422,000	18,220	14,990	11,750	8,530	6,790	5,180	3,560	1,940	101,800
422,000	425,000	18,470	15,230	12,000	8,770	6,910	5,300	3,690	2,060	103,400
425,000	428,000	18,710	15,480	12,240	9,020	7,030	5,420	3,810	2,180	105,200
428,000	431,000	18,960	15,720	12,490	9,260	7,160	5,540	3,930	2,310	106,900
431,000	434,000	19,210	15,970	12,730	9,510	7,280	5,670	4,050	2,430	108,500
434,000	437,000	19,450	16,210	12,980	9,750	7,400	5,790	4,180	2,550	110,300
437,000	440,000	19,700	16,460	13,220	10,000	7,520	5,910	4,300	2,680	112,000

（四） (440,000円～589,999円)

その月の社会保険料等控除後の給与等の金額		甲								乙
		扶 養 親 族 等 の 数								
以上	未満	0人	1人	2人	3人	4人	5人	6人	7人	税額
		税				額				税額
円 440,000	円 443,000	円 20,090	円 16,700	円 13,470	円 10,240	円 7,650	円 6,030	円 4,420	円 2,800	円 113,600
443,000	446,000	20,580	16,950	13,710	10,490	7,770	6,160	4,540	2,920	115,400
446,000	449,000	21,070	17,190	13,960	10,730	7,890	6,280	4,670	3,040	117,100
449,000	452,000	21,560	17,440	14,200	10,980	8,010	6,400	4,790	3,170	118,700
452,000	455,000	22,050	17,680	14,450	11,220	8,140	6,520	4,910	3,290	120,500
455,000	458,000	22,540	17,930	14,690	11,470	8,260	6,650	5,030	3,410	122,200
458,000	461,000	23,030	18,170	14,940	11,710	8,470	6,770	5,160	3,530	123,800
461,000	464,000	23,520	18,420	15,180	11,960	8,720	6,890	5,280	3,660	125,600
464,000	467,000	24,010	18,660	15,430	12,200	8,960	7,010	5,400	3,780	127,300
467,000	470,000	24,500	18,910	15,670	12,450	9,210	7,140	5,520	3,900	129,000
470,000	473,000	24,990	19,150	15,920	12,690	9,450	7,260	5,650	4,020	130,700
473,000	476,000	25,480	19,400	16,160	12,940	9,700	7,380	5,770	4,150	132,300
476,000	479,000	25,970	19,640	16,410	13,180	9,940	7,500	5,890	4,270	134,000
479,000	482,000	26,460	20,000	16,650	13,430	10,190	7,630	6,010	4,390	135,600
482,000	485,000	26,950	20,490	16,900	13,670	10,430	7,750	6,140	4,510	137,200
485,000	488,000	27,440	20,980	17,140	13,920	10,680	7,870	6,260	4,640	138,800
488,000	491,000	27,930	21,470	17,390	14,160	10,920	7,990	6,380	4,760	140,400
491,000	494,000	28,420	21,960	17,630	14,410	11,170	8,120	6,500	4,880	142,000
494,000	497,000	28,910	22,450	17,880	14,650	11,410	8,240	6,630	5,000	143,700
497,000	500,000	29,400	22,940	18,120	14,900	11,660	8,420	6,750	5,130	145,200
500,000	503,000	29,890	23,430	18,370	15,140	11,900	8,670	6,870	5,250	146,800
503,000	506,000	30,380	23,920	18,610	15,390	12,150	8,910	6,990	5,370	148,500
506,000	509,000	30,880	24,410	18,860	15,630	12,390	9,160	7,120	5,490	150,100
509,000	512,000	31,370	24,900	19,100	15,880	12,640	9,400	7,240	5,620	151,600
512,000	515,000	31,860	25,390	19,350	16,120	12,890	9,650	7,360	5,740	153,300
515,000	518,000	32,350	25,880	19,590	16,370	13,130	9,890	7,480	5,860	154,900
518,000	521,000	32,840	26,370	19,900	16,610	13,380	10,140	7,610	5,980	156,500
521,000	524,000	33,330	26,860	20,390	16,860	13,620	10,380	7,730	6,110	158,100
524,000	527,000	33,820	27,350	20,880	17,100	13,870	10,630	7,850	6,230	159,600
527,000	530,000	34,310	27,840	21,370	17,350	14,110	10,870	7,970	6,350	161,000
530,000	533,000	34,800	28,330	21,860	17,590	14,360	11,120	8,100	6,470	162,500
533,000	536,000	35,290	28,820	22,350	17,840	14,600	11,360	8,220	6,600	164,000
536,000	539,000	35,780	29,310	22,840	18,080	14,850	11,610	8,380	6,720	165,400
539,000	542,000	36,270	29,800	23,330	18,330	15,090	11,850	8,630	6,840	166,900
542,000	545,000	36,760	30,290	23,820	18,570	15,340	12,100	8,870	6,960	168,400
545,000	548,000	37,250	30,780	24,310	18,820	15,580	12,340	9,120	7,090	169,900
548,000	551,000	37,740	31,270	24,800	19,060	15,830	12,590	9,360	7,210	171,300
551,000	554,000	38,280	31,810	25,340	19,330	16,100	12,860	9,630	7,350	172,800
554,000	557,000	38,830	32,370	25,890	19,600	16,380	13,140	9,900	7,480	174,300
557,000	560,000	39,380	32,920	26,440	19,980	16,650	13,420	10,180	7,630	175,700
560,000	563,000	39,930	33,470	27,000	20,530	16,930	13,690	10,460	7,760	177,200
563,000	566,000	40,480	34,020	27,550	21,080	17,200	13,970	10,730	7,900	178,700
566,000	569,000	41,030	34,570	28,100	21,630	17,480	14,240	11,010	8,040	180,100
569,000	572,000	41,590	35,120	28,650	22,190	17,760	14,520	11,280	8,180	181,600
572,000	575,000	42,140	35,670	29,200	22,740	18,030	14,790	11,560	8,330	183,100
575,000	578,000	42,690	36,230	29,750	23,290	18,310	15,070	11,830	8,610	184,600
578,000	581,000	43,240	36,780	30,300	23,840	18,580	15,350	12,110	8,880	186,000
581,000	584,000	43,790	37,330	30,850	24,390	18,860	15,620	12,380	9,160	187,500
584,000	587,000	44,340	37,880	31,410	24,940	19,130	15,900	12,660	9,430	189,000
587,000	590,000	44,890	38,430	31,960	25,490	19,410	16,170	12,940	9,710	190,400

参考資料

245

（五）　　　（590,000円～739,999円）

その月の社会保険料等控除後の給与等の金額		甲								乙
		扶 養 親 族 等 の 数								
		0人	1人	2人	3人	4人	5人	6人	7人	
以上	未満	税			額					税額
円	円	円	円	円	円	円	円	円	円	円
590,000	593,000	45,440	38,980	32,510	26,050	19,680	16,450	13,210	9,990	191,900
593,000	596,000	46,000	39,530	33,060	26,600	20,130	16,720	13,490	10,260	193,400
596,000	599,000	46,550	40,080	33,610	27,150	20,690	17,000	13,760	10,540	194,800
599,000	602,000	47,100	40,640	34,160	27,700	21,240	17,280	14,040	10,810	196,300
602,000	605,000	47,650	41,190	34,710	28,250	21,790	17,550	14,310	11,090	197,800
605,000	608,000	48,200	41,740	35,270	28,800	22,340	17,830	14,590	11,360	199,300
608,000	611,000	48,750	42,290	35,820	29,350	22,890	18,100	14,870	11,640	200,700
611,000	614,000	49,300	42,840	36,370	29,910	23,440	18,380	15,140	11,920	202,200
614,000	617,000	49,860	43,390	36,920	30,460	23,990	18,650	15,420	12,190	203,700
617,000	620,000	50,410	43,940	37,470	31,010	24,540	18,930	15,690	12,470	205,100
620,000	623,000	50,960	44,500	38,020	31,560	25,100	19,210	15,970	12,740	206,700
623,000	626,000	51,510	45,050	38,570	32,110	25,650	19,480	16,240	13,020	208,100
626,000	629,000	52,060	45,600	39,120	32,660	26,200	19,760	16,520	13,290	209,500
629,000	632,000	52,610	46,150	39,680	33,210	26,750	20,280	16,800	13,570	211,000
632,000	635,000	53,160	46,700	40,230	33,760	27,300	20,830	17,070	13,840	212,500
635,000	638,000	53,710	47,250	40,780	34,320	27,850	21,380	17,350	14,120	214,000
638,000	641,000	54,270	47,800	41,330	34,870	28,400	21,930	17,620	14,400	214,900
641,000	644,000	54,820	48,350	41,880	35,420	28,960	22,480	17,900	14,670	215,900
644,000	647,000	55,370	48,910	42,430	35,970	29,510	23,030	18,170	14,950	217,000
647,000	650,000	55,920	49,460	42,980	36,520	30,060	23,590	18,450	15,220	218,000
650,000	653,000	56,470	50,010	43,540	37,070	30,610	24,140	18,730	15,500	219,000
653,000	656,000	57,020	50,560	44,090	37,620	31,160	24,690	19,000	15,770	220,000
656,000	659,000	57,570	51,110	44,640	38,180	31,710	25,240	19,280	16,050	221,000
659,000	662,000	58,130	51,660	45,190	38,730	32,260	25,790	19,550	16,330	222,100
662,000	665,000	58,680	52,210	45,740	39,280	32,810	26,340	19,880	16,600	223,100
665,000	668,000	59,230	52,770	46,290	39,830	33,370	26,890	20,430	16,880	224,100
668,000	671,000	59,780	53,320	46,840	40,380	33,920	27,440	20,980	17,150	225,000
671,000	674,000	60,330	53,870	47,390	40,930	34,470	28,000	21,530	17,430	226,000
674,000	677,000	60,880	54,420	47,950	41,480	35,020	28,550	22,080	17,700	227,100
677,000	680,000	61,430	54,970	48,500	42,030	35,570	29,100	22,640	17,980	228,100
680,000	683,000	61,980	55,520	49,050	42,590	36,120	29,650	23,190	18,260	229,100
683,000	686,000	62,540	56,070	49,600	43,140	36,670	30,200	23,740	18,530	230,400
686,000	689,000	63,090	56,620	50,150	43,690	37,230	30,750	24,290	18,810	232,100
689,000	692,000	63,640	57,180	50,700	44,240	37,780	31,300	24,840	19,080	233,600
692,000	695,000	64,190	57,730	51,250	44,790	38,330	31,860	25,390	19,360	235,100
695,000	698,000	64,740	58,280	51,810	45,340	38,880	32,410	25,940	19,630	236,700
698,000	701,000	65,290	58,830	52,360	45,890	39,430	32,960	26,490	20,030	238,200
701,000	704,000	65,840	59,380	52,910	46,450	39,980	33,510	27,050	20,580	239,700
704,000	707,000	66,400	59,930	53,460	47,000	40,530	34,060	27,600	21,130	241,300
707,000	710,000	66,960	60,480	54,020	47,550	41,090	34,620	28,150	21,690	242,900
710,000	713,000	67,570	61,100	54,630	48,160	41,700	35,230	28,760	22,300	244,400
713,000	716,000	68,180	61,710	55,250	48,770	42,310	35,850	29,370	22,910	246,000
716,000	719,000	68,790	62,320	55,860	49,390	42,920	36,460	29,990	23,520	247,500
719,000	722,000	69,410	62,930	56,470	50,000	43,540	37,070	30,600	24,140	249,000
722,000	725,000	70,020	63,550	57,080	50,610	44,150	37,690	31,210	24,750	250,600
725,000	728,000	70,630	64,160	57,700	51,220	44,760	38,300	31,820	25,360	252,200
728,000	731,000	71,250	64,770	58,310	51,840	45,370	38,910	32,440	25,970	253,700
731,000	734,000	71,860	65,380	58,920	52,450	45,990	39,520	33,050	26,590	255,300
734,000	737,000	72,470	66,000	59,530	53,060	46,600	40,140	33,660	27,200	256,800
737,000	740,000	73,080	66,610	60,150	53,670	47,210	40,750	34,270	27,810	258,300

（六） (740,000円～3,499,999円)

その月の社会保険料等控除後の給与等の金額	甲								乙
	扶 養 親 族 等 の 数								
	0人	1人	2人	3人	4人	5人	6人	7人	
以上　　未満	税				額				税額
740,000円	円 73,390	円 66,920	円 60,450	円 53,980	円 47,520	円 41,050	円 34,580	円 28,120	円 259,800
740,000円を超え780,000円に満たない金額	740,000円の場合の税額に、その月の社会保険料等控除後の給与等の金額のうち740,000円を超える金額の20.42%に相当する金額を加算した金額								259,800円に、その月の社会保険料等控除後の給与等の金額のうち740,000円を超える金額の40.84%に相当する金額を加算した金額
780,000円	円 81,560	円 75,090	円 68,620	円 62,150	円 55,690	円 49,220	円 42,750	円 36,290	
780,000円を超え950,000円に満たない金額	780,000円の場合の税額に、その月の社会保険料等控除後の給与等の金額のうち780,000円を超える金額の23.483%に相当する金額を加算した金額								
950,000円	円 121,480	円 115,010	円 108,540	円 102,070	円 95,610	円 89,140	円 82,670	円 76,210	
950,000円を超え1,700,000円に満たない金額	950,000円の場合の税額に、その月の社会保険料等控除後の給与等の金額のうち950,000円を超える金額の33.693%に相当する金額を加算した金額								
1,700,000円	円 374,180	円 367,710	円 361,240	円 354,770	円 348,310	円 341,840	円 335,370	円 328,910	円 651,900
1,700,000円を超え2,170,000円に満たない金額	1,700,000円の場合の税額に、その月の社会保険料等控除後の給与等の金額のうち1,700,000円を超える金額の40.84%に相当する金額を加算した金額								651,900円に、その月の社会保険料等控除後の給与等の金額のうち1,700,000円を超える金額の45.945%に相当する金額を加算した金額
2,170,000円	円 571,570	円 565,090	円 558,630	円 552,160	円 545,690	円 539,230	円 532,760	円 526,290	
2,170,000円を超え2,210,000円に満たない金額	2,170,000円の場合の税額に、その月の社会保険料等控除後の給与等の金額のうち2,170,000円を超える金額の40.84%に相当する金額を加算した金額								
2,210,000円	円 593,340	円 586,870	円 580,410	円 573,930	円 567,470	円 561,010	円 554,540	円 548,070	
2,210,000円を超え2,250,000円に満たない金額	2,210,000円の場合の税額に、その月の社会保険料等控除後の給与等の金額のうち2,210,000円を超える金額の40.84%に相当する金額を加算した金額								
2,250,000円	円 615,120	円 608,650	円 602,190	円 595,710	円 589,250	円 582,790	円 576,310	円 569,850	
2,250,000円を超え3,500,000円に満たない金額	2,250,000円の場合の税額に、その月の社会保険料等控除後の給与等の金額のうち2,250,000円を超える金額の40.84%に相当する金額を加算した金額								

参考資料

247

（七） （3,500,000円～）

その月の社会保険料等控除後の給与等の金額		甲								乙
		扶 養 親 族 等 の 数								
		0人	1人	2人	3人	4人	5人	6人	7人	
以上	未満	税				額				税 額
3,500,000円		円 1,125,620	円 1,119,150	円 1,112,690	円 1,106,210	円 1,099,750	円 1,093,290	円 1,086,810	円 1,080,350	651,900円に、その月の社会保険料等控除後の給与等の金額のうち1,700,000円を超える金額の45.945％に相当する金額を加算した金額
3,500,000円を超える金額		3,500,000円の場合の税額に、その月の社会保険料等控除後の給与等の金額のうち3,500,000円を超える金額の45.945％に相当する金額を加算した金額								
		扶養親族等の数が7人を超える場合には、扶養親族等の数が7人の場合の税額から、その7人を超える1人ごとに1,610円を控除した金額								従たる給与についての扶養控除等申告書が提出されている場合には、当該申告書に記載された扶養親族等の数に応じ、扶養親族等1人ごとに1,610円を、上の各欄によって求めた税額から控除した金額

（注） この表における用語の意味は、次のとおりです。
1 「扶養親族等」とは、源泉控除対象配偶者及び控除対象扶養親族をいいます。
2 「社会保険料等」とは、所得税法第74条第2項（社会保険料控除）に規定する社会保険料及び同法第75条第2項（小規模企業共済等掛金控除）に規定する小規模企業共済等掛金をいいます。

（備考） 税額の求め方は、次のとおりです。
1 「給与所得者の扶養控除等申告書」（以下この表において「扶養控除等申告書」といいます。）の提出があった人
 (1) まず、その人のその月の給与等の金額から、その給与等の金額から控除される社会保険料等の金額を控除した金額を求めます。
 (2) 次に、扶養控除等申告書により申告された扶養親族等（その申告書に記載がされていないものとされる源泉控除対象配偶者を除きます。また、扶養親族等が国外居住親族である場合には、親族に該当する旨を証する書類が扶養控除等申告書に添付され、又は当該書類が扶養控除等申告書の提出の際に提示された扶養親族等に限ります。）の数が7人以下である場合には、(1)により求めた金額に応じて「その月の社会保険料等控除後の給与等の金額」欄の該当する行を求め、その行と扶養親族等の数に応じた甲欄の該当欄との交わるところに記載されている金額を求めます。これが求める税額です。
 (3) 扶養控除等申告書により申告された扶養親族等の数が7人を超える場合には、(1)により求めた金額に応じて、扶養親族等の数が7人であるものとして(2)により求めた税額から、扶養親族等の数が7人を超える1人ごとに1,610円を控除した金額を求めます。これが求める税額です。
 (4) (2)及び(3)の場合において、扶養控除等申告書にその人が障害者（特別障害者を含みます。）、寡婦、ひとり親又は勤労学生に該当する旨の記載があるときは、扶養親族等の数にこれらの一に該当することに1人を加算した数を、扶養控除等申告書にその人の同一生計配偶者又は扶養親族のうちに障害者（特別障害者を含みます。）又は同居特別障害者（障害者（特別障害者を含みます。）又は同居特別障害者が国外居住親族である場合には、

親族に該当する旨を証する書類が扶養控除等申告書に添付され、又は当該書類が扶養控除等申告書の提出の際
　　に提示された障害者（特別障害者を含みます。）又は同居特別障害者に限ります。）に該当する人がいる旨の記
　　載があるときは、扶養親族等の数にこれらの一に該当するごとに1人を加算した数を、それぞれ(2)及び(3)の扶
　　養親族等の数とします。

2　扶養控除等申告書の提出がない人（「従たる給与についての扶養控除等申告書」の提出があった人を含みます。）
　　その人のその月の給与等の金額から、その給与等の金額から控除される社会保険料等の金額を控除し、その控
　　除後の金額に応じた「その月の社会保険料等控除後の給与等の金額」欄の該当する行と乙欄との交わるところに
　　記載されている金額（「従たる給与についての扶養控除等申告書」の提出があった場合には、その申告書により申
　　告された扶養親族等（その申告書に記載がされていないものとされる源泉控除対象配偶者を除きます。）の数に応
　　じ、扶養親族等1人ごとに1,610円を控除した金額）を求めます。これが求める税額です。

参考資料

[2] 賞与に対する源泉徴収税額の算出率の表(令和3年分)

(平成24年3月31日財務省告示第115号別表第三(平成31年3月29日財務省告示第97号改正))

賞与の金額に乗ずべき率	甲							
	扶 養 親 族							
	0人		1人		2人		3人	
	前 月 の 社 会 保 険 料 等 控							
	以上	未満	以上	未満	以上	未満	以上	未満
%	千円	千円	千円	千円	千円	千円	千円	千円
0.000	68千円未満		94千円未満		133千円未満		171千円未満	
2.042	68	79	94	243	133	269	171	295
4.084	79	252	243	282	269	312	295	345
6.126	252	300	282	338	312	369	345	398
8.168	300	334	338	365	369	393	398	417
10.210	334	363	365	394	393	420	417	445
12.252	363	395	394	422	420	450	445	477
14.294	395	426	422	455	450	484	477	510
16.336	426	520	455	520	484	520	510	544
18.378	520	601	520	617	520	632	544	647
20.420	601	678	617	699	632	721	647	745
22.462	678	708	699	733	721	757	745	782
24.504	708	745	733	771	757	797	782	823
26.546	745	788	771	814	797	841	823	868
28.588	788	846	814	874	841	902	868	931
30.630	846	914	874	944	902	975	931	1,005
32.672	914	1,312	944	1,336	975	1,360	1,005	1,385
35.735	1,312	1,521	1,336	1,526	1,360	1,526	1,385	1,538
38.798	1,521	2,621	1,526	2,645	1,526	2,669	1,538	2,693
41.861	2,621	3,495	2,645	3,527	2,669	3,559	2,693	3,590
45.945	3,495千円以上		3,527千円以上		3,559千円以上		3,590千円以上	

(注)　この表における用語の意味は、次のとおりです。
　1　「扶養親族等」とは、源泉控除対象配偶者及び控除対象扶養親族をいいます。
　2　「社会保険料等」とは、所得税法第74条第2項(社会保険控除)に規定する社会保険料及び同法第75条第2項(小規模企業共済等掛金控除)に規定する小規模企業共済等掛金をいいます。
　　　また、「賞与の金額に乗ずべき率」の賞与の金額とは、賞与の金額から控除される社会保険料等の金額がある場合には、その社会保険料等控除後の金額をいいます。
(備考)　賞与の金額に乗ずべき率の求め方は、次のとおりです。
　1　「給与所得者の扶養控除等申告書」(以下この表において「扶養控除等申告書」といいます。)の提出があった人(4に該当する場合を除きます。)
　　(1)　まず、その人の前月中の給与等(賞与を除きます。以下この表において同じです。)の金額から、その給与等の金額から控除される社会保険料等の金額(以下この表において「前月中の社会保険料等の金額」といいます。)を控除した金額を求めます。
　　(2)　次に、扶養控除等申告書により申告された扶養親族等(その申告書に記載がされていないものとされる源泉控除対象配偶者を除きます。また、扶養親族等が国外居住親族である場合には、親族に該当する旨を証する書類が扶養控除等申告書等に添付され、又は当該書類が扶養控除等申告書の提出の際に提示された扶養親族等に限ります。)の数と(1)により求めた金額とに応じて甲欄の「前月の社会保険料等控除後の給与等の金額」欄の該当する行を求めます。
　　(3)　(2)により求めた行と「賞与の金額に乗ずべき率」欄との交わるところに記載されている率を求めます。これが求める率です。
　2　1の場合において、扶養控除等申告書にその人が障害者(特別障害者を含みます。)、寡婦、ひとり親又は勤労学生に該当する旨の記載があるときは、扶養親族等の数にこれらの一に該当するごとに1人を加算した数を、扶養

等 の 数								乙	
4人		5人		6人		7人以上		前月の社会保険料等控除後の給与等の金額	
除 後 の 給 与 等 の 金 額									
以上	未満	以上	未満	以上	未満	以上	未満	以上	未満
千円	千円	千円	千円	千円	千円	千円	千円	千円	千円
210千円未満		243千円未満		275千円未満		308千円未満			
210	300	243	300	275	333	308	372		
300	378	300	406	333	431	372	456		
378	424	406	450	431	476	456	502		
424	444	450	472	476	499	502	523	222千円未満	
444	470	472	496	499	521	523	545		
470	503	496	525	521	547	545	571		
503	534	525	557	547	582	571	607		
534	570	557	597	582	623	607	650		
570	662	597	677	623	693	650	708		
662	768	677	792	693	815	708	838	222	293
768	806	792	831	815	856	838	880		
806	849	831	875	856	900	880	926		
849	896	875	923	900	950	926	978		
896	959	923	987	950	1,015	978	1,043		
959	1,036	987	1,066	1,015	1,096	1,043	1,127	293	524
1,036	1,409	1,066	1,434	1,096	1,458	1,127	1,482		
1,409	1,555	1,434	1,555	1,458	1,555	1,482	1,583		
1,555	2,716	1,555	2,740	1,555	2,764	1,583	2,788	524	1,118
2,716	3,622	2,740	3,654	2,764	3,685	2,788	3,717		
3,622千円以上		3,654千円以上		3,685千円以上		3,717千円以上		1,118千円以上	

　控除等申告書にその人の同一生計配偶者又は扶養親族のうちに障害者（特別障害者を含みます。）又は同居特別障害者（障害者（特別障害者を含みます。）又は同居特別障害者が国外居住親族である場合には、親族に該当する旨を証する書類が扶養控除等申告書に添付され、又は当該書類が扶養控除等申告書の提出の際に提示された障害者（特別障害者を含みます。）又は同居特別障害者に限ります。）に該当する人がいる旨の記載があるときは、扶養親族等の数にこれらの一に該当することごとに1人を加算した数を、それぞれ扶養親族等の数とします。

3　扶養控除等申告書の提出がない人（「従たる給与についての扶養控除等申告書」の提出があった人を含み、4に該当する場合を除きます。）

　(1)　その人の前月中の給与等の金額から前月中の社会保険料等の金額を控除した金額を求めます。

　(2)　(1)により求めた金額に応じて乙欄の「前月の社会保険料等控除後の給与等の金額」欄の該当する行を求めます。

　(3)　(2)により求めた行と「賞与の金額に乗ずべき率」欄との交わるところに記載されている率を求めます。これが求める率です。

4　前月中の給与等の金額がない場合や前月中の給与等の金額が前月中の社会保険料等の金額以下である場合又はその賞与の金額（その金額から控除される社会保険料等の金額がある場合には、その控除後の金額）が前月中の給与等の金額から前月中の社会保険料等の金額を控除した金額の10倍に相当する金額を超える場合には、この表によらず、平成24年3月31日財務省告示第115号（平成31年3月29日財務省告示第97号改正）第3項第1号イ(2)若しくはロ(2)又は第2号の規定により、月額表を使って税額を計算します。

5　1から4までの場合において、その人の受ける給与等の支給期が月の整数倍の期間ごとと定められているときは、その賞与の支払の直前に支払を受けた若しくは支払を受けるべき給与等の金額又はその給与等の金額から控除される社会保険料等の金額をその倍数で除して計算した金額を、それぞれ前月中の給与等の金額又はその金額から控除される社会保険料等の金額とみなします。

[3] 源泉徴収のための退職所得控除額の表（令和3年分）

（所得税法別表第六）

勤続年数	退職所得控除額		勤続年数	退職所得控除額	
	一般退職の場合	障害退職の場合		一般退職の場合	障害退職の場合
2年以下	千円 800	千円 1,800	24年 25年 26年	千円 10,800 11,500 12,200	千円 11,800 12,500 13,200
3年 4年 5年	1,200 1,600 2,000	2,200 2,600 3,000	27年 28年 29年	12,900 13,600 14,300	13,900 14,600 15,300
6年 7年 8年	2,400 2,800 3,200	3,400 3,800 4,200	30年 31年 32年	15,000 15,700 16,400	16,000 16,700 17,400
9年 10年 11年	3,600 4,000 4,400	4,600 5,000 5,400	33年 34年 35年	17,100 17,800 18,500	18,100 18,800 19,500
12年 13年 14年	4,800 5,200 5,600	5,800 6,200 6,600	36年 37年 38年	19,200 19,900 20,600	20,200 20,900 21,600
15年 16年 17年	6,000 6,400 6,800	7,000 7,400 7,800	39年 40年	21,300 22,000	22,300 23,000
18年 19年 20年	7,200 7,600 8,000	8,200 8,600 9,000	41年以上	22,000千円に、勤続年数が40年を超える1年ごとに700千円を加算した金額	23,000千円に、勤続年数が40年を超える1年ごとに700千円を加算した金額
21年 22年 23年	8,700 9,400 10,100	9,700 10,400 11,100			

（注）　この表における用語の意味は、次のとおりです。

1　「勤続年数」とは、退職手当等の支払を受ける人が、退職手当等の支払者の下においてその退職手当等の支払の基因となった退職の日まで引き続き勤務した期間により計算した一定の年数をいいます（所得税法施行令第69条）。

2　「障害退職の場合」とは、障害者になったことに直接基因して退職したと認められる一定の場合をいいます（所得税法第30条第5項第3号）。

3　「一般退職の場合」とは、障害退職の場合以外の退職の場合をいいます。

（備考）

1　退職所得控除額は、2に該当する場合を除き、退職手当等に係る勤続年数に応じ「勤続年数」欄の該当する行に当てはめて求めます。この場合、一般退職のときはその行の「退職所得控除額」の「一般退職の場合」欄に記載されている金額が、また、障害退職のときはその行の「退職所得控除額」の「障害退職の場合」欄に記載されている金額が、それぞれその退職手当等に係る退職所得控除額です。

2　所得税法第30条第5項第1号（退職所得控除額の計算の特例）に掲げる場合に該当するときは、同項の規定に準じて計算した金額が、その退職手当等に係る退職所得控除額です。

[4] 課税退職所得金額の算式の表（令和3年分）

退職手当等の区分	課税退職所得金額
一般退職手当等の場合	$\left(\begin{array}{c}\text{一般退職}\\\text{手当等の}\\\text{収入金額}\end{array} - \begin{array}{c}\text{退職所得}\\\text{控除額}\end{array}\right) \times \dfrac{1}{2}$
特定役員退職手当等の場合	$\begin{array}{c}\text{特定役員}\\\text{退職手当等}\\\text{の収入金額}\end{array} - \begin{array}{c}\text{退職所得}\\\text{控除額}\end{array}$
一般退職手当等と特定役員退職手当等の両方がある場合	$\left(\begin{array}{c}\text{特定役員}\\\text{退職手当等}\\\text{の収入金額}\end{array} - \begin{array}{c}\text{特定役員}\\\text{退職所得}\\\text{控除額}\end{array}\right) + \left(\begin{array}{c}\text{一般退職}\\\text{手当等の}\\\text{の収入金額}\end{array} - \left(\begin{array}{c}\text{退職所得}\\\text{控除額}\end{array} - \begin{array}{c}\text{特定役員}\\\text{退職所得}\\\text{控除額}\end{array}\right)\right) \times \dfrac{1}{2}$

(注)1　課税退職所得金額に1,000円未満の端数があるときは、これを切り捨てます。

2　特定役員退職手当等とは、役員等勤続年数が5年以下である人が、その役員等勤続年数に対応する退職手当等として支払を受けるものをいい、一般退職手当等とは、特定役員退職手当等以外の退職手当等をいいます。

3　特定役員退職所得控除額の算式は次のとおりです。

特定役員退職所得控除額 ＝ 40万円 × （特定役員等勤続年数 － 重複勤続年数） ＋ 20万円 × 重複勤続年数

[5] 退職所得の源泉徴収税額の速算表（令和3年分）

課税退職所得金額（A）		所得税率（B）	控除額（C）	税額＝((A)×(B)－(C))×102.1%
	1,950,000円以下	5%	―	((A)× 5%　　　　　　)×102.1%
1,950,000円超	3,300,000円 〃	10%	97,500円	((A)×10%－　　97,500円)×102.1%
3,300,000円 〃	6,950,000円 〃	20%	427,500円	((A)×20%－　427,500円)×102.1%
6,950,000円 〃	9,000,000円 〃	23%	636,000円	((A)×23%－　636,000円)×102.1%
9,000,000円 〃	18,000,000円 〃	33%	1,536,000円	((A)×33%－1,536,000円)×102.1%
18,000,000円 〃	40,000,000円 〃	40%	2,796,000円	((A)×40%－2,796,000円)×102.1%
40,000,000円 〃		45%	4,796,000円	((A)×45%－4,796,000円)×102.1%

(注)　求めた税額に1円未満の端数があるときは、これを切り捨てます。

参考資料

253

[6] 月額表の甲欄を適用する給与等に対する 源泉徴収税額の電算機計算の特例

　給与所得に対する源泉所得税及び復興特別所得税の額は、「給与所得の源泉徴収税額表」によって求めることができますが、その給与等の支払額に関する計算を電子計算機などの事務機械によって処理しているときは、月額表の甲欄を適用する給与等については、以下の別表（別表第一～別表第四）を用いて源泉所得税及び復興特別所得税の額を求めることができる特例が設けられています。

■源泉徴収税額の計算方法

　その月の社会保険料等を控除した後の給与等の金額(A)から、別表第一により算出した給与所得控除の額及び別表第三により求めた基礎控除の額並びに別表第二に掲げる配偶者（特別）控除の額及び扶養控除の額の合計額を控除した残額（課税給与所得金額(B)）を、別表第四に当てはめて源泉徴収すべき税額を求めます。

〔電子計算機等を使用して源泉徴収税額を計算する方法
（平成24年3月31日財務省告示第116号（平成31年3月29日財務省告示第98号改正））**(令和3年分)**〕

別表第一

その月の社会保険料等控除後の給与等の金額(A)		給与所得控除の額
以上	以下	
円	円	
―	135,416	45,834円
135,417	149,999	(A) × 40% － 8,333円
150,000	299,999	(A) × 30% ＋ 6,667円
300,000	549,999	(A) × 20% ＋ 36,667円
550,000	708,330	(A) × 10% ＋ 91,667円
708,331円以上		162,500円

（注）　給与所得控除の額に1円未満の端数があるときは、これを切り上げた額をもってその求める給与所得控除の額とします。

別表第二

配偶者（特別）控除の額	31,667円
扶養控除の額	31,667円×控除対象扶養親族の数

別表第三

その月の社会保険料等控除後の給与等の金額（**A**）		基礎控除の額
以上	以下	
円	円	
―	2,162,499	40,000円
2,162,500	2,204,166	26,667円
2,204,167	2,245,833	13,334円
2,245,834円以上		0円

別表第四

その月の課税給与所得金額（**B**）		税額の算式
以上	以下	
円	円	
―	162,500	(B)× 5.105%
162,501	275,000	(B)×10.210% － 8,296円
275,001	579,166	(B)×20.420% － 36,374円
579,167	750,000	(B)×23.483% － 54,113円
750,001	1,500,000	(B)×33.693% － 130,688円
1,500,001	3,333,333	(B)×40.840% － 237,893円
3,333,334円以上		(B)×45.945% － 408,061円

（注） 税額に10円未満の端数があるときは、これを四捨五入した額をもってその求める税額とします。

参考資料

[7] 給与所得の源泉徴収税額表の使用区分

税額表の区分	給与等の支給区分	税額表の使用する欄
月 額 表	(1) 月ごとに支払うもの (2) 半月ごと、10日ごとに支払うもの (3) 月の整数倍の期間ごとに支払うもの	甲欄……「給与所得者の扶養控除等申告書」を提出している人に支払う給与等 乙欄……その他の人に支払う給与等
日 額 表	(1) 毎日支払うもの (2) 週ごとに支払うもの ｝日雇賃金を除きます。 (3) 日割で支払うもの	甲欄……「給与所得者の扶養控除等申告書」を提出している人に支払う給与等 乙欄……その他の人に支払う給与等
	日雇賃金	丙欄
賞与に対する源泉徴収税額の算出率の表	賞与 　ただし、前月中に普通給与の支払がない場合又は賞与の額が前月中の普通給与の額の10倍を超える場合には、月額表を使います。	甲欄……「給与所得者の扶養控除等申告書」を提出している人に支払う賞与 乙欄……その他の人に支払う賞与

255

[8] 扶養親族等の数の求め方

税額表の甲欄の「扶養親族等の数」とは、源泉控除対象配偶者と控除対象扶養親族（老人扶養親族または特定扶養親族を含みます）との合計数をいいます。また、給与等の支払を受ける人が、障害者（特別障害者を含みます）、寡婦、ひとり親または勤労学生に該当する場合には、これらの一に該当するごとに扶養親族等の数に1人を加算し、その人の同一生計配偶者や扶養親族（年齢16歳未満の人を含みます）のうちに障害者（特別障害者を含みます）または同居特別障害者に該当する人がいる場合には、これらの一に該当するごとに扶養親族等の数に1人を加算した数を扶養親族等の数とします。

■扶養親族等の数の算定方法

税額表の甲欄を適用する場合の扶養親族等の数の算定方法を図示すると、おおむね次ページ「①配偶者に係る扶養親族等の数の算定方法（具体例）」および「②配偶者以外の扶養親族等の数の算定方法（具体例）」のようになります。

なお、税額表の甲欄を適用する場合の扶養親族等の数は、次ページ①を参考に求めた配偶者に係る扶養親族等の数と、次ページ②を参考に求めた配偶者以外の扶養親族等の数とを合計した数となります。

（凡例） □ 給与所得者　配 配偶者（※の金額は配偶者の合計所得金額（見積額）を示します。）

障 （特別）障害者　同障 同居特別障害者　ひ ひとり親又は寡婦　学 勤労学生

扶 控除対象扶養親族（扶養親族のうち年齢16歳以上の人）　扶 扶養親族のうち年齢16歳未満の人
（注）扶養親族等の数には加算しません。

【下図中の点線囲みの図形は扶養親族等の数には含まれません。】

①配偶者に係る扶養親族等の数の算定方法（具体例）

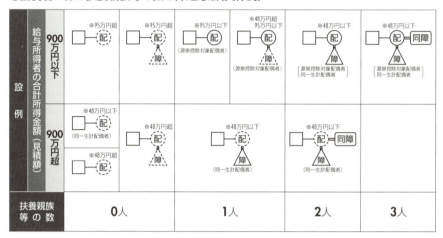

②配偶者以外の扶養親族等の数の算定方法（具体例）

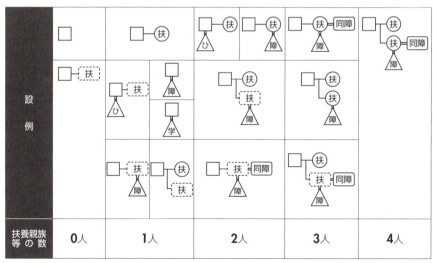

257

[9] 令和2年分の年末調整等のための給与所得控除後の給与等の金額の表

※令和3年分については、令和3年11月に国税庁から発行される「年末調整のしかた」をご確認ください（以降 [10]〜[13] も同様）。

(一) (〜2,171,999円)

給与等の金額 以上	給与等の金額 未満	給与所得控除後の給与等の金額	給与等の金額 以上	給与等の金額 未満	給与所得控除後の給与等の金額	給与等の金額 以上	給与等の金額 未満	給与所得控除後の給与等の金額
円	円	円	円	円	円	円	円	円
551,000円未満		0	1,772,000	1,776,000	1,163,200	1,972,000	1,976,000	1,300,400
			1,776,000	1,780,000	1,165,600	1,976,000	1,980,000	1,303,200
			1,780,000	1,784,000	1,168,000	1,980,000	1,984,000	1,306,000
			1,784,000	1,788,000	1,170,400	1,984,000	1,988,000	1,308,800
			1,788,000	1,792,000	1,172,800	1,988,000	1,992,000	1,311,600
551,000	1,619,000	給与等の金額から550,000円を控除した金額	1,792,000	1,796,000	1,175,200	1,992,000	1,996,000	1,314,400
			1,796,000	1,800,000	1,177,600	1,996,000	2,000,000	1,317,200
			1,800,000	1,804,000	1,180,000	2,000,000	2,004,000	1,320,000
			1,804,000	1,808,000	1,182,800	2,004,000	2,008,000	1,322,800
			1,808,000	1,812,000	1,185,600	2,008,000	2,012,000	1,325,600
1,619,000	1,620,000	1,069,000	1,812,000	1,816,000	1,188,400	2,012,000	2,016,000	1,328,400
1,620,000	1,622,000	1,070,000	1,816,000	1,820,000	1,191,200	2,016,000	2,020,000	1,331,200
1,622,000	1,624,000	1,072,000	1,820,000	1,824,000	1,194,000	2,020,000	2,024,000	1,334,000
1,624,000	1,628,000	1,074,000	1,824,000	1,828,000	1,196,800	2,024,000	2,028,000	1,336,800
1,628,000	1,632,000	1,076,800	1,828,000	1,832,000	1,199,600	2,028,000	2,032,000	1,339,600
1,632,000	1,636,000	1,079,200	1,832,000	1,836,000	1,202,400	2,032,000	2,036,000	1,342,400
1,636,000	1,640,000	1,081,600	1,836,000	1,840,000	1,205,200	2,036,000	2,040,000	1,345,200
1,640,000	1,644,000	1,084,000	1,840,000	1,844,000	1,208,000	2,040,000	2,044,000	1,348,000
1,644,000	1,648,000	1,086,400	1,844,000	1,848,000	1,210,800	2,044,000	2,048,000	1,350,800
1,648,000	1,652,000	1,088,800	1,848,000	1,852,000	1,213,600	2,048,000	2,052,000	1,353,600
1,652,000	1,656,000	1,091,200	1,852,000	1,856,000	1,216,400	2,052,000	2,056,000	1,356,400
1,656,000	1,660,000	1,093,600	1,856,000	1,860,000	1,219,200	2,056,000	2,060,000	1,359,200
1,660,000	1,664,000	1,096,000	1,860,000	1,864,000	1,222,000	2,060,000	2,064,000	1,362,000
1,664,000	1,668,000	1,098,400	1,864,000	1,868,000	1,224,800	2,064,000	2,068,000	1,364,800
1,668,000	1,672,000	1,100,800	1,868,000	1,872,000	1,227,600	2,068,000	2,072,000	1,367,600
1,672,000	1,676,000	1,103,200	1,872,000	1,876,000	1,230,400	2,072,000	2,076,000	1,370,400
1,676,000	1,680,000	1,105,600	1,876,000	1,880,000	1,233,200	2,076,000	2,080,000	1,373,200
1,680,000	1,684,000	1,108,000	1,880,000	1,884,000	1,236,000	2,080,000	2,084,000	1,376,000
1,684,000	1,688,000	1,110,400	1,884,000	1,888,000	1,238,800	2,084,000	2,088,000	1,378,800
1,688,000	1,692,000	1,112,800	1,888,000	1,892,000	1,241,600	2,088,000	2,092,000	1,381,600
1,692,000	1,696,000	1,115,200	1,892,000	1,896,000	1,244,400	2,092,000	2,096,000	1,384,400
1,696,000	1,700,000	1,117,600	1,896,000	1,900,000	1,247,200	2,096,000	2,100,000	1,387,200
1,700,000	1,704,000	1,120,000	1,900,000	1,904,000	1,250,000	2,100,000	2,104,000	1,390,000
1,704,000	1,708,000	1,122,400	1,904,000	1,908,000	1,252,800	2,104,000	2,108,000	1,392,800
1,708,000	1,712,000	1,124,800	1,908,000	1,912,000	1,255,600	2,108,000	2,112,000	1,395,600
1,712,000	1,716,000	1,127,200	1,912,000	1,916,000	1,258,400	2,112,000	2,116,000	1,398,400
1,716,000	1,720,000	1,129,600	1,916,000	1,920,000	1,261,200	2,116,000	2,120,000	1,401,200
1,720,000	1,724,000	1,132,000	1,920,000	1,924,000	1,264,000	2,120,000	2,124,000	1,404,000
1,724,000	1,728,000	1,134,400	1,924,000	1,928,000	1,266,800	2,124,000	2,128,000	1,406,800
1,728,000	1,732,000	1,136,800	1,928,000	1,932,000	1,269,600	2,128,000	2,132,000	1,409,600
1,732,000	1,736,000	1,139,200	1,932,000	1,936,000	1,272,400	2,132,000	2,136,000	1,412,400
1,736,000	1,740,000	1,141,600	1,936,000	1,940,000	1,275,200	2,136,000	2,140,000	1,415,200
1,740,000	1,744,000	1,144,000	1,940,000	1,944,000	1,278,000	2,140,000	2,144,000	1,418,000
1,744,000	1,748,000	1,146,400	1,944,000	1,948,000	1,280,800	2,144,000	2,148,000	1,420,800
1,748,000	1,752,000	1,148,800	1,948,000	1,952,000	1,283,600	2,148,000	2,152,000	1,423,600
1,752,000	1,756,000	1,151,200	1,952,000	1,956,000	1,286,400	2,152,000	2,156,000	1,426,400
1,756,000	1,760,000	1,153,600	1,956,000	1,960,000	1,289,200	2,156,000	2,160,000	1,429,200
1,760,000	1,764,000	1,156,000	1,960,000	1,964,000	1,292,000	2,160,000	2,164,000	1,432,000
1,764,000	1,768,000	1,158,400	1,964,000	1,968,000	1,294,800	2,164,000	2,168,000	1,434,800
1,768,000	1,772,000	1,160,800	1,968,000	1,972,000	1,297,600	2,168,000	2,172,000	1,437,600

(二)　　（2,172,000円～2,771,999円）

給与等の金額		給与所得控除後の給与等の金額	給与等の金額		給与所得控除後の給与等の金額	給与等の金額		給与所得控除後の給与等の金額
以上	未満		以上	未満		以上	未満	
円	円	円	円	円	円	円	円	円
2,172,000	2,176,000	1,440,400	2,372,000	2,376,000	1,580,400	2,572,000	2,576,000	1,720,400
2,176,000	2,180,000	1,443,200	2,376,000	2,380,000	1,583,200	2,576,000	2,580,000	1,723,200
2,180,000	2,184,000	1,446,000	2,380,000	2,384,000	1,586,000	2,580,000	2,584,000	1,726,000
2,184,000	2,188,000	1,448,800	2,384,000	2,388,000	1,588,800	2,584,000	2,588,000	1,728,800
2,188,000	2,192,000	1,451,600	2,388,000	2,392,000	1,591,600	2,588,000	2,592,000	1,731,600
2,192,000	2,196,000	1,454,400	2,392,000	2,396,000	1,594,400	2,592,000	2,596,000	1,734,400
2,196,000	2,200,000	1,457,200	2,396,000	2,400,000	1,597,200	2,596,000	2,600,000	1,737,200
2,200,000	2,204,000	1,460,000	2,400,000	2,404,000	1,600,000	2,600,000	2,604,000	1,740,000
2,204,000	2,208,000	1,462,800	2,404,000	2,408,000	1,602,800	2,604,000	2,608,000	1,742,800
2,208,000	2,212,000	1,465,600	2,408,000	2,412,000	1,605,600	2,608,000	2,612,000	1,745,600
2,212,000	2,216,000	1,468,400	2,412,000	2,416,000	1,608,400	2,612,000	2,616,000	1,748,400
2,216,000	2,220,000	1,471,200	2,416,000	2,420,000	1,611,200	2,616,000	2,620,000	1,751,200
2,220,000	2,224,000	1,474,000	2,420,000	2,424,000	1,614,000	2,620,000	2,624,000	1,754,000
2,224,000	2,228,000	1,476,800	2,424,000	2,428,000	1,616,800	2,624,000	2,628,000	1,756,800
2,228,000	2,232,000	1,479,600	2,428,000	2,432,000	1,619,600	2,628,000	2,632,000	1,759,600
2,232,000	2,236,000	1,482,400	2,432,000	2,436,000	1,622,400	2,632,000	2,636,000	1,762,400
2,236,000	2,240,000	1,485,200	2,436,000	2,440,000	1,625,200	2,636,000	2,640,000	1,765,200
2,240,000	2,244,000	1,488,000	2,440,000	2,444,000	1,628,000	2,640,000	2,644,000	1,768,000
2,244,000	2,248,000	1,490,800	2,444,000	2,448,000	1,630,800	2,644,000	2,648,000	1,770,800
2,248,000	2,252,000	1,493,600	2,448,000	2,452,000	1,633,600	2,648,000	2,652,000	1,773,600
2,252,000	2,256,000	1,496,400	2,452,000	2,456,000	1,636,400	2,652,000	2,656,000	1,776,400
2,256,000	2,260,000	1,499,200	2,456,000	2,460,000	1,639,200	2,656,000	2,660,000	1,779,200
2,260,000	2,264,000	1,502,000	2,460,000	2,464,000	1,642,000	2,660,000	2,664,000	1,782,000
2,264,000	2,268,000	1,504,800	2,464,000	2,468,000	1,644,800	2,664,000	2,668,000	1,784,800
2,268,000	2,272,000	1,507,600	2,468,000	2,472,000	1,647,600	2,668,000	2,672,000	1,787,600
2,272,000	2,276,000	1,510,400	2,472,000	2,476,000	1,650,400	2,672,000	2,676,000	1,790,400
2,276,000	2,280,000	1,513,200	2,476,000	2,480,000	1,653,200	2,676,000	2,680,000	1,793,200
2,280,000	2,284,000	1,516,000	2,480,000	2,484,000	1,656,000	2,680,000	2,684,000	1,796,000
2,284,000	2,288,000	1,518,800	2,484,000	2,488,000	1,658,800	2,684,000	2,688,000	1,798,800
2,288,000	2,292,000	1,521,600	2,488,000	2,492,000	1,661,600	2,688,000	2,692,000	1,801,600
2,292,000	2,296,000	1,524,400	2,492,000	2,496,000	1,664,400	2,692,000	2,696,000	1,804,400
2,296,000	2,300,000	1,527,200	2,496,000	2,500,000	1,667,200	2,696,000	2,700,000	1,807,200
2,300,000	2,304,000	1,530,000	2,500,000	2,504,000	1,670,000	2,700,000	2,704,000	1,810,000
2,304,000	2,308,000	1,532,800	2,504,000	2,508,000	1,672,800	2,704,000	2,708,000	1,812,800
2,308,000	2,312,000	1,535,600	2,508,000	2,512,000	1,675,600	2,708,000	2,712,000	1,815,600
2,312,000	2,316,000	1,538,400	2,512,000	2,516,000	1,678,400	2,712,000	2,716,000	1,818,400
2,316,000	2,320,000	1,541,200	2,516,000	2,520,000	1,681,200	2,716,000	2,720,000	1,821,200
2,320,000	2,324,000	1,544,000	2,520,000	2,524,000	1,684,000	2,720,000	2,724,000	1,824,000
2,324,000	2,328,000	1,546,800	2,524,000	2,528,000	1,686,800	2,724,000	2,728,000	1,826,800
2,328,000	2,332,000	1,549,600	2,528,000	2,532,000	1,689,600	2,728,000	2,732,000	1,829,600
2,332,000	2,336,000	1,552,400	2,532,000	2,536,000	1,692,400	2,732,000	2,736,000	1,832,400
2,336,000	2,340,000	1,555,200	2,536,000	2,540,000	1,695,200	2,736,000	2,740,000	1,835,200
2,340,000	2,344,000	1,558,000	2,540,000	2,544,000	1,698,000	2,740,000	2,744,000	1,838,000
2,344,000	2,348,000	1,560,800	2,544,000	2,548,000	1,700,800	2,744,000	2,748,000	1,840,800
2,348,000	2,352,000	1,563,600	2,548,000	2,552,000	1,703,600	2,748,000	2,752,000	1,843,600
2,352,000	2,356,000	1,566,400	2,552,000	2,556,000	1,706,400	2,752,000	2,756,000	1,846,400
2,356,000	2,360,000	1,569,200	2,556,000	2,560,000	1,709,200	2,756,000	2,760,000	1,849,200
2,360,000	2,364,000	1,572,000	2,560,000	2,564,000	1,712,000	2,760,000	2,764,000	1,852,000
2,364,000	2,368,000	1,574,800	2,564,000	2,568,000	1,714,800	2,764,000	2,768,000	1,854,800
2,368,000	2,372,000	1,577,600	2,568,000	2,572,000	1,717,600	2,768,000	2,772,000	1,857,600

参考資料

(三)　　(2,772,000円～3,371,999円)

給与等の金額		給与所得控除後の給与等の金額	給与等の金額		給与所得控除後の給与等の金額	給与等の金額		給与所得控除後の給与等の金額
以上	未満		以上	未満		以上	未満	
円	円	円	円	円	円	円	円	円
2,772,000	2,776,000	1,860,400	2,972,000	2,976,000	2,000,400	3,172,000	3,176,000	2,140,400
2,776,000	2,780,000	1,863,200	2,976,000	2,980,000	2,003,200	3,176,000	3,180,000	2,143,200
2,780,000	2,784,000	1,866,000	2,980,000	2,984,000	2,006,000	3,180,000	3,184,000	2,146,000
2,784,000	2,788,000	1,868,800	2,984,000	2,988,000	2,008,800	3,184,000	3,188,000	2,148,800
2,788,000	2,792,000	1,871,600	2,988,000	2,992,000	2,011,600	3,188,000	3,192,000	2,151,600
2,792,000	2,796,000	1,874,400	2,992,000	2,996,000	2,014,400	3,192,000	3,196,000	2,154,400
2,796,000	2,800,000	1,877,200	2,996,000	3,000,000	2,017,200	3,196,000	3,200,000	2,157,200
2,800,000	2,804,000	1,880,000	3,000,000	3,004,000	2,020,000	3,200,000	3,204,000	2,160,000
2,804,000	2,808,000	1,882,800	3,004,000	3,008,000	2,022,800	3,204,000	3,208,000	2,162,800
2,808,000	2,812,000	1,885,600	3,008,000	3,012,000	2,025,600	3,208,000	3,212,000	2,165,600
2,812,000	2,816,000	1,888,400	3,012,000	3,016,000	2,028,400	3,212,000	3,216,000	2,168,400
2,816,000	2,820,000	1,891,200	3,016,000	3,020,000	2,031,200	3,216,000	3,220,000	2,171,200
2,820,000	2,824,000	1,894,000	3,020,000	3,024,000	2,034,000	3,220,000	3,224,000	2,174,000
2,824,000	2,828,000	1,896,800	3,024,000	3,028,000	2,036,800	3,224,000	3,228,000	2,176,800
2,828,000	2,832,000	1,899,600	3,028,000	3,032,000	2,039,600	3,228,000	3,232,000	2,179,600
2,832,000	2,836,000	1,902,400	3,032,000	3,036,000	2,042,400	3,232,000	3,236,000	2,182,400
2,836,000	2,840,000	1,905,200	3,036,000	3,040,000	2,045,200	3,236,000	3,240,000	2,185,200
2,840,000	2,844,000	1,908,000	3,040,000	3,044,000	2,048,000	3,240,000	3,244,000	2,188,000
2,844,000	2,848,000	1,910,800	3,044,000	3,048,000	2,050,800	3,244,000	3,248,000	2,190,800
2,848,000	2,852,000	1,913,600	3,048,000	3,052,000	2,053,600	3,248,000	3,252,000	2,193,600
2,852,000	2,856,000	1,916,400	3,052,000	3,056,000	2,056,400	3,252,000	3,256,000	2,196,400
2,856,000	2,860,000	1,919,200	3,056,000	3,060,000	2,059,200	3,256,000	3,260,000	2,199,200
2,860,000	2,864,000	1,922,000	3,060,000	3,064,000	2,062,000	3,260,000	3,264,000	2,202,000
2,864,000	2,868,000	1,924,800	3,064,000	3,068,000	2,064,800	3,264,000	3,268,000	2,204,800
2,868,000	2,872,000	1,927,600	3,068,000	3,072,000	2,067,600	3,268,000	3,272,000	2,207,600
2,872,000	2,876,000	1,930,400	3,072,000	3,076,000	2,070,400	3,272,000	3,276,000	2,210,400
2,876,000	2,880,000	1,933,200	3,076,000	3,080,000	2,073,200	3,276,000	3,280,000	2,213,200
2,880,000	2,884,000	1,936,000	3,080,000	3,084,000	2,076,000	3,280,000	3,284,000	2,216,000
2,884,000	2,888,000	1,938,800	3,084,000	3,088,000	2,078,800	3,284,000	3,288,000	2,218,800
2,888,000	2,892,000	1,941,600	3,088,000	3,092,000	2,081,600	3,288,000	3,292,000	2,221,600
2,892,000	2,896,000	1,944,400	3,092,000	3,096,000	2,084,400	3,292,000	3,296,000	2,224,400
2,896,000	2,900,000	1,947,200	3,096,000	3,100,000	2,087,200	3,296,000	3,300,000	2,227,200
2,900,000	2,904,000	1,950,000	3,100,000	3,104,000	2,090,000	3,300,000	3,304,000	2,230,000
2,904,000	2,908,000	1,952,800	3,104,000	3,108,000	2,092,800	3,304,000	3,308,000	2,232,800
2,908,000	2,912,000	1,955,600	3,108,000	3,112,000	2,095,600	3,308,000	3,312,000	2,235,600
2,912,000	2,916,000	1,958,400	3,112,000	3,116,000	2,098,400	3,312,000	3,316,000	2,238,400
2,916,000	2,920,000	1,961,200	3,116,000	3,120,000	2,101,200	3,316,000	3,320,000	2,241,200
2,920,000	2,924,000	1,964,000	3,120,000	3,124,000	2,104,000	3,320,000	3,324,000	2,244,000
2,924,000	2,928,000	1,966,800	3,124,000	3,128,000	2,106,800	3,324,000	3,328,000	2,246,800
2,928,000	2,932,000	1,969,600	3,128,000	3,132,000	2,109,600	3,328,000	3,332,000	2,249,600
2,932,000	2,936,000	1,972,400	3,132,000	3,136,000	2,112,400	3,332,000	3,336,000	2,252,400
2,936,000	2,940,000	1,975,200	3,136,000	3,140,000	2,115,200	3,336,000	3,340,000	2,255,200
2,940,000	2,944,000	1,978,000	3,140,000	3,144,000	2,118,000	3,340,000	3,344,000	2,258,000
2,944,000	2,948,000	1,980,800	3,144,000	3,148,000	2,120,800	3,344,000	3,348,000	2,260,800
2,948,000	2,952,000	1,983,600	3,148,000	3,152,000	2,123,600	3,348,000	3,352,000	2,263,600
2,952,000	2,956,000	1,986,400	3,152,000	3,156,000	2,126,400	3,352,000	3,356,000	2,266,400
2,956,000	2,960,000	1,989,200	3,156,000	3,160,000	2,129,200	3,356,000	3,360,000	2,269,200
2,960,000	2,964,000	1,992,000	3,160,000	3,164,000	2,132,000	3,360,000	3,364,000	2,272,000
2,964,000	2,968,000	1,994,800	3,164,000	3,168,000	2,134,800	3,364,000	3,368,000	2,274,800
2,968,000	2,972,000	1,997,600	3,168,000	3,172,000	2,137,600	3,368,000	3,372,000	2,277,600

260

(四)　　　　　　　　　　　　　　　　　　　　　　　　　　　　　　　　　　（3,372,000円～3,971,999円）

給与等の金額		給与所得控除後の給与等の金額	給与等の金額		給与所得控除後の給与等の金額	給与等の金額		給与所得控除後の給与等の金額
以上	未満	金額	以上	未満	金額	以上	未満	金額
円	円	円	円	円	円	円	円	円
3,372,000	3,376,000	2,280,400	3,572,000	3,576,000	2,420,400	3,772,000	3,776,000	2,577,600
3,376,000	3,380,000	2,283,200	3,576,000	3,580,000	2,423,200	3,776,000	3,780,000	2,580,800
3,380,000	3,384,000	2,286,000	3,580,000	3,584,000	2,426,000	3,780,000	3,784,000	2,584,000
3,384,000	3,388,000	2,288,800	3,584,000	3,588,000	2,428,800	3,784,000	3,788,000	2,587,200
3,388,000	3,392,000	2,291,600	3,588,000	3,592,000	2,431,600	3,788,000	3,792,000	2,590,400
3,392,000	3,396,000	2,294,400	3,592,000	3,596,000	2,434,400	3,792,000	3,796,000	2,593,600
3,396,000	3,400,000	2,297,200	3,596,000	3,600,000	2,437,200	3,796,000	3,800,000	2,596,800
3,400,000	3,404,000	2,300,000	3,600,000	3,604,000	2,440,000	3,800,000	3,804,000	2,600,000
3,404,000	3,408,000	2,302,800	3,604,000	3,608,000	2,443,200	3,804,000	3,808,000	2,603,200
3,408,000	3,412,000	2,305,600	3,608,000	3,612,000	2,446,400	3,808,000	3,812,000	2,606,400
3,412,000	3,416,000	2,308,400	3,612,000	3,616,000	2,449,600	3,812,000	3,816,000	2,609,600
3,416,000	3,420,000	2,311,200	3,616,000	3,620,000	2,452,800	3,816,000	3,820,000	2,612,800
3,420,000	3,424,000	2,314,000	3,620,000	3,624,000	2,456,000	3,820,000	3,824,000	2,616,000
3,424,000	3,428,000	2,316,800	3,624,000	3,628,000	2,459,200	3,824,000	3,828,000	2,619,200
3,428,000	3,432,000	2,319,600	3,628,000	3,632,000	2,462,400	3,828,000	3,832,000	2,622,400
3,432,000	3,436,000	2,322,400	3,632,000	3,636,000	2,465,600	3,832,000	3,836,000	2,625,600
3,436,000	3,440,000	2,325,200	3,636,000	3,640,000	2,468,800	3,836,000	3,840,000	2,628,800
3,440,000	3,444,000	2,328,000	3,640,000	3,644,000	2,472,000	3,840,000	3,844,000	2,632,000
3,444,000	3,448,000	2,330,800	3,644,000	3,648,000	2,475,200	3,844,000	3,848,000	2,635,200
3,448,000	3,452,000	2,333,600	3,648,000	3,652,000	2,478,400	3,848,000	3,852,000	2,638,400
3,452,000	3,456,000	2,336,400	3,652,000	3,656,000	2,481,600	3,852,000	3,856,000	2,641,600
3,456,000	3,460,000	2,339,200	3,656,000	3,660,000	2,484,800	3,856,000	3,860,000	2,644,800
3,460,000	3,464,000	2,342,000	3,660,000	3,664,000	2,488,000	3,860,000	3,864,000	2,648,000
3,464,000	3,468,000	2,344,800	3,664,000	3,668,000	2,491,200	3,864,000	3,868,000	2,651,200
3,468,000	3,472,000	2,347,600	3,668,000	3,672,000	2,494,400	3,868,000	3,872,000	2,654,400
3,472,000	3,476,000	2,350,400	3,672,000	3,676,000	2,497,600	3,872,000	3,876,000	2,657,600
3,476,000	3,480,000	2,353,200	3,676,000	3,680,000	2,500,800	3,876,000	3,880,000	2,660,800
3,480,000	3,484,000	2,356,000	3,680,000	3,684,000	2,504,000	3,880,000	3,884,000	2,664,000
3,484,000	3,488,000	2,358,800	3,684,000	3,688,000	2,507,200	3,884,000	3,888,000	2,667,200
3,488,000	3,492,000	2,361,600	3,688,000	3,692,000	2,510,400	3,888,000	3,892,000	2,670,400
3,492,000	3,496,000	2,364,400	3,692,000	3,696,000	2,513,600	3,892,000	3,896,000	2,673,600
3,496,000	3,500,000	2,367,200	3,696,000	3,700,000	2,516,800	3,896,000	3,900,000	2,676,800
3,500,000	3,504,000	2,370,000	3,700,000	3,704,000	2,520,000	3,900,000	3,904,000	2,680,000
3,504,000	3,508,000	2,372,800	3,704,000	3,708,000	2,523,200	3,904,000	3,908,000	2,683,200
3,508,000	3,512,000	2,375,600	3,708,000	3,712,000	2,526,400	3,908,000	3,912,000	2,686,400
3,512,000	3,516,000	2,378,400	3,712,000	3,716,000	2,529,600	3,912,000	3,916,000	2,689,600
3,516,000	3,520,000	2,381,200	3,716,000	3,720,000	2,532,800	3,916,000	3,920,000	2,692,800
3,520,000	3,524,000	2,384,000	3,720,000	3,724,000	2,536,000	3,920,000	3,924,000	2,696,000
3,524,000	3,528,000	2,386,800	3,724,000	3,728,000	2,539,200	3,924,000	3,928,000	2,699,200
3,528,000	3,532,000	2,389,600	3,728,000	3,732,000	2,542,400	3,928,000	3,932,000	2,702,400
3,532,000	3,536,000	2,392,400	3,732,000	3,736,000	2,545,600	3,932,000	3,936,000	2,705,600
3,536,000	3,540,000	2,395,200	3,736,000	3,740,000	2,548,800	3,936,000	3,940,000	2,708,800
3,540,000	3,544,000	2,398,000	3,740,000	3,744,000	2,552,000	3,940,000	3,944,000	2,712,000
3,544,000	3,548,000	2,400,800	3,744,000	3,748,000	2,555,200	3,944,000	3,948,000	2,715,200
3,548,000	3,552,000	2,403,600	3,748,000	3,752,000	2,558,400	3,948,000	3,952,000	2,718,400
3,552,000	3,556,000	2,406,400	3,752,000	3,756,000	2,561,600	3,952,000	3,956,000	2,721,600
3,556,000	3,560,000	2,409,200	3,756,000	3,760,000	2,564,800	3,956,000	3,960,000	2,724,800
3,560,000	3,564,000	2,412,000	3,760,000	3,764,000	2,568,000	3,960,000	3,964,000	2,728,000
3,564,000	3,568,000	2,414,800	3,764,000	3,768,000	2,571,200	3,964,000	3,968,000	2,731,200
3,568,000	3,572,000	2,417,600	3,768,000	3,772,000	2,574,400	3,968,000	3,972,000	2,734,400

参考資料

261

(五)　　　　　　　　　　　　　　　　　　　　　　　　　　　　　　　　　（3,972,000円～4,571,999円）

給与等の金額		給与所得控除後の給与等の金額	給与等の金額		給与所得控除後の給与等の金額	給与等の金額		給与所得控除後の給与等の金額
以上	未満		以上	未満		以上	未満	
円	円	円	円	円	円	円	円	円
3,972,000	3,976,000	2,737,600	4,172,000	4,176,000	2,897,600	4,372,000	4,376,000	3,057,600
3,976,000	3,980,000	2,740,800	4,176,000	4,180,000	2,900,800	4,376,000	4,380,000	3,060,800
3,980,000	3,984,000	2,744,000	4,180,000	4,184,000	2,904,000	4,380,000	4,384,000	3,064,000
3,984,000	3,988,000	2,747,200	4,184,000	4,188,000	2,907,200	4,384,000	4,388,000	3,067,200
3,988,000	3,992,000	2,750,400	4,188,000	4,192,000	2,910,400	4,388,000	4,392,000	3,070,400
3,992,000	3,996,000	2,753,600	4,192,000	4,196,000	2,913,600	4,392,000	4,396,000	3,073,600
3,996,000	4,000,000	2,756,800	4,196,000	4,200,000	2,916,800	4,396,000	4,400,000	3,076,800
4,000,000	4,004,000	2,760,000	4,200,000	4,204,000	2,920,000	4,400,000	4,404,000	3,080,000
4,004,000	4,008,000	2,763,200	4,204,000	4,208,000	2,923,200	4,404,000	4,408,000	3,083,200
4,008,000	4,012,000	2,766,400	4,208,000	4,212,000	2,926,400	4,408,000	4,412,000	3,086,400
4,012,000	4,016,000	2,769,600	4,212,000	4,216,000	2,929,600	4,412,000	4,416,000	3,089,600
4,016,000	4,020,000	2,772,800	4,216,000	4,220,000	2,932,800	4,416,000	4,420,000	3,092,800
4,020,000	4,024,000	2,776,000	4,220,000	4,224,000	2,936,000	4,420,000	4,424,000	3,096,000
4,024,000	4,028,000	2,779,200	4,224,000	4,228,000	2,939,200	4,424,000	4,428,000	3,099,200
4,028,000	4,032,000	2,782,400	4,228,000	4,232,000	2,942,400	4,428,000	4,432,000	3,102,400
4,032,000	4,036,000	2,785,600	4,232,000	4,236,000	2,945,600	4,432,000	4,436,000	3,105,600
4,036,000	4,040,000	2,788,800	4,236,000	4,240,000	2,948,800	4,436,000	4,440,000	3,108,800
4,040,000	4,044,000	2,792,000	4,240,000	4,244,000	2,952,000	4,440,000	4,444,000	3,112,000
4,044,000	4,048,000	2,795,200	4,244,000	4,248,000	2,955,200	4,444,000	4,448,000	3,115,200
4,048,000	4,052,000	2,798,400	4,248,000	4,252,000	2,958,400	4,448,000	4,452,000	3,118,400
4,052,000	4,056,000	2,801,600	4,252,000	4,256,000	2,961,600	4,452,000	4,456,000	3,121,600
4,056,000	4,060,000	2,804,800	4,256,000	4,260,000	2,964,800	4,456,000	4,460,000	3,124,800
4,060,000	4,064,000	2,808,000	4,260,000	4,264,000	2,968,000	4,460,000	4,464,000	3,128,000
4,064,000	4,068,000	2,811,200	4,264,000	4,268,000	2,971,200	4,464,000	4,468,000	3,131,200
4,068,000	4,072,000	2,814,400	4,268,000	4,272,000	2,974,400	4,468,000	4,472,000	3,134,400
4,072,000	4,076,000	2,817,600	4,272,000	4,276,000	2,977,600	4,472,000	4,476,000	3,137,600
4,076,000	4,080,000	2,820,800	4,276,000	4,280,000	2,980,800	4,476,000	4,480,000	3,140,800
4,080,000	4,084,000	2,824,000	4,280,000	4,284,000	2,984,000	4,480,000	4,484,000	3,144,000
4,084,000	4,088,000	2,827,200	4,284,000	4,288,000	2,987,200	4,484,000	4,488,000	3,147,200
4,088,000	4,092,000	2,830,400	4,288,000	4,292,000	2,990,400	4,488,000	4,492,000	3,150,400
4,092,000	4,096,000	2,833,600	4,292,000	4,296,000	2,993,600	4,492,000	4,496,000	3,153,600
4,096,000	4,100,000	2,836,800	4,296,000	4,300,000	2,996,800	4,496,000	4,500,000	3,156,800
4,100,000	4,104,000	2,840,000	4,300,000	4,304,000	3,000,000	4,500,000	4,504,000	3,160,000
4,104,000	4,108,000	2,843,200	4,304,000	4,308,000	3,003,200	4,504,000	4,508,000	3,163,200
4,108,000	4,112,000	2,846,400	4,308,000	4,312,000	3,006,400	4,508,000	4,512,000	3,166,400
4,112,000	4,116,000	2,849,600	4,312,000	4,316,000	3,009,600	4,512,000	4,516,000	3,169,600
4,116,000	4,120,000	2,852,800	4,316,000	4,320,000	3,012,800	4,516,000	4,520,000	3,172,800
4,120,000	4,124,000	2,856,000	4,320,000	4,324,000	3,016,000	4,520,000	4,524,000	3,176,000
4,124,000	4,128,000	2,859,200	4,324,000	4,328,000	3,019,200	4,524,000	4,528,000	3,179,200
4,128,000	4,132,000	2,862,400	4,328,000	4,332,000	3,022,400	4,528,000	4,532,000	3,182,400
4,132,000	4,136,000	2,865,600	4,332,000	4,336,000	3,025,600	4,532,000	4,536,000	3,185,600
4,136,000	4,140,000	2,868,800	4,336,000	4,340,000	3,028,800	4,536,000	4,540,000	3,188,800
4,140,000	4,144,000	2,872,000	4,340,000	4,344,000	3,032,000	4,540,000	4,544,000	3,192,000
4,144,000	4,148,000	2,875,200	4,344,000	4,348,000	3,035,200	4,544,000	4,548,000	3,195,200
4,148,000	4,152,000	2,878,400	4,348,000	4,352,000	3,038,400	4,548,000	4,552,000	3,198,400
4,152,000	4,156,000	2,881,600	4,352,000	4,356,000	3,041,600	4,552,000	4,556,000	3,201,600
4,156,000	4,160,000	2,884,800	4,356,000	4,360,000	3,044,800	4,556,000	4,560,000	3,204,800
4,160,000	4,164,000	2,888,000	4,360,000	4,364,000	3,048,000	4,560,000	4,564,000	3,208,000
4,164,000	4,168,000	2,891,200	4,364,000	4,368,000	3,051,200	4,564,000	4,568,000	3,211,200
4,168,000	4,172,000	2,894,400	4,368,000	4,372,000	3,054,400	4,568,000	4,572,000	3,214,400

262

(六)　　　　　　　　　　　　　　　　　　　　　　　　　　　　　　　　　　　　（4,572,000円～5,171,999円）

給与等の金額		給与所得控除後の給与等の金額	給与等の金額		給与所得控除後の給与等の金額	給与等の金額		給与所得控除後の給与等の金額
以上	未満	金額	以上	未満	金額	以上	未満	金額
円	円	円	円	円	円	円	円	円
4,572,000	4,576,000	3,217,600	4,772,000	4,776,000	3,377,600	4,972,000	4,976,000	3,537,600
4,576,000	4,580,000	3,220,800	4,776,000	4,780,000	3,380,800	4,976,000	4,980,000	3,540,800
4,580,000	4,584,000	3,224,000	4,780,000	4,784,000	3,384,000	4,980,000	4,984,000	3,544,000
4,584,000	4,588,000	3,227,200	4,784,000	4,788,000	3,387,200	4,984,000	4,988,000	3,547,200
4,588,000	4,592,000	3,230,400	4,788,000	4,792,000	3,390,400	4,988,000	4,992,000	3,550,400
4,592,000	4,596,000	3,233,600	4,792,000	4,796,000	3,393,600	4,992,000	4,996,000	3,553,600
4,596,000	4,600,000	3,236,800	4,796,000	4,800,000	3,396,800	4,996,000	5,000,000	3,556,800
4,600,000	4,604,000	3,240,000	4,800,000	4,804,000	3,400,000	5,000,000	5,004,000	3,560,000
4,604,000	4,608,000	3,243,200	4,804,000	4,808,000	3,403,200	5,004,000	5,008,000	3,563,200
4,608,000	4,612,000	3,246,400	4,808,000	4,812,000	3,406,400	5,008,000	5,012,000	3,566,400
4,612,000	4,616,000	3,249,600	4,812,000	4,816,000	3,409,600	5,012,000	5,016,000	3,569,600
4,616,000	4,620,000	3,252,800	4,816,000	4,820,000	3,412,800	5,016,000	5,020,000	3,572,800
4,620,000	4,624,000	3,256,000	4,820,000	4,824,000	3,416,000	5,020,000	5,024,000	3,576,000
4,624,000	4,628,000	3,259,200	4,824,000	4,828,000	3,419,200	5,024,000	5,028,000	3,579,200
4,628,000	4,632,000	3,262,400	4,828,000	4,832,000	3,422,400	5,028,000	5,032,000	3,582,400
4,632,000	4,636,000	3,265,600	4,832,000	4,836,000	3,425,600	5,032,000	5,036,000	3,585,600
4,636,000	4,640,000	3,268,800	4,836,000	4,840,000	3,428,800	5,036,000	5,040,000	3,588,800
4,640,000	4,644,000	3,272,000	4,840,000	4,844,000	3,432,000	5,040,000	5,044,000	3,592,000
4,644,000	4,648,000	3,275,200	4,844,000	4,848,000	3,435,200	5,044,000	5,048,000	3,595,200
4,648,000	4,652,000	3,278,400	4,848,000	4,852,000	3,438,400	5,048,000	5,052,000	3,598,400
4,652,000	4,656,000	3,281,600	4,852,000	4,856,000	3,441,600	5,052,000	5,056,000	3,601,600
4,656,000	4,660,000	3,284,800	4,856,000	4,860,000	3,444,800	5,056,000	5,060,000	3,604,800
4,660,000	4,664,000	3,288,000	4,860,000	4,864,000	3,448,000	5,060,000	5,064,000	3,608,000
4,664,000	4,668,000	3,291,200	4,864,000	4,868,000	3,451,200	5,064,000	5,068,000	3,611,200
4,668,000	4,672,000	3,294,400	4,868,000	4,872,000	3,454,400	5,068,000	5,072,000	3,614,400
4,672,000	4,676,000	3,297,600	4,872,000	4,876,000	3,457,600	5,072,000	5,076,000	3,617,600
4,676,000	4,680,000	3,300,800	4,876,000	4,880,000	3,460,800	5,076,000	5,080,000	3,620,800
4,680,000	4,684,000	3,304,000	4,880,000	4,884,000	3,464,000	5,080,000	5,084,000	3,624,000
4,684,000	4,688,000	3,307,200	4,884,000	4,888,000	3,467,200	5,084,000	5,088,000	3,627,200
4,688,000	4,692,000	3,310,400	4,888,000	4,892,000	3,470,400	5,088,000	5,092,000	3,630,400
4,692,000	4,696,000	3,313,600	4,892,000	4,896,000	3,473,600	5,092,000	5,096,000	3,633,600
4,696,000	4,700,000	3,316,800	4,896,000	4,900,000	3,476,800	5,096,000	5,100,000	3,636,800
4,700,000	4,704,000	3,320,000	4,900,000	4,904,000	3,480,000	5,100,000	5,104,000	3,640,000
4,704,000	4,708,000	3,323,200	4,904,000	4,908,000	3,483,200	5,104,000	5,108,000	3,643,200
4,708,000	4,712,000	3,326,400	4,908,000	4,912,000	3,486,400	5,108,000	5,112,000	3,646,400
4,712,000	4,716,000	3,329,600	4,912,000	4,916,000	3,489,600	5,112,000	5,116,000	3,649,600
4,716,000	4,720,000	3,332,800	4,916,000	4,920,000	3,492,800	5,116,000	5,120,000	3,652,800
4,720,000	4,724,000	3,336,000	4,920,000	4,924,000	3,496,000	5,120,000	5,124,000	3,656,000
4,724,000	4,728,000	3,339,200	4,924,000	4,928,000	3,499,200	5,124,000	5,128,000	3,659,200
4,728,000	4,732,000	3,342,400	4,928,000	4,932,000	3,502,400	5,128,000	5,132,000	3,662,400
4,732,000	4,736,000	3,345,600	4,932,000	4,936,000	3,505,600	5,132,000	5,136,000	3,665,600
4,736,000	4,740,000	3,348,800	4,936,000	4,940,000	3,508,800	5,136,000	5,140,000	3,668,800
4,740,000	4,744,000	3,352,000	4,940,000	4,944,000	3,512,000	5,140,000	5,144,000	3,672,000
4,744,000	4,748,000	3,355,200	4,944,000	4,948,000	3,515,200	5,144,000	5,148,000	3,675,200
4,748,000	4,752,000	3,358,400	4,948,000	4,952,000	3,518,400	5,148,000	5,152,000	3,678,400
4,752,000	4,756,000	3,361,600	4,952,000	4,956,000	3,521,600	5,152,000	5,156,000	3,681,600
4,756,000	4,760,000	3,364,800	4,956,000	4,960,000	3,524,800	5,156,000	5,160,000	3,684,800
4,760,000	4,764,000	3,368,000	4,960,000	4,964,000	3,528,000	5,160,000	5,164,000	3,688,000
4,764,000	4,768,000	3,371,200	4,964,000	4,968,000	3,531,200	5,164,000	5,168,000	3,691,200
4,768,000	4,772,000	3,374,400	4,968,000	4,972,000	3,534,400	5,168,000	5,172,000	3,694,400

参考資料

263

(七)　　　　　　　　　　　　　　　　　　　　　　　　　　　　　　(5,172,000円～5,771,999円)

給与等の金額		給与所得控除後の給与等の金額	給与等の金額		給与所得控除後の給与等の金額	給与等の金額		給与所得控除後の給与等の金額
以上	未満		以上	未満		以上	未満	
円	円	円	円	円	円	円	円	円
5,172,000	5,176,000	3,697,600	5,372,000	5,376,000	3,857,600	5,572,000	5,576,000	4,017,600
5,176,000	5,180,000	3,700,800	5,376,000	5,380,000	3,860,800	5,576,000	5,580,000	4,020,800
5,180,000	5,184,000	3,704,000	5,380,000	5,384,000	3,864,000	5,580,000	5,584,000	4,024,000
5,184,000	5,188,000	3,707,200	5,384,000	5,388,000	3,867,200	5,584,000	5,588,000	4,027,200
5,188,000	5,192,000	3,710,400	5,388,000	5,392,000	3,870,400	5,588,000	5,592,000	4,030,400
5,192,000	5,196,000	3,713,600	5,392,000	5,396,000	3,873,600	5,592,000	5,596,000	4,033,600
5,196,000	5,200,000	3,716,800	5,396,000	5,400,000	3,876,800	5,596,000	5,600,000	4,036,800
5,200,000	5,204,000	3,720,000	5,400,000	5,404,000	3,880,000	5,600,000	5,604,000	4,040,000
5,204,000	5,208,000	3,723,200	5,404,000	5,408,000	3,883,200	5,604,000	5,608,000	4,043,200
5,208,000	5,212,000	3,726,400	5,408,000	5,412,000	3,886,400	5,608,000	5,612,000	4,046,400
5,212,000	5,216,000	3,729,600	5,412,000	5,416,000	3,889,600	5,612,000	5,616,000	4,049,600
5,216,000	5,220,000	3,732,800	5,416,000	5,420,000	3,892,800	5,616,000	5,620,000	4,052,800
5,220,000	5,224,000	3,736,000	5,420,000	5,424,000	3,896,000	5,620,000	5,624,000	4,056,000
5,224,000	5,228,000	3,739,200	5,424,000	5,428,000	3,899,200	5,624,000	5,628,000	4,059,200
5,228,000	5,232,000	3,742,400	5,428,000	5,432,000	3,902,400	5,628,000	5,632,000	4,062,400
5,232,000	5,236,000	3,745,600	5,432,000	5,436,000	3,905,600	5,632,000	5,636,000	4,065,600
5,236,000	5,240,000	3,748,800	5,436,000	5,440,000	3,908,800	5,636,000	5,640,000	4,068,800
5,240,000	5,244,000	3,752,000	5,440,000	5,444,000	3,912,000	5,640,000	5,644,000	4,072,000
5,244,000	5,248,000	3,755,200	5,444,000	5,448,000	3,915,200	5,644,000	5,648,000	4,075,200
5,248,000	5,252,000	3,758,400	5,448,000	5,452,000	3,918,400	5,648,000	5,652,000	4,078,400
5,252,000	5,256,000	3,761,600	5,452,000	5,456,000	3,921,600	5,652,000	5,656,000	4,081,600
5,256,000	5,260,000	3,764,800	5,456,000	5,460,000	3,924,800	5,656,000	5,660,000	4,084,800
5,260,000	5,264,000	3,768,000	5,460,000	5,464,000	3,928,000	5,660,000	5,664,000	4,088,000
5,264,000	5,268,000	3,771,200	5,464,000	5,468,000	3,931,200	5,664,000	5,668,000	4,091,200
5,268,000	5,272,000	3,774,400	5,468,000	5,472,000	3,934,400	5,668,000	5,672,000	4,094,400
5,272,000	5,276,000	3,777,600	5,472,000	5,476,000	3,937,600	5,672,000	5,676,000	4,097,600
5,276,000	5,280,000	3,780,800	5,476,000	5,480,000	3,940,800	5,676,000	5,680,000	4,100,800
5,280,000	5,284,000	3,784,000	5,480,000	5,484,000	3,944,000	5,680,000	5,684,000	4,104,000
5,284,000	5,288,000	3,787,200	5,484,000	5,488,000	3,947,200	5,684,000	5,688,000	4,107,200
5,288,000	5,292,000	3,790,400	5,488,000	5,492,000	3,950,400	5,688,000	5,692,000	4,110,400
5,292,000	5,296,000	3,793,600	5,492,000	5,496,000	3,953,600	5,692,000	5,696,000	4,113,600
5,296,000	5,300,000	3,796,800	5,496,000	5,500,000	3,956,800	5,696,000	5,700,000	4,116,800
5,300,000	5,304,000	3,800,000	5,500,000	5,504,000	3,960,000	5,700,000	5,704,000	4,120,000
5,304,000	5,308,000	3,803,200	5,504,000	5,508,000	3,963,200	5,704,000	5,708,000	4,123,200
5,308,000	5,312,000	3,806,400	5,508,000	5,512,000	3,966,400	5,708,000	5,712,000	4,126,400
5,312,000	5,316,000	3,809,600	5,512,000	5,516,000	3,969,600	5,712,000	5,716,000	4,129,600
5,316,000	5,320,000	3,812,800	5,516,000	5,520,000	3,972,800	5,716,000	5,720,000	4,132,800
5,320,000	5,324,000	3,816,000	5,520,000	5,524,000	3,976,000	5,720,000	5,724,000	4,136,000
5,324,000	5,328,000	3,819,200	5,524,000	5,528,000	3,979,200	5,724,000	5,728,000	4,139,200
5,328,000	5,332,000	3,822,400	5,528,000	5,532,000	3,982,400	5,728,000	5,732,000	4,142,400
5,332,000	5,336,000	3,825,600	5,532,000	5,536,000	3,985,600	5,732,000	5,736,000	4,145,600
5,336,000	5,340,000	3,828,800	5,536,000	5,540,000	3,988,800	5,736,000	5,740,000	4,148,800
5,340,000	5,344,000	3,832,000	5,540,000	5,544,000	3,992,000	5,740,000	5,744,000	4,152,000
5,344,000	5,348,000	3,835,200	5,544,000	5,548,000	3,995,200	5,744,000	5,748,000	4,155,200
5,348,000	5,352,000	3,838,400	5,548,000	5,552,000	3,998,400	5,748,000	5,752,000	4,158,400
5,352,000	5,356,000	3,841,600	5,552,000	5,556,000	4,001,600	5,752,000	5,756,000	4,161,600
5,356,000	5,360,000	3,844,800	5,556,000	5,560,000	4,004,800	5,756,000	5,760,000	4,164,800
5,360,000	5,364,000	3,848,000	5,560,000	5,564,000	4,008,000	5,760,000	5,764,000	4,168,000
5,364,000	5,368,000	3,851,200	5,564,000	5,568,000	4,011,200	5,764,000	5,768,000	4,171,200
5,368,000	5,372,000	3,854,400	5,568,000	5,572,000	4,014,400	5,768,000	5,772,000	4,174,400

(八)   (5,772,000円～6,371,999円)

給与等の金額		給与所得控除後の給与等の金額	給与等の金額		給与所得控除後の給与等の金額	給与等の金額		給与所得控除後の給与等の金額
以上	未満		以上	未満		以上	未満	
円	円	円	円	円	円	円	円	円
5,772,000	5,776,000	4,177,600	5,972,000	5,976,000	4,337,600	6,172,000	6,176,000	4,497,600
5,776,000	5,780,000	4,180,800	5,976,000	5,980,000	4,340,800	6,176,000	6,180,000	4,500,800
5,780,000	5,784,000	4,184,000	5,980,000	5,984,000	4,344,000	6,180,000	6,184,000	4,504,000
5,784,000	5,788,000	4,187,200	5,984,000	5,988,000	4,347,200	6,184,000	6,188,000	4,507,200
5,788,000	5,792,000	4,190,400	5,988,000	5,992,000	4,350,400	6,188,000	6,192,000	4,510,400
5,792,000	5,796,000	4,193,600	5,992,000	5,996,000	4,353,600	6,192,000	6,196,000	4,513,600
5,796,000	5,800,000	4,196,800	5,996,000	6,000,000	4,356,800	6,196,000	6,200,000	4,516,800
5,800,000	5,804,000	4,200,000	6,000,000	6,004,000	4,360,000	6,200,000	6,204,000	4,520,000
5,804,000	5,808,000	4,203,200	6,004,000	6,008,000	4,363,200	6,204,000	6,208,000	4,523,200
5,808,000	5,812,000	4,206,400	6,008,000	6,012,000	4,366,400	6,208,000	6,212,000	4,526,400
5,812,000	5,816,000	4,209,600	6,012,000	6,016,000	4,369,600	6,212,000	6,216,000	4,529,600
5,816,000	5,820,000	4,212,800	6,016,000	6,020,000	4,372,800	6,216,000	6,220,000	4,532,800
5,820,000	5,824,000	4,216,000	6,020,000	6,024,000	4,376,000	6,220,000	6,224,000	4,536,000
5,824,000	5,828,000	4,219,200	6,024,000	6,028,000	4,379,200	6,224,000	6,228,000	4,539,200
5,828,000	5,832,000	4,222,400	6,028,000	6,032,000	4,382,400	6,228,000	6,232,000	4,542,400
5,832,000	5,836,000	4,225,600	6,032,000	6,036,000	4,385,600	6,232,000	6,236,000	4,545,600
5,836,000	5,840,000	4,228,800	6,036,000	6,040,000	4,388,800	6,236,000	6,240,000	4,548,800
5,840,000	5,844,000	4,232,000	6,040,000	6,044,000	4,392,000	6,240,000	6,244,000	4,552,000
5,844,000	5,848,000	4,235,200	6,044,000	6,048,000	4,395,200	6,244,000	6,248,000	4,555,200
5,848,000	5,852,000	4,238,400	6,048,000	6,052,000	4,398,400	6,248,000	6,252,000	4,558,400
5,852,000	5,856,000	4,241,600	6,052,000	6,056,000	4,401,600	6,252,000	6,256,000	4,561,600
5,856,000	5,860,000	4,244,800	6,056,000	6,060,000	4,404,800	6,256,000	6,260,000	4,564,800
5,860,000	5,864,000	4,248,000	6,060,000	6,064,000	4,408,000	6,260,000	6,264,000	4,568,000
5,864,000	5,868,000	4,251,200	6,064,000	6,068,000	4,411,200	6,264,000	6,268,000	4,571,200
5,868,000	5,872,000	4,254,400	6,068,000	6,072,000	4,414,400	6,268,000	6,272,000	4,574,400
5,872,000	5,876,000	4,257,600	6,072,000	6,076,000	4,417,600	6,272,000	6,276,000	4,577,600
5,876,000	5,880,000	4,260,800	6,076,000	6,080,000	4,420,800	6,276,000	6,280,000	4,580,800
5,880,000	5,884,000	4,264,000	6,080,000	6,084,000	4,424,000	6,280,000	6,284,000	4,584,000
5,884,000	5,888,000	4,267,200	6,084,000	6,088,000	4,427,200	6,284,000	6,288,000	4,587,200
5,888,000	5,892,000	4,270,400	6,088,000	6,092,000	4,430,400	6,288,000	6,292,000	4,590,400
5,892,000	5,896,000	4,273,600	6,092,000	6,096,000	4,433,600	6,292,000	6,296,000	4,593,600
5,896,000	5,900,000	4,276,800	6,096,000	6,100,000	4,436,800	6,296,000	6,300,000	4,596,800
5,900,000	5,904,000	4,280,000	6,100,000	6,104,000	4,440,000	6,300,000	6,304,000	4,600,000
5,904,000	5,908,000	4,283,200	6,104,000	6,108,000	4,443,200	6,304,000	6,308,000	4,603,200
5,908,000	5,912,000	4,286,400	6,108,000	6,112,000	4,446,400	6,308,000	6,312,000	4,606,400
5,912,000	5,916,000	4,289,600	6,112,000	6,116,000	4,449,600	6,312,000	6,316,000	4,609,600
5,916,000	5,920,000	4,292,800	6,116,000	6,120,000	4,452,800	6,316,000	6,320,000	4,612,800
5,920,000	5,924,000	4,296,000	6,120,000	6,124,000	4,456,000	6,320,000	6,324,000	4,616,000
5,924,000	5,928,000	4,299,200	6,124,000	6,128,000	4,459,200	6,324,000	6,328,000	4,619,200
5,928,000	5,932,000	4,302,400	6,128,000	6,132,000	4,462,400	6,328,000	6,332,000	4,622,400
5,932,000	5,936,000	4,305,600	6,132,000	6,136,000	4,465,600	6,332,000	6,336,000	4,625,600
5,936,000	5,940,000	4,308,800	6,136,000	6,140,000	4,468,800	6,336,000	6,340,000	4,628,800
5,940,000	5,944,000	4,312,000	6,140,000	6,144,000	4,472,000	6,340,000	6,344,000	4,632,000
5,944,000	5,948,000	4,315,200	6,144,000	6,148,000	4,475,200	6,344,000	6,348,000	4,635,200
5,948,000	5,952,000	4,318,400	6,148,000	6,152,000	4,478,400	6,348,000	6,352,000	4,638,400
5,952,000	5,956,000	4,321,600	6,152,000	6,156,000	4,481,600	6,352,000	6,356,000	4,641,600
5,956,000	5,960,000	4,324,800	6,156,000	6,160,000	4,484,800	6,356,000	6,360,000	4,644,800
5,960,000	5,964,000	4,328,000	6,160,000	6,164,000	4,488,000	6,360,000	6,364,000	4,648,000
5,964,000	5,968,000	4,331,200	6,164,000	6,168,000	4,491,200	6,364,000	6,368,000	4,651,200
5,968,000	5,972,000	4,334,400	6,168,000	6,172,000	4,494,400	6,368,000	6,372,000	4,654,400

参考資料

265

(九) (6,372,000円〜20,000,000円)

給与等の金額		給与所得控除後の給与等の金額	給与等の金額		給与所得控除後の給与等の金額	給与等の金額		給与所得控除後の給与等の金額
以上	未満	金額	以上	未満	金額	以上	未満	金額
円	円	円	円	円	円	円	円	円
6,372,000	6,376,000	4,657,600	6,492,000	6,496,000	4,753,600	6,600,000	8,500,000	給与等の金額に90%を乗じて算出した金額から1,100,000円を控除した金額
6,376,000	6,380,000	4,660,800	6,496,000	6,500,000	4,756,800			
6,380,000	6,384,000	4,664,000	6,500,000	6,504,000	4,760,000			
6,384,000	6,388,000	4,667,200	6,504,000	6,508,000	4,763,200			
6,388,000	6,392,000	4,670,400	6,508,000	6,512,000	4,766,400			
6,392,000	6,396,000	4,673,600	6,512,000	6,516,000	4,769,600	8,500,000	20,000,000	給与等の金額から1,950,000円を控除した金額
6,396,000	6,400,000	4,676,800	6,516,000	6,520,000	4,772,800			
6,400,000	6,404,000	4,680,000	6,520,000	6,524,000	4,776,000			
6,404,000	6,408,000	4,683,200	6,524,000	6,528,000	4,779,200			
6,408,000	6,412,000	4,686,400	6,528,000	6,532,000	4,782,400			
6,412,000	6,416,000	4,689,600	6,532,000	6,536,000	4,785,600	20,000,000円		18,050,000円
6,416,000	6,420,000	4,692,800	6,536,000	6,540,000	4,788,800			
6,420,000	6,424,000	4,696,000	6,540,000	6,544,000	4,792,000			
6,424,000	6,428,000	4,699,200	6,544,000	6,548,000	4,795,200			
6,428,000	6,432,000	4,702,400	6,548,000	6,552,000	4,798,400			
6,432,000	6,436,000	4,705,600	6,552,000	6,556,000	4,801,600			
6,436,000	6,440,000	4,708,800	6,556,000	6,560,000	4,804,800			
6,440,000	6,444,000	4,712,000	6,560,000	6,564,000	4,808,000			
6,444,000	6,448,000	4,715,200	6,564,000	6,568,000	4,811,200			
6,448,000	6,452,000	4,718,400	6,568,000	6,572,000	4,814,400			
6,452,000	6,456,000	4,721,600	6,572,000	6,576,000	4,817,600			
6,456,000	6,460,000	4,724,800	6,576,000	6,580,000	4,820,800			
6,460,000	6,464,000	4,728,000	6,580,000	6,584,000	4,824,000			
6,464,000	6,468,000	4,731,200	6,584,000	6,588,000	4,827,200			
6,468,000	6,472,000	4,734,400	6,588,000	6,592,000	4,830,400			
6,472,000	6,476,000	4,737,600	6,592,000	6,596,000	4,833,600			
6,476,000	6,480,000	4,740,800	6,596,000	6,600,000	4,836,800			
6,480,000	6,484,000	4,744,000						
6,484,000	6,488,000	4,747,200						
6,488,000	6,492,000	4,750,400						

(備考) 給与所得控除後の給与等の金額を求めるには、その年中の給与等の金額に応じ、まず、この表の「給与等の金額」欄の該当する行を求め、次にその行の「給与所得控除後の給与等の金額」欄に記載されている金額を求めます。この金額が、その給与等の金額についての給与所得控除後の給与等の金額です。この場合において、給与等の金額が6,600,000円以上の人の給与所得控除後の給与等の金額に1円未満の端数があるときは、これを切り捨てた額をもってその求める給与所得控除後の給与等の金額とします。

[10] 令和2年分の扶養控除額および障害者等の控除額の合計額の早見表

① 控除対象扶養親族の数に応じた控除額

人　数	控　除　額	人　数	控　除　額
1　人	380,000円	5　人	1,900,000円
2　人	760,000円	6　人	2,280,000円
3　人	1,140,000円	7　人	2,660,000円
4　人	1,520,000円	8人以上	7人を超える1人につき380,000円を2,660,000円に加えた金額

② 障害者等がいる場合の控除額の加算額			
イ	同居特別障害者に当たる人がいる場合		1人につき750,000円
ロ	同居特別障害者以外の特別障害者に当たる（人がいる）場合		1人につき400,000円
ハ	一般の障害者、寡婦又は勤労学生に当たる（人がいる）場合	左の一に該当するとき　各270,000円	
ニ	所得者本人がひとり親に当たる場合		350,000円
ホ	同居老親等に当たる人がいる場合		1人につき200,000円
ヘ	特定扶養親族に当たる人がいる場合		1人につき250,000円
ト	同居老親等以外の老人扶養親族に当たる人がいる場合		1人につき100,000円

◎ 控除額の合計額は、「①」欄および「②」欄により求めた金額の合計額となります。
◎ 「①」欄の控除対象扶養親族の数には、控除対象配偶者の数は含みません。
◎ 同一生計配偶者に係る障害者控除は、「②」欄に含めて計算します。
◎ この表には、配偶者控除額および配偶者特別控除額は含まれていません。
◎ 基礎控除額については、「給与所得者の基礎控除申告書」により求めます。

[11] 令和2年分の年末調整のための算出所得税額の速算表

課税給与所得金額（A）		税率（B）	控除額（C）	税額＝（A）×（B）－（C）
	1,950,000円以下	5%	―	(A) × 5%
1,950,000円超	3,300,000 〃	10%	97,500円	(A) × 10% － 97,500円
3,300,000 〃	6,950,000 〃	20%	427,500円	(A) × 20% － 427,500円
6,950,000 〃	9,000,000 〃	23%	636,000円	(A) × 23% － 636,000円
9,000,000 〃	18,000,000 〃	33%	1,536,000円	(A) × 33% － 1,536,000円
18,000,000 〃	18,050,000 〃	40%	2,796,000円	(A) × 40% － 2,796,000円

（注）1　課税給与所得金額に1,000円未満の端数があるときは、これを切り捨てます。
　　　2　課税給与所得金額が18,050,000円を超える場合は、令和2年分の年末調整の対象となりません。

[12] 令和2年分の基礎控除額の表

所得者の合計所得金額		控除額
	2,400万円以下	48万円
2,400万円超	2,450万円 〃	32万円
2,450万円 〃	2,500万円 〃	16万円

（注）　合計所得金額が2,500万円を超える所得者は、基礎控除の適用を受けることはできません。

[13] 令和2年分の配偶者控除額および配偶者特別控除額の一覧表

		所得者の合計所得金額 （給与所得だけの場合の所得者の給与等の収入金額（注3））			【参考】 配偶者の収入が 給与所得だけの 場合の配偶者の 給与等の収入金 額
		900万円以下 （1,095万円以下）	900万円超 950万円以下 （1,095万円超 1,145万円以下）	950万円超 1,000万円以下 （1,145万円超 1,195万円以下）	
配偶者控除	配偶者の合計所得金額 48万円以下	38万円	26万円	13万円	1,030,000円以下
	老人控除対象配偶者	48万円	32万円	16万円	
配偶者特別控除	配偶者の合計所得金額 48万円超　95万円以下	38万円	26万円	13万円	1,030,000円超 1,500,000円以下
	95万円超　100万円以下	36万円	24万円	12万円	1,500,000円超 1,550,000円以下
	100万円超　105万円以下	31万円	21万円	11万円	1,550,000円超 1,600,000円以下
	105万円超　110万円以下	26万円	18万円	9万円	1,600,000円超 1,667,999円以下
	110万円超　115万円以下	21万円	14万円	7万円	1,667,999円超 1,751,999円以下
	115万円超　120万円以下	16万円	11万円	6万円	1,751,999円超 1,831,999円以下
	120万円超　125万円以下	11万円	8万円	4万円	1,831,999円超 1,903,999円以下
	125万円超　130万円以下	6万円	4万円	2万円	1,903,999円超 1,971,999円以下
	130万円超　133万円以下	3万円	2万円	1万円	1,971,999円超 2,015,999円以下
	133万円超	0円	0円	0円	2,015,999円超

（注）　1　合計所得金額が1,000万円を超える所得者は、配偶者控除および配偶者特別控除の適用を受けることはできません。

　　　　2　夫婦の双方がお互いに配偶者特別控除の適用を受けることはできませんので、いずれか一方の配偶者は、この控除を受けることはできません。

　　　　3　所得金額調整控除の適用がある場合は、括弧内の各金額に15万円を加えてください。

[14] 復興特別所得税の計算式

復興特別所得税＝基準所得税額×2.1%

■著者紹介

竹内早苗（たけうち　さなえ）

特定社会保険労務士

1994年　早稲田大学（教育学部）卒業
　　　　同年、パソコン商社に入社。賃金計算、採用、教育、
　　　　人事考課等の人事関連業務に従事
1999年　社会保険労務士試験合格
2000年　治田会計事務所入所。賃金計算業務に従事。
　　　　同年、竹内社会保険労務士事務所設立
2008年　特定社会保険労務士付記

■連絡先

竹内社会保険労務士事務所

〒107-0062　東京都港区南青山1-15-39 Y'sハウス南青山102
TEL：03-6804-2245
E-mail：sr_takeuchi@pro.odn.ne.jp

■税務アドバイザー／野澤理恵（税理士）

■印刷・製本／株式会社 ローヤル企画

2021年版
まるわかり給与計算の手続きと基本

2010年2月18日　初版発行
2021年2月5日　2021年版発行

著　者　竹内早苗
発行所　株式会社 労務行政
　　　　〒141-0031　東京都品川区西五反田3-6-21
　　　　　　　　　　住友不動産西五反田ビル3階
　　　　TEL：03-3491-1231
　　　　FAX：03-3491-1299
　　　　https://www.rosei.jp/

ISBN978-4-8452-1381-8
定価はカバーに表示してあります。
本書内容の無断複写・転載を禁じます。
訂正が出ました場合、下記URLでお知らせします。
https://www.rosei.jp/static.php?p=teisei